"十二五"江苏省重点图书出版规划项目

教育部人文社会科学重大研究课题

学前教育体制机制改革研究丛书
丛书主编 虞永平

现象·立场·视角
学前教育体制机制现状研究

虞永平 江夏 王海英 等著

南京师范大学出版社
NANJING NORMAL UNIVERSITY PRESS

总　序
一个关系到学前教育事业兴衰的重大研究领域

作为学前教育工作者,我们从来没有像最近这些年一样深切地关注学前教育体制机制改革这一重大的研究领域,我们从来没有像现在这样深切地理解学前教育体制机制的复杂性,我们从来没有像现在这样深切地认识到学前教育体制机制改革的重要性。在我国学前教育实施"三年行动计划"并得到迅猛发展的历程中,我们深切感受到了学前教育体制机制对学前教育事业发展的重大影响,我们也相信,体制机制一定还是制约未来学前教育发展的重要因素,学前教育体制机制的改革将是一个长期的艰巨的过程。

我们有幸承担了教育部人文社会科学重大研究课题"学前教育体制机制改革研究",这是一个新的研究领域,我们主要关注了学前教育办学体制,学前教育投入体制,学前教育管理体制和学前教育评价体制及相应的保障、激励和促进机制。我们尽可能查阅了世界学前教育体制机制实践和研究较为先进的国家的文献,梳理了相关的经验,总结了一些基本的特点和规律,以便为我们学前教育体制机制的实践和研究提供借鉴和启示。我们深入全国不同地区调研学前教育体制机制的现状和改革经验,开展全国性的学前教育抽样调查,重点了解学前教育体制机制的现状和问题。通过问卷和现场调查，我们感受到了我国学前教育发展的差异性、多样性、复杂性和艰巨性，我们也更加坚定了唯有不断进行体制机制改革才能真正推动学前教育健康稳步发展的信心。

我们也深入到一些县区，开展学前教育体制机制改革的深度研究，跟进改革进程，直面改革难题，共商改革措施和策略。通过参与政策文件起草过程，通过给有关政策提出意见和建议，通过对体制机制改革实践的考察和参与，深入把握学前教育体制机制改革的重点和难点，进一步探寻影响体制机制形成和变革的主要因素，系统研究学前教育体制机制的理论和实践，力求在实践中总结学前教育体制机制改革的主要因素和主要问题，以形成对学前教育体制机制改革的整体性思考。

我们将陆续出版学前教育体制机制改革研究丛书：《现象·立场·视角——学前教育体制机制现状研究》，该分册内容为当前学前教育体制机制的现状研究，主要呈现的是当前学前教育体制机制改革中存在的现象和问题，从课题研究的基本定位与立场谈起，借用多学科视角分析，并对现有政策和各地改革案例进行解读，描摹出当前学前教育体制机制改革的概貌。《比较·对话·探寻——学前教育体制机制问题与创新研究》，该分册内容以国内问题为中心，将视野投射到中国以外的区域，寻找当前体制机制改革的解决途径，梳理英、美、法以及大洋洲、南美洲等多个国家和地区的学前教育体制机制改革经验，提炼出可供借鉴的路径与方法。同时对国内学前教育体制机制存在的问题进行深度剖析，期望在全球与本土的碰撞中找到适合中国学前教育体制机制改革的路径。《参与·引领·感悟——学前教育体制机制实践与发展研究》，该分册内容以课题的深度实践研究部分为主，课题组在我国西南、西北、华中、东北开展了以县为基础的实践研究，将呈现研究人员深入参与和介入地方改革的过程与经验，并适时分享理论研究者和实践行动者在实践研究过程中的不同感悟。《经验·问题·对策——学前教育体制机制案例研究》，该分册内容将为地方政府、教育部门、幼儿园解决当前学前教育发展中的重点、难点、热点问题提供典型案例，并从学理上深入剖析这些案例，发现、总结、提炼、借鉴地方经验，为决策部门解决实践问题提供可借鉴的模式。《儿童·国家·未来——学前教育体制机制改革与建构研究》，该分册内容为课题研究的总结性成果，把视角置于更为宏观的儿童与国家关系之上，在此基础上梳理当前我国学前教育体制机制改革的问题与经验，在总结经验的基础上指向未来，为建构更为合理的学前教育体制机制提供可行的思路与建议。《公平·质量·反思——全球化视野下的学前教育政策研究》，该分册通过全球视野比较分析了世界学前教育政策的演变，反思我国学前教育政策研究的问题，尝试建立学前教育政策研究的方法体系。

学前教育体制机制的研究和改革一样，是一个长期的过程，我们将持续关注学前教育改革和发展的这一关键进程，努力在学习、参与和研究的过程中，更准确地把握学前教育体制机制改革的过程，并努力为学前教育体制机制的改革和发展贡献自己的力量。

"学前教育体制机制改革研究"课题组
2015 年 3 月

目录

- **总序：一个关系到学前教育事业兴衰的重大研究领域** /001

- **第一章　对幼儿和幼儿教育的再定位** /001

    生命、生活与幼儿教育 /003
    起跑线上的"赢"与童年的幸福 /012
    国民教育体系中的幼儿教育 /017
    国家战略中的幼儿教育 /023
    让"儿童意识"融入公众意识 /038

- **第二章　多学科视野下的学前教育体制机制改革研究** /045

    从受教育权角度阐述我国学前教育政策和事业发展 /047
    "新公共管理"理论对我国学前教育体制改革的启示与思考 /059
    政府投入学前教育的理论依据
    ——基于公共产品理论的分析 /072
    儿童福利视角下的学前教育 /080
    世界学前教育投入方式研究 /097
    学前教育不公平的社会表现、产生机制及其解决的可能途径 /107
    学前教育政府责任有效履行的前提：观念的觉醒 /120

● 第三章　发展学前教育的政策分析/137

　　学前教育立法：必要性、基本问题及政策建议/139
　　学前教育的科学发展与均衡发展/151
　　从特权福利到公民权利
　　　　——解读《国务院关于当前发展学前教育的若干意见》中的普惠性原则/158
　　我国幼儿教育券政策分析
　　　　——基于台湾、香港、淄博、南京四地的分析/168
　　各省人民政府学前教育政策分析报告/179
　　学前教育三年行动计划怎么编/185
　　市、县（区）学前教育三年行动计划分析报告
　　　　——以31个省区市为例/189

● 第四章　学前教育体制机制改革案例分析/197

　　民办幼儿园收费问题调查报告/199
　　未注册幼儿教育机构研究/208
　　"再改制"现象与决策理性的唤起/225
　　政府担当，儿童为先
　　　　——山东省东营市学前教育行/234
　　政府投资为主，家庭合理分担，引导幼儿教育事业走上健康发展之路
　　　　——基于张家港市的经验/239
　　经济较发达地区农村学前教育发展
　　　　——苏州的经验/250
　　南京农村幼儿教育发展"扶持计划"的启示与思考/258
　　深圳的幼教改革透视/266

● **参考文献**/284

● **后　记**/289

Chapter One

第一章
对幼儿和幼儿教育的再定位

DUI YOUER HE YOUER JIAOYU DE ZAIDINGWEI

生命、生活与幼儿教育

一、幼儿教育的目的:促进幼儿生命成长

幼儿教育的目的是什么?对这个问题的回答是因立场和价值的不同而异的。有些人在意的是社会文化的传递,有些人在意的是为进入小学甚至为未来的生活做准备,另一些人在意的是促进儿童的发展。就促进儿童发展而言,有些人关注的是儿童身体的健康,有些人关注的是儿童智力的发展,有些人关注的是儿童身心各方面的发展;还有一些人关注的是幼儿的生命成长,让幼儿充分展现生命的力量,让幼儿充分感受生命的意义和愉悦,让幼儿成为他(她)自己。所以,对幼儿教育目的的认识是因人而异的。值得关注的是,近年来,整个教育领域都在关注"促进儿童生命成长的立场",甚至有一些研究者提出生命是教育的出发点,也是教育学的逻辑起点。今天,人们对生命的关注,不完全是源于理论的创新,更重要的是源于对现实教育中很多背离儿童生命成长的现象的反思。教育应该促进儿童生命成长,这不是一个新的理论见解,而是近现代教育的基本立场。近现代很多教育家都秉持这一基本立场,一切在教育史上能留下印记的教育理论往往都是关注儿童生命成长的。

生命与生活是相互关联的,是个体成长过程中不可分割的两个方面。生命是生活的结果甚至是目的,生活就是生命存在并成长和发展着,生活

是生命的现实表现和源泉,生活的质量决定生命的质量。人的生命就是从现实的生活中寻找动力和滋养,使生命有活力,使生命更灿烂。生活是一个历程,是一种相互作用的过程,是沟通和交流的过程。生活不是纯粹的人的独自的行为,生活总是和特定的环境和条件联系在一起,正是在这种相互作用的过程中,生活充实着生命,完善着生命。杜威曾指出:"所需要的信仰不能硬灌进去,所需要的态度不能粘贴上去。但是个人生存的特定的生活条件,引导他看到和感觉到一些东西,而不是另一些东西……所以,生活条件在他身上逐渐产生某种行为的系统、某种行为的倾向。'环境''生活条件'这些词,不仅表示环绕个体的周围事物,还表示周围事物和个体自己的主动趋势的特殊的连续性。""正因为生活不仅仅意味着消极的存在(假如有这样的东西),而是一种行动的方式,环境或生活条件进入这种活动成为一个起着支持作用或挫败作用的条件。"① 可见,生活就是与周围环境的相互作用,生活不是被动的,生活本身就体现了个体主动的、积极的一面。正是这种主动性,给个体的生命以光辉和活力。因此,生命的生长不是静止的,而是活动的,与周围事物相互作用的。完善生活,就是丰富交流、沟通的机会,使活动更具年龄适宜性,就是充实生命。

二、幼儿教育的现实背景:生活

什么是生活?什么是生活世界?我国的辞书大多对生活做这样的界定:人和生物为了生存和发展进行的各种活动。我国有的学者指出:"生活是人在自然和社会之中,通过享受、占有、内化和创造人类物质文化、精神文化、制度文化,围绕人的生命存在和发展,实现人的价值、生命的能动的活动。"② 这里涉及生活的目的、生活的背景、生活的内容和途径等基本方

---

① [美]杜威.民主主义与教育[M].王承绪,译.北京:人民教育出版社,2001:16-17.
② 郭元祥.生活与教育——回归生活世界的基础教育论纲[M].武汉:华中师范大学出版社,2002:146.

面。与有些辞书不同的是,这种界定将生活的主体确定为人,排除了广泛的生物。同时,可以看到,生活的内容是广泛的,对精神文化层面的关注是显而易见的。西方有些学者对生活的界定也是很具启发意义的。例如,奥德嘉·贾塞特(Ortegay Gasset)指出:"生活就是我们所做的以及发生在我们身上的事情——从思想、梦想或情绪激动到玩股票或打胜仗都包括在内。但如果我们未能认识生活之所以为生活,当然,所做的事就不会构成自己的生命了。"①奥德嘉·贾塞特还指出,生活是一种奇妙的、独特的和神奇的实在,具有为本身而存在的特权。一切生活都是某人自己的生活,感觉自己活着、知道自己存在着。他认为生活的根源和重心是在认识和了解自己,是在观察自己及周围的环境,是在自觉。因此,奥德嘉·贾塞特对生活的认识更具体,更感性,也更高远,突显了生活的"我的""我活"和"为我"的特性。在奥德嘉·贾塞特的观念里,生活的精神、情感和关系层面也是十分重要的。他指出,生活就是在世界中发现自己。"所谓在世界中发现自己,并不是在其他具体物质性的东西中发现自己肉体的问题,也不是在空间或世界中发现自己肉体的问题。如果只有肉体,生活的过程便不存在,便只是肉体的走来走去,彼此相撞、彼此分离。任何肉体都不认识或注意其他肉体。我们生活的这个世界,是由许多令人感到愉快和不愉快的东西组成的,是由一些有害和有益的东西组成的,最重要的不在这些东西是否为物体,而在他们影响着我们、安慰着我们、威胁着我们、折磨着我们。"②总之,人们对生活关注的视角可能是不同的,聚焦的方面可能是不同的,但生活与人的生命和发展的关系是大家关注的,认定生活是人自己的,一种完全被指定和控制的"生活"就不是促进生命发展的生活。

---

① [西]奥德嘉·贾塞特.生活与命运——奥德嘉·贾塞特讲演录[M].陈昇,胡继伟,译.南宁:广西人民出版社,2008:225.
② [西]奥德嘉·贾塞特.生活与命运——奥德嘉·贾塞特讲演录[M].陈昇,胡继伟,译.南宁:广西人民出版社,2008:228.

注重生活，注重生活教育，并不意味着生活直接等同于教育，而是说生活具有教育意义，教育具有生活意义。如前文所述，生活是人的价值生命实现的直接的原生性基础。人是生活的主体、生活的核心，生活是人的生活，人的有目的的生活的核心是人的意识生活，人能够通过意识行为反思人的生命过程、生存状态、生活方式以及生活质量，获得生命感和生活体验，并以社会历史条件为依据，不断更新个体和人类生活方式。人在生活过程中总是观照着生活和人生的价值意义。而教育是推进人的价值生命实现的加速器，教育的根本意义就是满足人的身心发展的需要，促进人的价值生命得以实现。因而，从人的价值生命实现的角度看，生活对人的价值生命实现更直接、更具有原生性。生活的每时每刻、每一事件、每一环节都与个体和社会不断增长的物质、精神和行为文化的需要有关，个体通过生活提高了从事物质生产和精神生产的劳动能力，丰富了社会关系，促进了个体身心的发展。因此，生活具有教育意义是不容置疑的。①

生活的教育意义表现在：一方面，生活过程就是人的价值生命实现过程；另一方面，人的生存状态、生活方式、生活质量都是有意识反思的对象，通过反思，人从原有生活或曾经经历过的生活那儿获得了启发，生活成为建构新的生活方式的原型。另外，生活过程中的各种行为方式往往就是极具发展性的教育方式：认知、理解、唤醒、陶冶、体验、感悟、交往等等。这些行为方式是生活主体体现主体性特征的活动方式。最后，生活性资源也是教育的基本资源，生活发展人与教育发展人具有相关性。从生活的角度看，人人都是教育者和受教育者，处处都是文化传承的场所，时时都在进行文化传承，生活性资源为人的发展提供了全面的教育机会，使个体全面地

---

① 参见郭元祥《生活与教育》中的观点。郭元祥. 生活与教育——回归生活世界的基础教育论纲[M].武汉：华中师范大学出版社，2002.

占有社会生活的经验。①

当然,强调生活的教育意义,并不意味着可以完全用生活来取代教育。因为生活毕竟具有零散性、直接性、具体性等特点。再者,生活之中还包括各种消极的成分,生活除了具有教育意义以外,还具有其他意义。学校生活需要通过教育来体现价值,目的在于发挥学校和教育对社会生活的简化、净化和平衡作用,更好地联系生活来教育,通过生活来教育。

因为教育具有生活意义,生活具有教育意义,所以,联系生活的策略、体验生活和建构生活的策略,已经成为现代教育必要的基本策略。

三、幼儿园教育应遵循儿童生命成长的基本逻辑

在教育史上,是否承认人的先天素质,是否承认人的本能和潜质,是否知晓和感受儿童生命成长的基本脉动,承认到什么程度,一直是区分不同教育理论流派的分水岭。承认并过度关注人的先天性素质,信守儿童的成长就是先天能力的自然展现,无视教育的作用,就会出现随意的、低效的教育。关于这个问题,西方学者已经有了一些反思。儿童发展研究专家J.麦克维克.亨特在分析了许多学者的论证后做出了这样的结论:"看来,在20世纪30年代和40年代的早期和中期,专家们关于儿童教养的意见,即让儿童自发成长,避免给予儿童过分刺激,这种意见是非常不适宜的。"②他主张要真正较快地促进儿童的智力发展,可以控制儿童活动的现实环境,这是行得通的,也是有理由的。从亨特的言论中我们可以看到西方学者对消极教育的反思和对积极的干预性教育的尝试。值得注意的是,如果将干预性教育演化为指令性教育,无视儿童固有的本能,无视儿童的主动性、能动性,使学习蜕变成训练,那么,这就将成为教育的另一个极端。这个极端

---

① 参见郭元祥《生活与教育》中的观点。郭元祥.生活与教育——回归生活世界的基础教育论纲[M].武汉:华中师范大学出版社,2002.
② 《外国教育丛书》编辑组.学前教育[M].北京:人民教育出版社,1980:13.

曾经在我们的教育史上出现过。今天,还有一些幼儿园甚至学校没有远离这个极端——教师的决定性作用是显而易见的,儿童本身的需要、兴趣以及主动性、能动性几乎被忽视;教师眼里只有教案,没有儿童;只有教学任务,没有体察任务展开过程中儿童心灵的感受及反应,没有体察和感受儿童在构建自己内心世界时可能的失落、无奈和无助。由此可见,对待儿童问题上的两个极端,都是不可取的,也背离了儿童生命成长的基本逻辑。

今天,教育的基本任务就是要遵循儿童生命成长的基本逻辑,放弃在教育史上曾经出现的非此即彼的极端教育思想,努力站在最有利于儿童生命成长的立场上,和儿童一起建构幼儿园课程。杜威也曾批评了那种非此即彼的立场,他指出:"儿童与课程的这个争论怎么样呢?结论应该是什么呢?根本的错误,在我们所提出的那些原来的辩解中,是以为我们没有其他选择。除非要么放任儿童按照他自己的无指导的自发性去发展,要么从外面把命令强加给他。"① 把儿童的生命成长真正与教育联系在一起,才能真正实践旨在生命、促进生命的教育。我国学者提出"教育即生命",教育的目的或者说教育的追求就是人的生命发展,人的生命的延续和发展需要教育,教育成为生命存在的形式、成为生命的一种内在品质、成为生命自身的需要。② 一种关注儿童生命的教育,应该承认并尊重儿童固有的本能,关注和重视儿童的积极性、主动性和能动性——这些既是儿童生命的组成部分,也是儿童生命成长所需要的。教育就是建立在这个基础之上的活动,这种活动必须是与儿童的生活相联系的。通过儿童的现实生活,促进儿童的生命成长,并使儿童的生命向着积极的方向成长。

关怀生命、关注生活的幼儿教育不是为了成人的需求构建的,而是为了满足儿童生命成长的需要,应该站在儿童的立场上,由儿童参与其中。

---

① 赵祥麟,王承绪.杜威教育论著选[M].上海:华东师范大学出版社,1981:95.
② 冯建军.教育的人学视野[M].合肥:安徽教育出版社,2008:147.

幼儿园教育应该承载儿童生命的张力和诉求。教育不只是指导儿童端坐静听,更重要的是让儿童去探索、交往、体验和感受,从某种意义上说,儿童的活动过程,就是教育实现的过程,也是儿童的生活过程,当然,也必然是儿童生命成长的过程。关怀生命、关注生活的幼儿园教育不是放任儿童,不是"希望儿童从他自己心中'发展'出这个或那个真理。我们叫他自己思维,自己创造,而不提供发动并指导思想所必需的任何周围环境的条件"①。因此,杜威说,发展并不是指仅仅从心灵里获得某些东西的意思。它是经验的发展,发展成真正需要的经验。而且,除了当那种教育的媒介物使所选择的有价值的能力与兴趣发生作用,这些能力和兴趣必须运用,至于怎么用将完全依靠周围的刺激和它们所使用的材料来决定②。由此可知,杜威是关注指导的,关注环境和材料的,也是关注儿童的能力和兴趣的。无视儿童能力和兴趣的指导,那是指令,指令经常不能最大限度地促进儿童精神的发展。将儿童的生活当作一个整体,不去肢解它,不去分割它,应是教育工作者的基本信条。杜威在其《儿童与课程》中指出,儿童的生活是一个整体、一个总体。儿童敏捷地和欣然地从一个主题转到另一个主题,正如从一个场所转到另一个场所一样,但没有意识到转变和中断,即没有意识到有什么割裂,更没有意识到有什么区分。儿童所关心的事物,由于他的生活所带来的个人和社会的兴趣的统一性,是结合在一起的。凡是在儿童心目中最突出的东西就会暂时地构成他的整个宇宙,那个宇宙是变化的和流动的,它的内容会以惊人的速度消失和重新组合。但是,归根结底,它是儿童自己的世界,它具有儿童自身生活的统一性和完整性。杜威的这一思想至今还应该是我们遵循的重要原则。只有真正关注儿童生活的整体性和完整性,儿童的生命才能得到真正的伸展。

---

① 赵祥麟,王承绪.杜威教育论著选[M].上海:华东师范大学出版社,1981:95.
② 赵祥麟,王承绪.杜威教育论著选[M].上海:华东师范大学出版社,1981:86.

四、幼儿园教育应回归儿童生活世界

幼儿教育回归幼儿生活是针对幼儿教育的理论和实践存在的很多问题提出的。当今的幼儿教育,受到追逐利益的商业化思想的影响,受到"不要输在起跑线上""望子成龙"的大众教育意识的影响,受到一批低素质的甚至缺乏专门训练的人员进入的影响,在一定程度上存在着背离《幼儿园工作规程》和《幼儿园教育指导纲要(试行)》精神的现象,存在着幼儿失落自己的生活世界的现象。有些幼儿过早学习与他的生活相距十分遥远的、他根本无法懂得的经文或典籍,而远离了游戏和欢笑;有些幼儿被塞进各种兴趣班,而正是这些兴趣班,让幼儿的兴趣荡然无存;有些幼儿被迫处在一个符号刺激和练习的世界里,在那里,学习不是直观的和生动的,幼儿个人的主观性被集体的一致性和成人的强迫性吞噬了。进而,幼儿的生活世界被成人的世界和科学世界吞噬了。因此,让幼儿回归自己的生活世界,不只是为了教育的成效和课程的成效,更是为了幼儿生命的成长,为了让幼儿的生命不受扭曲,让幼儿的生活真正是"我的""我活"和"为我"的。

所谓回归生活的幼儿教育,不是让幼儿教育变成生活训练,也不是将幼儿教育等同于日常生活。回归幼儿生活世界的本质是承认、尊重生命的存在和生命成长的现实和需要,让幼儿在一个真正属于他、能让他的生命得到萌发的现实的、感性的和真正能彰显主体性的环境中生活和学习。生活世界本来就是幼儿自己的,是外在力量使幼儿远离了生活世界。所谓回归生活世界,就是让幼儿真正去亲近自己的生活,真正感受到自己生命成长的有力脉动。

与其他年龄段的教育相比,幼儿教育更应该回归生活。这是由幼儿身心发展的特点决定的。幼儿的身体发展尚不成熟,心智发展处于具体形象和动作性思维阶段,幼儿对世界的感知是具体的、感性的、直观的和个人化的。对幼儿而言,只有生活世界是有安全感的、可以生存的世界;而哲学反思的世界和学科的世界,经常意味着是陌生的、非我的甚至死寂的。因此,没有哪个年龄段的教育像幼儿教育那样迫切需要回归生活。

美好的童年只有在生活世界里才存在,处在生活世界里的儿童才可能享有美好的童年。

起跑线上的"赢"与童年的幸福

一、虚无的"起跑线"及其矫正

"不要输在起跑线上"这个口号,一方面让很多人意识到早期教育的重要性,另一方面却将成千上万的幼儿卷入了人为的竞争中。这是市场经济社会的竞争意识进入早期教育领域的典型表现,也是成人社会的竞争进入儿童世界的典型表现。今天很多着急的家长已经彻底被竞争观左右了,可是他们没有在高额的付出中得到幸福,他们的孩子更是让竞争剥夺了幸福。今天的幼儿园教育或多或少受到竞争观的影响,有些幼儿园为了生源和经济利益,违背专业良知去迎合家长的竞争心态,放弃了幼儿该学、必学的东西,而在幼儿以后将要长期学习的内容上浪费时间。幼儿园课程超载,幼儿园教育丢弃了本质。知识化、学科化的趋势加剧了,连教师间的竞赛也成了给幼儿上课的竞赛。幼儿园教育变成了成人教给幼儿知识的"搬运过程"。

幼儿的世界是美好的世界,幼儿需要的不是竞争,而是一个能得到积极支持的学习环境,这个环境中必须有优质的、敬业的、不为自己生计担忧的教师,有充裕的活动空间和材料,充满爱的气息。过早把幼儿带入竞争中,幼儿就会失去安全感甚至幸福感,就可能对学习产生厌倦之情,幼儿的需要和兴趣就可能被扭曲,使幼儿难以产生积极性、主动性和创造性。对一个国家来说,最重要的竞争力就在于未来一代的积极性、主动性和创造性。让幼儿远离竞争是解放幼儿的重要途径。因此,我们认为,幼儿最需要的不是竞争,而是幸福,最应该让幼儿拥有的也是幸福。幸福的幼儿才能成为未来有竞争力的社会成员。幸福不只是高兴,幸福是愉快和充实。所谓充实就是幼儿有更多的机会做具有适度挑战性的、需要思维和情感参与的事。幼儿的幸福就是指在一个充满支持的生活和学习环境中,幼儿的需要、兴趣被充分关注,他们的天性被充分关注,他们的学习特点和规律被充分关注,他们以自己特有的方式学习,能将思考与行动结合起来。

二、在共同生活中感受幸福

日本幼儿教育专家高杉自子对于幼儿的生活、幼儿与教师共同的生活,有很多精彩的见解,精辟到位,给人很多的启发,充满了一种对幼儿生活高度关注、充分尊重、积极维护的情怀。她在《与孩子们共同生活》一书中提出了"幼儿生活的场"的概念,认为要正确地理解幼儿园是幼儿生活的场这一观点,需要把握几个要点:第一,幼儿如何理解幼儿园。她认为幼儿园教育应该把幼儿期作为人生的重要时期来对待,使每个幼儿能够自由地伸展天性,在适合其年龄特点的生活活动中得到真实的成长。在幼儿看来,幼儿园是与家庭不同的快乐的生活场所。在这里,有许多朋友,可以玩各种游戏,可以凭借自己的力量来经营且发展属于自己的生活,当遇到困难时,有像妈妈一样的教师来帮助自己。每天上幼儿园是为了迎接新的生活。第二,幼儿园不是模拟场。幼儿园的生活是幼儿与教师共同的生活。共同生活中的人际关系是心灵之间的沟通与感应。在这里,充满了感动与发现的喜悦。当一方被另一方接纳时,喜悦倍增,并由此产生了从事下一个活动的意愿。每一名幼儿都有求知上进的成长需求,教师应该创设能够满足这一需求的环境。教师要把真实的生活纳入到保育中来。教师的教育意图或者说教育目标与内容是隐含在环境中的,教师应该力图使每个幼儿在真实的生活中,在与周围环境的相互作用中,发生实质性的改变。也就是说,幼儿园应该是让幼儿体验自身生活的实践场所。第三,使幼儿成为生活的主体。教师应该使幼儿意识到自己是独立的人,是生活的创造者与承担者。主体性的培养尽管是根本性的要求,但是却不容易做到。教师应该激发幼儿的主人翁责任感,使幼儿体验到自主地经营生活的快乐。为此,教师要力图使幼儿了解寻常小事中隐含的生存上的大意义,引导幼儿认真地对待日常生活中的小事,并给幼儿以适当的援助和指导。①

高杉自子的观点,至少向我们明确了一个基本的立场,那就是把儿童当作拥有主体地位的、拥有自己的天性的独立个体来对待,幼儿园要充分关注幼儿的生活,而不是在意成人所热衷的所谓学业,让幼儿在生活中学习,在生活中成长,只有那些能理解幼儿生活的教师才能真正与幼儿共同生活,并促进幼儿的成长。

三、有生活才有幸福

幼儿教育无视幼儿的生活,脱离了幼儿的生活,就谈不上幼儿的幸福。让每一个儿童拥有幸福的童年是我国基本的儿童价值观和基本的儿童发展政策。

幸福是人类的根本追求,人类的一切奋斗都指向最终的幸福。幸福是主体的一种积极的心理感受,这种感受是同人生的内在生命力量联系在一起的。一切与人的身心健康成长相关的积极感受才是幸福。因此,幸福不是一种外在的恩赐,幸福也不等同于物欲享受。儿童在生命成长的过程中,除了机体在生长发育外,他的精神也在成长。儿童来到人世,就开始建构自己的精神世界,进入如蒙台梭利所说的"精神胚胎"期。这个时期,不同于他的"生理胚胎"期,也不同于日后的成人生活阶段。蒙台梭利认为:

---

① [日]高杉自子.与孩子们共同生活——幼儿教育的原点[M].王小英,译.上海:华东师范大学出版社,2009:89.

"生活最重要的时期并非大学时代,而是人生之初,即从出生到6岁这一阶段。这是因为,这一时期正是人的潜能,其最伟大的工具,本身开始形成之时。不仅仅是智能,人的所有心理能力亦然。"①在精神胚胎期,儿童开始心理建构的工作。这种工作,是儿童生命本能的自然展开。儿童在成长过程中也许的确不能缺少成人的协助,但儿童主要的和根本的是依靠自己的力量使自己长大成人。"儿童并非毫无能力,并非须事事依赖成人,好似一只等待成人灌注的器皿。正是儿童'创造'了人,没有一个人不是从曾经经历过的儿童时代的创造而长大成人的。""是儿童自己从周围世界中吸取材料,是儿童用这些材料造就未来的人。"②儿童生命成长过程中表现出来的这种创造能力是其心理世界不断发展和完善的原动力。对于儿童来说,不受任何阻碍地投入到自己的创造活动之中,就是最大的幸福。正因为如此,我们必须把儿童在其内在的巨大潜能指引下的创造、建构活动,看作是对整个人类的建构和完善,是人类迈向真正自由和幸福的必须经历的过程。在这个过程中,儿童"创造了人类智能的所有要素,以及人类所幸具有的一切"。对儿童而言,这个过程本身就是一个十分幸福的过程,只有当儿童的精神建构活动不断受到成人的无理阻挡时是例外。

总之,儿童的幸福是与儿童的精神世界的成长联系在一起的。一切有利于儿童精神世界成长的活动,一切与儿童的身心发展需要一致的活动都有可能给儿童带来幸福。一切违抗儿童成长内在力量的、外在强加的活动对儿童来说均无幸福可言,甚至是不幸的。必须指出的是,幸福是一种真正的愉快,它可能外露,也可能内藏。所谓真正的愉快是指这种感受是发自儿童内心的,是与其成长的方向一致的。幸福的感受能引发儿童不断地创造、探究和成长。愉快不一定都是幸福,不当的物欲、无理的要求、侵犯

---

① [意]蒙台梭利.吸收性心智[M].台北:台湾桂冠图书公司,1994:21.
② [意]蒙台梭利.吸收性心智[M].台北:台湾桂冠图书公司,1994:14.

他人的快感等均与幸福无关。

　　幼儿教育的实践应该沿着让幼儿幸福的思路展开。在幼儿教育实践中,要处处充满幼儿的主体意识,时时体现对学习主体的关怀,事事都为学习主体服务。首先,这意味着幼儿的学习是行动性的,是多种感官参与的,不是简单的听和看。幼儿园教育活动的核心是幼儿的经验获得,经验的获得有赖于幼儿主体性的发挥,有赖于幼儿的体验和感受,有赖于幼儿动用多种感官与客观世界及自己的心灵发生相互作用,有赖于幼儿思维的参与。其次,这意味着幼儿园教育活动要满足幼儿的需要;要使幼儿所做的事能感动幼儿自己,让幼儿投入、专注、流连忘返;能真正促进幼儿的全面和谐发展。所谓有意义,其核心是要能满足幼儿生命(身体、心灵)成长的需要,有效促进他们的全面和谐发展。

国民教育体系中的幼儿教育

国民教育是指国家为本国国民(或公民)举办的学校教育。[①] 它有三层含义:第一,它是公共教育,是政府给本国国民提供的教育,虽然公共教育不一定都由政府举办,但政府必须起到领导和管理的作用,保障供给;第二,它是为本国全体国民提供的教育,虽然它不一定具有强迫性,但本国国民可以根据自己的意愿选择接受合适的教育;第三,它是一种机构教育,是为所有适龄人群提供的来自家庭之外的多种形式的机构教育。国民教育体系就是一个国家各级各类学校的体系,也称为学校系统或学制。

幼儿园教育自其诞生之日起,就被确定为国民教育体系的组成部分。1904年晚清政府颁布的《奏定学堂章程》,即"癸卯学制",就将蒙养院包含在学制系统之内。一百多年来,随着社会政治、经济和文化的变迁与发展,学前教育促进个体发展和社会发展的价值逐渐被发现,其在国民教育体系中的地位也随之提升:从在学制系统中没有独立地位,到拥有独立的地位;从以家庭教育为主要形式、以幼儿园教育为辅助和补充,到以幼儿园教育为重要形式、家庭和幼儿园共同承担教育儿童的责任;从仅看到学前教育对幼儿当下身心健康发展的价值,到认识到其对幼儿后续教育及终身发展

---

① 顾明远.教育大辞典(第一卷)[M].上海:上海教育出版社,1990:68.

的重要作用；从强调学前教育对解除妇女参加工作的后顾之忧、解放社会生产力的价值，到将幼儿视为未来社会的主人、从建设人力资源强国的战略高度看待学前教育……改革开放以来，对学前教育在国民教育体系中的地位有四种不同描述，按时间先后顺序分别是：20世纪70年代末80年代初，将学前教育定位为"社会主义教育事业的组成部分"。20世纪80年代末，将学前教育定位为"社会主义教育事业的重要组成部分，我国学校教育的预备阶段"，强调学前教育在社会主义教育事业中是学校教育预备阶段的重要地位。20世纪90年代中期，进一步将学前教育的地位提升为"基础教育的有机组成部分，是学校教育制度的基础阶段"。21世纪初，学前教育不仅是基础教育的有机组成部分，而且是"基础教育的重要组成部分，是我国学校教育和终身教育的奠基阶段"。从政策法规文本中对学前教育地位描述的演变来看，学前教育在国民教育体系中占有越来越重要的地位。这反映了国家对学前教育在国民教育体系中地位的主观认识，是学前教育在国民教育体系中的应然地位。它不完全等同于学前教育在国民教育体系中的实然地位。熊彼特曾指出："政府所有的功能都需要财政支撑，政府的所有行为都会反映到财政上。"①

因此，判断政府是否真正将学前教育作为基础教育的重要组成部分，作为我国学校教育和终身教育的奠基阶段，不能仅看政策和法规文本中对学前教育地位的描述，而关键要看其财政资金流向。"没有一个政府的财政资金是完全充裕的，它必须在各类急需花钱的地方做出取舍和权衡。因此，资金的流向可以更准确地揭示政府政策的轻重缓急。"②从我国教育财政投入情况来看，长期以来，各级财政部门都没有设置学前教育专项经费，而是将学前教育事业发展经费包含在基础教育发展经费之中。在国家总

---

① 王绍光.顺应民心的变化：从财政资金流向看中国政府政策调整[J].战略与管理，2004(2).
② 王绍光.顺应民心的变化：从财政资金流向看中国政府政策调整[J].战略与管理，2004(2).

教育财政投入有限加之九年义务教育普及任务严峻的情况下,学前教育经费常常被挤占。从2008年的统计数据来看,基础教育财政投入约占教育财政投入的60%,而学前教育财政投入仅占到基础教育财政投入的1.3%。计划经济时代,在企事业单位办园占城市办园70%以上的情况下,微薄的财政投入与学前教育需求之间并不构成突出矛盾。但自20世纪90年代中期以来,在计划经济向市场经济转轨的过程中,企事业单位纷纷剥离其社会职能,将其主办的幼儿园关、停、并、转、卖,而政府的教育财政投入并未及时填补反而有所减少,更有甚者,一些地方政府不负责任地以发展经济之名或消除学前教育财政投入不公平等冠冕堂皇的理由将公办园全部卖掉或转企,幼儿园数量和质量迅速下滑,广大人民群众对学前教育的强烈需求与国家供给严重不足构成了突出矛盾。此时,民办园应时而兴,在一定程度上满足了幼儿入园接受教育的需求,但由于各项法规政策尚不健全,学前教育体制机制尚未理顺,民办园中出现了大量不遵从学前教育规律,以豪华的硬件环境、夸大的教育效果迎合家长心理的天价园和无视幼儿健康、安全的劣质低价园。广大家长不堪重负,大量幼儿无处可托,部分幼儿被送进没有安全保障的"黑园"。近年来,诸如教师虐待幼儿、"黑园"火灾、校车事故以及幼儿园砍杀惨案等恶性事件接二连三地发生,人民群众对学前教育满意度降至历史新低。入园难、入园贵成为关系亿万儿童健康、关系家庭幸福及社会和谐稳定的重大问题。

诚然,学前教育属于非义务教育和准公共产品,学前教育经费来源不能完全依赖财政投入,但不等于政府可以据此放弃责任。作为国民教育体系的重要组成部分,政府理应对其实施管理,保障供给。然而,除了财政投入严重不足外,学前教育的行政管理力量也在机构改革中被大大削弱。1998年机构改革前,教育部幼教处有4人编制,全国有24个省市的教育行政部门设立了独立的幼教处(科),其他省市也都有专职管理人员,形成了从中央到地方上下畅通的五级管理体系。机构改革后，教育部基础教育司幼教处只有2人编制，实际在编1人，大部分省级幼教处、市（县）幼教科被撤销或合并，全国只有北京、天津、大连、沈阳、成都保留了幼教处。全国各级教育行政部门只有11名幼教专职人员，31名兼职人员。[①] 薄弱的管理力量根本无法适应体制改革过程中学前教育事业发展面临的复杂形势。当前学前教育事业发展存在的诸多问题都与政府管理的缺位、越位和错位有关。

强国必先强教，强教必先强师。一个国家重视不重视学前教育，首先要看其重视不重视幼儿教师。在20世纪90年代以来的经济体制改革和机构调整过程中，劳动人事部门曾减少甚至一度停止增加幼儿园人员编制，相当一部分幼儿教师虽拥有幼儿教师资格，却没有编制，工资待遇极差，有些幼儿教师的工资待遇仅相当于甚至低于当地社会的低保水平。学前教育琐碎、繁重且具有较强专业性的工作与幼儿教师微薄的收入极不相称。同时，在编与不在编幼儿教师同工不同酬的问题也日益突显。虽然职业的社会地位不能仅凭经济收入来衡量，但经济收入无疑是衡量职业社会地位的一个重要指标。繁重的工作、微薄的收入、艰难的生存处境，大大削弱了幼儿教师职业的吸引力和广大在职幼儿教师的工作积极性及专业责任感，造成优秀的人才不愿从事幼教工作，优秀的幼儿教师大量流失，同时不合格的"教师"混入幼儿教师队伍，给幼儿身心健康发展造成伤害。这些"教师"的所作所为严重损害了幼儿教师的职业声望，使社会对幼儿教师的评价很低。加之我国传统文化中原本就有轻视幼儿教师的基因。因此，当前幼儿教师的社会地位低下，与学前教育在国民教育体系中的奠基地位极不匹配。

---

① 数据来源：姚伟，吴琼，张宪冰."尊重的教育"理念下我国学前教育改革与发展的问题与对策[J].东北师大学报（哲学社会科学版），2009(3).

此外，法律是国家确认权利和义务的行为规范，也是以国家强制力保证实施的行为规范。在《中华人民共和国教育法》之下，《义务教育法》《职业教育法》和《高等教育法》已相继出台，分别保障义务教育、职业教育和高等教育的健康、规范发展，但迄今仍未出台专门的《学前教育法》。

财政投入严重不足、行政管理力量薄弱、教师社会地位低下、缺乏专门法律保障等，导致学前教育发展缓慢，成为国民教育体系中最薄弱的环节。学前教育在国民教育体系中的实然地位与应然地位相去甚远，致使一种观点认为学前教育从来就没有正式成为国民教育体系的一个有机组成部分，或者说只是徒有虚名。[1]

令人欣慰的是，在《国家中长期教育改革和发展规划纲要（2010—2020年）》刚刚颁布不久，时任国务院总理温家宝就在北京对学前教育进行了实践调研，随后，温总理主持召开国务院常务会议，研究部署发展学前教育的政策措施。会议从国家和民族未来发展的战略高度，从亿万儿童的健康成长和千家万户的切身利益出发，提出了发展学前教育的重要性，明确了学前教育是国民教育体系的重要组成部分，是重要的社会公益事业。会议重申学前教育是国民教育体系的重要组成部分，并不是一个崭新的理论命题，而是未来十年国家政策行动的重大转向，是国家大力发展学前教育的强劲信号。会议进一步就如何办好学前教育，落实学前教育在国民教育体系中的重要地位，确定了五大政策措施，即：①扩大学前教育资源；②加强幼儿教师队伍建设；③加大学前教育投入；④强化对幼儿园保育教育工作的指导；⑤完善学前教育立法，规范学前教育管理。这些举措高屋建瓴，从人力、财力、物力、立法、管理等层面对学前教育进行了全方位的支持和保障，从而将学前教育的发展拉入了快车道。这充分说明国家开始真正确立

---

[1] 刘明远.学前教育纳入国民教育体系刍议[J].早期教育，2005(6).

和落实学前教育在国民教育体系中的重要地位,这也是科学发展观在学前教育方面的落实与发展。

现在,学前教育迎来了历史性的发展机遇。学前教育研究者应抓住机遇,加大事业发展和政策研究力度,积极探索学前教育体制机制改革思路,为国家的政策制定提供依据;各地方政府应根据其经济发展水平、学前教育发展的现状及文化传统,进行管理创新,积极探索适宜的学前教育发展及管理模式。我们相信,在党和国家的正确领导下,未来十年必会成为我国学前教育事业健康快速发展的十年。我们期待,经过十年的艰苦努力,学前教育能够真正成为国民教育体系的重要组成部分,并为我国的全面发展提供健康、快乐的高素质人才。

国家战略中的幼儿教育

党的十七大报告强调指出"优先发展教育,建设人力资源强国"。十八大报告中继续强调"教育是民族振兴和社会进步的基石,要坚持优先发展教育"。党的十七大、十八大报告不仅在社会建设部分把教育问题摆在首位,而且在经济建设、政治建设、文化建设、党的建设等其他部分也对教育相关的使命和任务进行了多方面阐述,形成了许多新的战略思路和方针政策。可见,"教育是民族振兴的基石""国家的富强必须依靠人力资源"已经被党中央所充分认识。2001年颁布的《中国儿童发展纲要(2001—2010年)》中指出,2001—2010年是我国经济和社会发展极为重要的时期。推进社会主义现代化建设,实现经济和社会的全面进步,必须把提高国民素质、开发人力资源作为战略任务;必须从儿童早期着手,培养、造就适应新世纪需要的高素质人才队伍。《中国儿童发展纲要(2011—2020年)》中指出,未来十年,是我国建设小康社会的关键时期,制定和实施新一轮儿童发展纲要,将为促进人的全面发展、提高中华民族整体素质奠定更加坚实的基础。"人力资源是一个国家或地区能够作为生产要素投入到社会经济活动中,为社会创造物质财富和精神、文化财富的劳动力人口。"①从自然人

---

① 罗哲,沙治慧.人力资源开发与管理[M].成都:四川大学出版社,2007:3.

发展到社会人的过程便是人力资源生长的过程。毋庸置疑，教育是人力资源生长的基础，幼儿教育是基础教育的基础，大力发展幼儿教育对于把我国建设成为人力资源的强国，有着极其重要的意义。可以说，幼儿教育与人的成长、社会的发展都紧密相关，因此，幼儿教育是国家富强的象征，也是国家富强的基础。

一、幼儿教育与人的成长

人力资源包括数量和质量两个方面的因素。"人力资源的质量是指劳动者所具有的体质、智力、知识、技能、态度和价值观等方面的状况。"[①]人的体质、智力、知识、技能、态度和价值观等方面的发展就是人生命成长的过程，幼儿教育在人力资源的质量方面所发挥的作用是不可怀疑的，这可以从教育学和心理学两个方面得到论证。

1. 教育学依据

早在公元前的古希腊时期，幼儿教育的重要性就已经开始被先哲们所认识。柏拉图（公元前427—前347）在《理想国》中构建了一个从优生到成人教育的完整教育体系。他认为，对儿童的教育开始得越早越好。他说："凡事开头最重要。特别是生物，在幼小柔嫩的阶段，最容易接受陶冶，你要把它塑成什么型式，就能塑成什么型式。"[②]

文艺复兴时期，在人文主义思潮的引导下，产生了新的儿童观。幼儿教育的重要性也逐渐为人们所认识。捷克教育家夸美纽斯认为，幼儿教育具有重要的意义。他把儿童比作种子、嫩芽等，认为在身心形成的最早时期，应给予恰当的教育。"任何人在幼年时代播下什么样的种子，那他老年就要收获那样的果实，诚如谚语所说：'幼年的追求就是老年的爱好。'"[③]

---

① 罗哲,沙治慧.人力资源开发与管理[M].成都:四川大学出版社,2007:5.
② [古希腊]柏拉图.理想国[M].郭斌和,张竹明,译.北京:商务印书馆,1986:305.
③ [捷]夸美纽斯.夸美纽斯教育论著选[M].任钟印,选编.任宝祥,熊礼贵,鲍晓苏,等译.北京:人民教育出版社,1990:22.

启蒙运动是继文艺复兴之后，欧洲发生的第二次思想解放运动。启蒙思想家们对人性的呼唤和尊重，引起了人们对幼儿教育更大的关注。洛克认为幼儿的心灵好比"一张白纸或一块蜡"，通过教育"可以随心所欲地做成什么式样的"。①"幼小时所得的印象，哪怕是极微小，小到几乎觉察不出，都有极重大、极长久的影响，正如江河的源泉一样，水性很柔弱，一点点人力便可以把它导入他途，使河流的方向根本改变，最后流到十分遥远的地方去了。"②卢梭强调了教育对人的发展的作用。他认为："我们生来是软弱的，所以我们需要力量；我们生来是一无所有的，所以需要帮助；我们生来是愚昧的，所以需要判断的能力。我们出生的时候所没有的东西，我们在长大的时候所需要的东西，全都要由教育赐予我们。"③

随着工业革命的展开，社会化大生产的趋势愈加明显，一批幼儿教育机构诞生了。英国的空想社会主义者欧文创办了世界上第一所现代意义上的学前教育机构。欧文十分重视幼儿教育。他指出，人的性格是从出生之日起，在一生当中日积月累形成的，早期教育、影响及训练在人生中的意义尤为重要。因此，要为人类陶冶优良的性格，就应当从儿童出生之日起，就对他们进行系统的训练和教育。④"幼儿园之父"福禄培尔认为，幼儿时期是人的发展过程中的一个非常重要的阶段，这个时期儿童的生活方式和所受的教育将影响他的一生。"人的整个未来生活，直到他将要重新离开人间的时刻，其根源全在于这一生命阶段。"⑤如果在幼儿时期没有给予儿童恰当的教育，那么对儿童造成的不良影响，需要花费很大的精力才能弥补，有的影响甚至是不可弥补的。

---

① [英]约翰·洛克.教育漫话[M].傅任敢,译.北京:人民教育出版社,1979:191.
② [英]约翰·洛克.教育漫话[M].傅任敢,译.北京:人民教育出版社,1979:94.
③ [法]卢梭.爱弥尔——论教育[M].李平沤,译.北京:商务印书馆,1978:7.
④ 杨汉麟,周采.外国幼儿教育史[M].南宁:广西教育出版社,1993:165.
⑤ [德]福禄培尔.人的教育[M].孙祖复,译.北京:人民教育出版社,2002:39.

20世纪被称为"儿童的世纪"。20世纪影响最大的教育家杜威认为，婴幼儿身上蕴藏着巨大的发展能力，他们的未成熟状态正是发展能力的体现。幼儿期是一个很重要的时期，是人生的基础阶段。他主张教育要从一出生就开始，"初生的孩子是那样不成熟，如果听任他们自行其是，没有别人指导和援助，他们甚至不能获得身体生存所必需的起码的能力"①。幼儿教育家蒙台梭利认为儿童具有天赋的潜能，处于不断成长和发展的状态。幼儿期是儿童发展的敏感期，胚体的生命与童年的改变对成年的健康与人种的未来是具有决定性的，故这一发展阶段对人生是最重要的。当幼儿产生"精神的饥饿"或"精神的疾病"时，则将与身体上的挨饿一样具有毁灭性，故幼儿教育是人类最重要的问题。② 她认为人类个性的巨大发展在出生之日起即已开始，因此，"教育必须自出生开始"③。

2. 心理学依据

(1) 儿童心理发展与幼儿教育。

辩证唯物主义认为，遗传是儿童心理发展的生物前提。遗传对儿童心理发展的影响随年龄的变化而变化：年龄越小，遗传因素对心理发展的影响越大。随着年龄的增大，遗传因素对心理发展的影响逐渐减弱。儿童所处的环境特别是教育决定了儿童心理的发展方向、水平高低、速度快慢等等。遗传只提供儿童心理发展的可能性，而环境特别是教育则规定儿童心理发展的现实性。

从普遍范围来说，大多数人的遗传素质是差不多的，其心理发展速度之所以存在差异，是由环境特别是教育造成的。心理学家谢切诺夫认为：一个人的心理千分之九百九十九都是由人的生活条件决定的。巴甫洛夫

---

① [美]杜威.民主主义与教育[M].王承绪，译.北京：人民教育出版社，2001：8.
② 杨汉麟，周采.外国幼儿教育史[M].南宁：广西教育出版社，1993：285-286.
③ [意]蒙台梭利.蒙台梭利幼儿教育科学方法[M].任代文，译.北京：人民教育出版社，2001：336.

也指出：人的行为不仅受神经系统生来的特性所制约,更重要的是决定于个体生存的时间内已经受到的和正在受到的那些影响,也就是决定于广义的教育和教学。①

用辩证唯物主义的观点来考察儿童心理发展与教育的关系,可以得出：遗传是儿童心理发展的内因,教育是儿童心理发展的外因。教育对儿童心理发展的决定和主导作用主要表现为：教育是儿童心理发展的可能性变为现实性的必要条件；教育可加速或延缓儿童心理发展的进程,并使儿童心理发展表现出个别差异。当然,教育必须以儿童的心理发展水平为基础,必须尊重儿童的心理发展的规律。

(2) 儿童智力发展与幼儿教育。

20世纪20年代,心理学家平特纳(R.Pintner)研究得出,儿童从初生到5岁,是智力发展最快的时期。从5岁到10岁,发展速度虽然比不上前一时期,但仍有较大的增长。以后5年,即从10岁到15岁,发展速度逐渐减慢。②

20世纪60年代,心理学家布鲁姆(B.S.Bloom)在《人性的稳定与变化》中提出："①5岁前是人智力发展最迅速的时期。人的智力发展模式一般是：与17岁能达到的普遍智力水平相比较,4岁儿童已获得约50%的智力,其余30%是4—8岁获得,最后的20%在8—17岁获得。②个人赖以发展的环境对智力发展的影响是：在智力发展极为迅速的时期(即5岁前)为最大,而在智力变化缓慢时期则相应减小；幼儿期被剥夺了智力刺激的人永远达不到他们原来应该达到的水平。③儿童学业的成败在很大程度上取决于早期经验。学生学业的成绩,至少三分之一在他6岁进小学一年

---

① 朱智贤.朱智贤全集(第三卷)心理学基本理论问题[M].北京:北京师范大学出版社,2002:119.
② 朱智贤.朱智贤全集(第三卷)心理学基本理论问题[M].北京:北京师范大学出版社,2002:175.

级时已经定型。"①

脑科学证实,人出生时大约有1,000亿个脑细胞,新生儿大脑的重量占成人大脑重量的25%,6个月时将近50%,2.5岁时约75%,5岁时约90%。我国关于脑电波的研究也证明:脑的发展不是等速的,5—6岁和13—14岁是两个加速时期。② 可见,幼儿时期是大脑发育最快的时期,5岁时幼儿的大脑已发展到接近成熟。

日本学者木村久一提出了儿童可能能力的递减原则。他认为,生来具备100度可能能力的儿童,如果从一生下来就给他进行理想的教育,那就可能成为具备100度能力的成人;如果从5岁开始教育,即使教育得非常出色,那也只能成为具备80度能力的成人;而如果从10岁开始教育,教育再好,也只能成为具备60度能力的成人;到15岁时进行教育,就会只剩下40度了。③

尽管上述研究可能存在着种种问题,儿童的智力发展的速度和水平是否可以用精确的数字来表示,是值得商榷的问题,但是它们都表明了这样一个事实:幼儿时期是智力发展的关键时期,早期教育对于儿童的发展具有重大的意义。如果在儿童智力迅速发展的时期没有给予恰当的教育,那么不仅是教育时机的浪费,更有可能给儿童一生的发展带来不可弥补的损失。因此,幼儿教育非但不应该被忽视,而且更应该受到高度的重视。

(3) 关键期、最近发展区与幼儿教育。

在儿童心理学上,关键期是指机体的某一种潜在的能力,在成长的某个时期,在适当环境的刺激下,这种潜在的能力能获得较好的发展。因为

---

① 杨汉麟,周采.外国幼儿教育史[M].南宁:广西教育出版社,1993:464.
② 朱智贤.朱智贤全集(第三卷)心理学基本理论问题[M].北京:北京师范大学出版社,2002:175.
③ 唐淑,王雯.学前教育思想史[M].苏州:苏州大学出版社,2004:407.

这一时期，机体处于积极的准备和接收状态，如果环境给予的刺激得当，这种能力就能获得迅速的发展；如果错过了这一时机，发展的障碍就难以弥补。儿童心理发展的关键期现象在语言发展上表现尤为明显。学前期是掌握口语的关键期，错过了这一时期，就难以掌握口语。例如，印度有一个叫卡玛拉的小孩，出生没几天就被狼叼走了。这个"狼孩"和狼共同生活了7年后，被人发现并解救出来。经过长达6年的专业护理，"狼孩"才学会走路，到17岁时才学会十几个单词，智商仅达4岁孩子的水平。正是因为"狼孩"的某些神经系统错过了发展的关键期，才造成了难以逆转的后果。有研究指出，2—4岁是语言学习的关键期，5—6岁是数概念、讲述能力发展的关键期，等等。

心理学家维果斯基提出了"最近发展区"的概念。最近发展区是儿童现有的发展水平和儿童在成人的指导帮助下所能达到的水平之间的差距。最近发展区的大小是儿童心理发展潜能的重要标志，也是儿童可接受教育程度的重要标志。最近发展区是一个动态的概念，因为某一年龄阶段的最近发展区，经过适当的教育，可以转变为儿童现实的发展水平。"教学与发展的关系好比是最近发展区和现有发展水平的关系"①，也就是说，教育应走在儿童现有的发展阶段的前头（但这个"前"是有限度的，教育不能超过儿童的最近发展区），通过适当的引导，将最近发展区转变为儿童现实的发展水平，促进儿童向下一个阶段发展。维果斯基认为："任何教学都存在最佳的，也就是最有利的时期，这是基本原理之一。对这个时期任何向上或向下的偏离，即过早或过迟实施教学的时期，从发展观点看，总是有害的，对儿童的智力发展产生不良影响。"②

纵观教育学家和心理学家的研究，我们可以看出，幼儿教育是教育的

---

① ［苏］维果斯基.维果斯基教育论著选[M].余震球，选译.北京：人民教育出版社，1994：256.
② ［苏］维果斯基.维果斯基教育论著选[M].余震球，选译.北京：人民教育出版社，1994：381.

起始和奠基阶段,对于人的一生的发展具有极其重大的意义。幼儿期是人的认知、情感、社会性发展的起始阶段和关键时期。在教育的影响下,在与环境的相互作用中,幼儿不仅获得知识的启蒙,而且逐渐形成和发展着最初的也是最基本的对人、事、物的情感和态度,奠定着行为、性格、人格的基础。研究表明,幼儿时期是人的行为习惯、情感、态度、性格等开始形成的时期,是儿童养成良好社会性行为和人格品质的重要时期。这一时期儿童的发展状况,影响并决定着儿童日后认知、情感、社会性等的发展方向和水平。因此,应重视幼儿阶段的教育,以便使儿童的本性、天赋的潜能等顺利地发挥和表现出来。

二、幼儿教育与社会的发展

幼儿教育是社会发展的一部分,幼儿教育与社会发展相互影响,相互制约。一方面,幼儿教育发展的速度和规模以及幼儿教育的目标、内容、评价等都与社会的发展变迁有关。另一方面,幼儿教育为社会培养了未来的高素质的人力资源,同时也解放了妇女,为社会争得了更多的人力资源。也就是说,幼儿教育的发展能够推动社会的发展,而社会的发展也推动着幼儿教育的发展。

1. 接受幼儿教育是基本的人权

人权是指在一定的社会历史条件下,每个人按其本质和尊严享有或应该享有的自由、平等地生存和发展的权利。在我国,幼儿受教育的权利是受法律保护的一项基本的人权。

1991年,时任国务院总理李鹏代表中国政府在世界儿童问题首脑会议上签署了《儿童生存、保护和发展世界宣言》(以下简称《宣言》)和《执行九十年代儿童生存、保护和发展世界宣言行动计划》,向世界承诺保护儿童的权利。《宣言》指出:"由于今天的儿童是明日世界的公民,因而他们的生存、保护和发展就成为人类未来发展的前提条件。年轻一代有权利获得知识和资源来满足他们基本的人的需求并逐渐充分发展自己的潜能,这应是国家发展的一个基本目标。"①

20世纪90年代初,国务院颁发的《九十年代中国儿童发展规划纲要》,确立了90年代我国儿童生存、保护和发展的主要目标,具体提出了"积极发展学前教育,坚持动员社会力量,多渠道、多形式地发展幼儿教育"的方针。2001年《中国儿童发展纲要》指出,2001—2010年发展的目标是坚持"儿童优先"原则,保障儿童生存、发展、受保护和参与的权利,提高儿童整体素质,促进儿童身心健康发展;逐步完善保护儿童的法律法规体系,依法保障儿童权益;优化儿童成长环境,使困境儿童受到特殊保护。

2004年3月14日,第十届全国人民代表大会第二次会议通过了宪法修正案,首次将"人权"概念引入宪法,明确规定"国家尊重和保障人权"。这意味着人的生存、发展等各项基本权利,受到法律的保护,是神圣而不可侵犯的。作为基本人权的受教育权,是儿童从事文化活动、接受教育方面的权利,国家和社会有义务为儿童具体享有文化、教育权利积极地创造条件。接受教育是中国所有公民的权利,更是儿童的一项重要的基本权利。②

2. 发展幼儿教育有助于促进社会公平

恩格斯认为,要实现共产主义,就必须做到教育公平,要"由国家出资对一切儿童毫无例外地实行普遍教育,这种教育对任何人都是一样,一直进行到能够作为社会的独立成员的年龄为止。这个措施对我们的穷弟兄来说,只是一件公平的事情,因为每一个人都无可争辩地有权全面发展自己的才能……"③在我国,党的十六届六中全会提出了构建和谐社会的目

---

① 赵中建.教育的使命——面向二十一世纪的教育宣言和行动纲领[M].北京:教育科学出版社,1996:62.
② 陆士桢,魏兆鹏,胡伟.中国儿童政策概论[M].北京:社会科学文献出版社,2005:167.
③ 苏联教育科学院.马克思恩格斯论教育(上卷)[M].北京:人民教育出版社,1985:39.

标,通过了《中共中央关于构建社会主义和谐社会若干重大问题的决定》(以下简称《决定》)。《决定》指出,社会和谐是中国特色社会主义的本质属性,是国家富强、民族振兴、人民幸福的重要保证,也是党不懈奋斗的目标。社会公平是社会和谐的基本条件,而"教育公平是社会公平的重要基础"①。因此,构建和谐社会必须"坚持教育优先发展,促进教育公平"②。

幼儿教育是我国教育事业的重要组成部分。在过去的一二十年中,广大农村地区特别是边远、贫困、少数民族地区的幼儿教育发展迅速,但相对于发达地区来说,仍然存在着很大的差距。到1998年底,西南、西北11个省的22个国家级贫困县的学前三年平均受教育率为39.9%,学前一年平均受教育率为66.7%,而同一时期,在大中城市已基本普及了学前教育。③可见,中国的幼儿教育存在着显著的城乡、地区差异,而要构建和谐社会,解决发展的不平衡问题,必须要"坚持教育优先发展,促进教育公平"④,逐步缩小城乡、区域教育发展差距,推动幼儿教育的协调发展。

3. 发展幼儿教育有助于促进社会的和谐、稳定

家庭是社会的最小单位,家庭与社会之间是相互作用、相互联系的。每个家庭的和谐与稳定必然导致社会的和谐与稳定;反之,社会的和谐与稳定又为家庭的和谐与稳定提供基础和保障。对于一个家庭来说,下一代的教育问题是一项持久而浩大的工程。由于计划生育基本国策的实行,当前我国大多数家庭只有一个孩子,这就使独生子女很自然地成为整个家庭关注的焦点。众多事实表明,孩子能否健康地成长和发展已成为决定家庭

---

① 胡锦涛:高举中国特色社会主义伟大旗帜 为夺取全面建设小康社会新胜利而奋斗——在中国共产党第十七次全国代表大会上的报告(2007年10月15日)。
② 中国共产党第十六届中央委员会第六次全体会议通过的《中共中央关于构建社会主义和谐社会若干重大问题的决定》(2006年10月11日)。
③ http://news.xinhuanet.com/ziliao/2005-11/04/content_3731097.htm.
④ 中国共产党第十六届中央委员会第六次全体会议通过的《中共中央关于构建社会主义和谐社会若干重大问题的决定》(2006年10月11日)。

生活是否和谐幸福、影响家庭生活质量的一个关键性的因素。家庭又是社会的最基本的单位,每一个幼儿都连接着一个或几个家庭,因此,从幼儿、家庭、社会三者的关系上来说,幼儿教育牵动着全社会。

学前教育机构不仅承担着解放家长,为家长参加工作和学习提供便利的任务,而且在孩子的发展和早期教育受到普遍重视的时代,学前教育质量更成为家长关注的焦点。因此,幼儿教育的成败直接关系着家长能否放心地工作、安心地学习。有人曾言,关闭一所幼儿园比关闭一所大学,或一所低质量幼儿园的存在比一所低水平大学的存在,更会让家庭、社会不得安宁。这从一个侧面反映了幼儿教育对家庭生活、国民经济发展和社会秩序的稳定等所具有的重要作用。

4. 发展幼儿教育有助于促进社会的改造与进步

先进取代落后、改革推动进步是社会发展的基本规律。社会的改造和进步不能仅仅依靠制定新的法律法规、机械地改变规章制度来进行,它需要先进的观念和文化做思想准备和基础,而"生产"和传播先进的观念和文化则要靠教育。因此,教育是使社会朝着理想的现代生活方向进步和改革的基本方法。

教育学家杜威认为,学校要承担一项积极的责任,"来形成思考与行动的习惯,转而形成社会行动的有组织的环境"[①]。只有当人们已经学会了如何为他们自己而思考、探究和以理智为方法,他们才能摆脱迷信以及宣传方法和权威主义的教条。他们在处理不断变化的社会问题时,将是灵活的、适应力强的和有创造性的,而且有能力改善这个社会。"民主的社会既然否定外部权威的原则,就必须用自愿的倾向和兴趣来代替它,而自愿的倾向和兴趣只有通过教育才能形成。"[②]教育是建设和平、促进民主准则和

---

① 杜祖贻.杜威论教育与民主主义[M].北京:人民教育出版社,2003:99.
② [美]杜威.民主主义与教育[M].王承绪,译.北京:人民教育出版社,2001:97.

社会内聚、扩大就业机会及有助于减少贫困的工具,所有这一切都是社会发展的基本内容①,因而教育是促进社会发展进步的手段。

幼儿教育是人的教育过程中的一个重要组成部分,是人的真正教育的开始,是儿童以后各个阶段教育和发展的基础。"因为启蒙教育不足或缺乏这种教育,均可严重影响终身教育的继续进行。这种可能性已为发达国家和发展中国家之间的差距所证明,也为每个社会内部的教育机会不均等现象所证明。"②在当代,幼儿教育的重要性已被国际社会普遍认同。联合国教科文组织在报告中指出:"基础教育(其中尤其包括学前教育和初等教育)阶段:人的创造性思想火花可能光芒四射,也可能渐渐熄灭;接触知识可能成为现实,也可能无法实现。正是在这一时期,每个人都在获取有助于提高推理能力和想象力、判断能力和责任感的手段,也都在学习如何对周围世界产生浓厚的兴趣。"③在我国,政府通过法规文件的形式规定了幼儿教育的地位和作用:"幼儿教育是基础教育的重要组成部分,发展幼儿教育对于促进儿童身心全面健康发展,普及义务教育,提高国民整体素质,实现全面建设小康社会的奋斗目标具有重要意义。"④

三、幼儿教育与国家的富强

幼儿教育是教育的起始和奠基阶段,幼儿教育是人的教育过程中的一个重要组成部分,是人的真正教育的开始,是儿童以后各个阶段教育和发展的基础,对于人的一生的发展具有极其重大的意义。一个国家重视幼儿教育是国家富强的象征,也是国家富强的基础。前面讨论了幼儿教育与人

---

① 赵中建.教育的使命——面向二十一世纪的教育宣言和行动纲领[M].北京:教育科学出版社,1996:225.
② 教育——财富蕴藏其中:国际21世纪教育委员会报告[M].联合国教科文组织总部中文科,译.北京:教育科学出版社,1996:91.
③ 教育——财富蕴藏其中:国际21世纪教育委员会报告[M].联合国教科文组织总部中文科,译.北京:教育科学出版社,1996:105.
④ 教育部等颁布的《关于幼儿教育改革与发展的指导意见》(国办发〔2003〕13号)。

的发展和与社会的发展的关系,人的发展就是人力资源的生长,社会的发展同样是优秀的人力资源所发挥的作用。人的发展与社会的发展是事关国家富强的问题,国家富强具体表现为经济的发展与文化的繁荣,二者都与幼儿教育有着千丝万缕的联系,因此,可以从经济的发展和文化的发展两个方面来阐述幼儿教育在人力资源方面对促进国家富强所具有的不可替代的作用。

1. 幼儿教育能够促进国家经济的发展

一国的经济发展,其决定因素不止于土地、资本与自然资源等传统因素,人力资源的充分应用已是更重要的条件。人的劳动技能的高低影响着生产效率和社会生产力发展水平,但是人的生产能力、劳动技能并不是先天生就的,而是通过后天的教育、训练获得的。教育培养了劳动者的综合素质,提高了劳动者的道德水平,发展了劳动者的创造能力。

在当代,由于技术的进步、现代化的压力和国际竞争的加剧,各国为了经济目的而对教育提出的需求不断增多,这不仅表明了人力资源的重要性,也表明了为了提高社会生产力而进行教育投资是非常必要的。因而,教育不仅仅是一种社会开支,还是一种会产生长期效益的经济投资。[①]"一个国家的发展特别取决于其就业人口是否能够利用复杂的技术和表现出创造性及适应精神,而这些能力在很大程度上又取决于个人接受的启蒙教育水平"[②],幼儿教育是基础教育的基础,是终身教育的起始阶段和重要组成部分,因而也是人力资源培养的起始阶段。

从人力资源的视角来看,首先,儿童是一个国家20年后经济发展的主要人力资源,人力资源是一切资源中最宝贵、最主要的资源,是推动经济发

---

① 教育——财富蕴藏其中:国际21世纪教育委员会报告[M].联合国教科文组织总部中文科,译.北京:教育科学出版社,1996:161.
② 教育——财富蕴藏其中:国际21世纪教育委员会报告[M].联合国教科文组织总部中文科,译.北京:教育科学出版社,1996:161.

展的第一要素。经济的发展需要有高素质的人力资源,幼儿教育是教育的起始阶段,为未来的"建设者"的素质打下坚实的基础。另外,未来国家经济的发展必须以人为本,国家信息中心首席经济师、经济预测部主任范剑平在第九届创业中国高峰论坛上对此做了一番表述,即:"未来我国经济发展方式必须要突出以人为本,经济发展政策要更加突出富民为本,民生优先原则。"幼儿教育不仅为未来的人力资源的生长打下基础,同时也成为一个国家经济发展的象征,因为一个国家经济的发展意味着人民生活的富裕,而幼儿教育不仅具有教育性,也具有福利性,以人为本的经济发展战略必然重视幼儿教育。

2. 幼儿教育能够推动文化的发展

首先,幼儿教育是一个国家弘扬自身文化、发展自身文化的基石,人类的文化与幼儿的成长是相互需要的。幼儿的成长需要文化的滋养,人类长期积淀下来的文化"从上一代到下一代的运动,它建设着每一个人,因为它向每个人传达了人类的共同的生活经验。这不仅使一代人的生活具有了文化意义,而且使他们节省了获取经验的时间,使他们更快地利用人类已有的经验而成长"[①]。文化以自己的价值帮助幼儿不断成长,同时,在此过程中,文化的发展也需要在幼儿教育中获得"活力",也就是说,幼儿教育使文化得到弘扬。

其次,更重要的是幼儿身上蕴含着创新资源。幼儿不仅是文化的传承者,也是文化的创造者。即使在文化的传承过程中,儿童也并不是被动接受文化的容器,而是主动地选择适合自己的文化的个体。文化并不是被复制到儿童的世界中,而是通过儿童的"选择"性吸收进入儿童的世界,而儿童选择文化的同时,也在创造独特的儿童文化,儿童的游戏、音乐、舞蹈、绘

---

① 金生鈜.理解与教育:走向哲学解释学的教育哲学导论[M].北京:教育科学出版社,1997:120.

画等代表儿童文化的艺术都具有不同于成人文化的特征。儿童文化是儿童的天性之所在,幼儿教育就是在尊重和欣赏儿童的天性的基础上展开的,只有这样,才能让一个国家的文化更加繁荣,正如刘晓东所指出的:"对于许多民族来说,儿童的天性没有得到尊重和保护是民族难以昌盛的根源。"[1]因此,儿童文化属于儿童,也属于人类文化的一部分,它丰富了人类文化,由于儿童文化的鲜活性和独特性,儿童文化也在推动人类文化的发展。

最后,儿童是未来的重要的人力资源,这是毋庸置疑的,有什么样的幼儿教育,也就有什么样的未来的人才。今日的幼儿教育关系到未来中国文化发展的走向,文化是不断发展的,需要主流人物去创造,儿童就是未来新的文化的创造者。幼儿教育的对象是未来世界的主人,我们必须用发展的眼光来培养人才,应该具有强烈的未来意识,因此,前瞻性的战略目光对今日的幼儿教育来说尤为重要。为了推动我国文化的发展,我们不仅要尊重儿童自己的文化,也要以未来意识发展幼儿教育,注重环境意识、全球意识等。

---

[1] 刘晓东.我们为什么要解放儿童[N].中国教育报,2010-01-07.

让"儿童意识"融入公众意识[①]

随着政府及社会各界对学前教育的关注与支持力度的增加,诸如"学前教育迎来了春天"的说法愈来愈多地被提及。然而,在欣喜之余,我们尚需冷静。学前教育果真迎来了春天?春天的一切都是美好的吗?这春是自然时节还是"人工降春"?如何保证学前教育能持续长久地良性发展?……要破解这些时常萦绕在广大幼教工作者心头的问题,使学前教育好春常在,就必须唤起公众的"儿童意识",使全社会真正认识到学前教育的价值,真正意识到社会、家庭和政府对学前教育的责任,使儿童在公众心目中的中心地位得到确立,使"让儿童享受幸福的童年"成为一种重要的公众意识,让关注儿童、保障儿童优先成为重要的公众素质。

一、儿童意识与公众意识的天然联系

简言之,儿童意识即对儿童作为处在特殊年龄阶段的人的价值的认识与体悟。这是对成人中心主义文化的反抗,表现为对童年价值的思考、生存状况的关注和基本权益的追求。它是一种历经历史洗礼的观念,随着人类对自身认识的加深而不断深化——从人类文明首次看到儿童与成人的各种不同而"发现"了儿童,到视儿童为"未来的劳动者"而提出应加大教育

[①] 本文已由张斌、虞永平发表于《幼儿教育》(教育科学)2011年第27期。

投资,再到回归儿童"人"的身份,强调保护其基本权益……尽管儿童意识在不同时代呈现出不同的主题,但其核心精神始终如一,那就是"儿童中心"的观点。联合国《儿童权利公约》将这一普世价值观以国际法的形式确立了下来,它规定:"关于儿童的一切行为,不论是由公私社会福利机构、法院、行政当局或立法机构执行,均应以儿童的最大利益为一种首要考虑。"也就是说,当成人利益与儿童利益发生冲突时应确保"儿童优先",这一原则也被写入《中国儿童发展纲要(2001—2010年)》。可见,倡导树立儿童意识已成为国际共识。

与自我意识、女性意识等不同,儿童意识的主体不是儿童自身,而是成人。由于儿童在自我意识、社会能力等方面发展的局限,他们无力发现,即使发现也无力争取或维护自身权益,等到他们具有儿童意识的时候已不再是儿童,这种有趣的错位为儿童意识增加了更为高尚的一种特质,即公众优先性。那些具有儿童意识的个体,与童年渐行渐远,他们一切基于儿童意识的作为不能为其自身带来任何直接利益,但这并未影响他们愿为儿童代言的意愿,这种为其他群体利益考虑的态度便是公众意识的一种体现。公众优先意识又叫公众意识,是公共关系学中的重要概念,意指公关活动中的行为主体应当具有的一种以公众研究为主、公众利益至上、一切以公众为出发点的思想,即一切公关活动均应根据公众的需要来制定、策划的原则。①因此可以说,儿童意识天生是公众意识的重要组成部分或一种表现。只有当公众具有了关爱生灵,敬重人性,理解人生,尊重和珍视人生发展的每一个时段的公众意识素养时,他们才能自觉地认识到童年的价值与内涵,认识到童年教育的意义,构建起有利于童年教育的各种社会制度。可见,公众意识的增强能够唤醒人们的童年意识。

---

① 何春晖.热点报道的公众意识[J].杭州大学学报,1997(1).

联合国教科文组织总干事伊琳娜·博科娃曾说:"我们最大的财富是我们的人力资源,是我们的儿童,要保护这种资源。投资于儿童就会有繁荣、公平、光明的未来!"对这句话的理解不能庸俗地停留在"儿童作为潜在劳动力"的层面。人是非特定化的开放生物①,如果将初生看作人生命流淌的源头,那么"人从孩童时期到前途的关系形成一种扇形的形式,人一生的时间可以沿着许多河床流动。……人越是年轻就越是可能的,……(就)越有各种类别的时间,它在其中流淌的各种各样的河床,在它前边就越有更多的河谷。因此,它也更加不确定"②。童年对于趋于稳定的成年来说充满了各种可能性,而有可能就有希望,人类社会的变革与文明的进步有赖于那些突破传统的可能性。在这个意义上,儿童便自然负有驾驭人类命运的使命,也有了一种更加崇高的身份的称喻——人类的未来。进一步来看,公众意识的核心精神就是要求作为公众一员的人宽容并理解其他成员的独特性和合理需求,也就是要意识到人与人之间、群体与群体之间差异存在的合理性。这意味着丧失了差异性,公众意识便不复存在。这些差异在很大程度上源于个体对童年历经的一种又一种可能性的实现。而儿童意识强调应按照真实的儿童成长的逻辑探寻儿童幸福的文化土壤、价值根基和实践策略,呵护儿童生命中丰富的可能性。至此,可以看出,儿童意识对公众意识的形成与发展起着基石的作用。

故此,公众意识与儿童意识相辅相成,前者不断召唤着后者,而后者更是影响前者存在与变化的基础性因素。

二、儿童意识的缺失

尽管儿童意识与公众意识有着如此紧密的天然联系;尽管20世纪80年代初以来,伴随中国公众基本价值观的变革,儿童意识的种子已悄然萌

---

① [德]兰德曼.哲学人类学[M].阎嘉,译.贵阳:贵州人民出版社,2006:164.
② [法]米歇尔·塞尔.万物本原[M].蒲北溟,译.北京:生活·读书·新知三联书店,2003:43.

动;尽管各级政府开始从民生高度重视儿童问题,但时至今日,出于为儿童真实幸福考量的儿童意识仍然是公众意识中的盲区。正是由于这个原因,我们满怀憧憬的学前教育的春天才显得并不是那么春意盎然。

一些时候,学前教育的价值在实践中仍会有所失重。例如,在财政有限的情况下,不能制造"升学率"、获奖数等显性结果且短期内见不到社会效益的学前教育,不得不让位于那些更具有快速显性效益的行业或学段,经济优先、效益优先理所当然地将"儿童优先"变成了一句空谈。

另一些时候,幼儿教育的责任被"浓缩"成幼儿园的专门工作。例如,在我国由计划经济转向市场经济的过程中,原本大量由集体单位负担的幼儿园被剥离,经费支持被撤出,政府财政却没有及时地弥补到这一社会服务中,迫使教育责任自然转移到了家长和教育机构上,一时间不少幼儿园捉襟见肘。

更多时候,以牺牲童年幸福换取所谓明天成功的"竞争"童年观大行其道——不要输在起跑线上、胎儿起步、婴儿加速、三四岁脱盲、连续跳级……目的不外乎要让"咱的孩子比别人强"。人们理所当然、理直气壮地认为都是一样大的小孩为什么不能比?比,一定能比,一定要比。从身高、体重到语文、数学、英语,从音乐、书法、体育到劳动、感恩、德育,什么都能比,什么都要比。儿童在这个对比的世界里强健了体格,学习了知识,丰富了兴趣,懂得了法礼,却丧失了自我。冷静想想,无论是那些在竞争中业已成名的孩子,还是"甘为人梯""默默无闻"的孩子,哪一个不是在媒体吸引受众、商家赚取利益、父母借以实现个人梦想和争得虚荣的闹剧中的工具?哪一个不是"长得既不丰满也不甜美,而且很快就会腐烂的""早熟的果实"?① 这种畸形的儿童观同样是儿童意识缺失的表现。

---

① [法]卢梭.爱弥儿(上)[M].李平沤,译.北京:商务印书馆,2004:91.

还有时候,一些远离儿童心灵和需要的教育挫伤着儿童对生活和学习的热情,伤害着儿童发展的可能性。近年来出现的一些教师伤害儿童的案例更是从一个侧面反映了教育过程中儿童意识缺失对童年幸福的影响。

公众意识是文明社会赖以存在的基本保证与必要条件,儿童意识是文明社会的存在标志和进步动力。换句话说,只有人们意识到儿童的"存在",文明社会才会得以"存在",一个意识到儿童"存在"的社会,才称得上是一个"文明的""存在"着的社会。缺少儿童意识的所谓"公众意识"是被阉割过的公众意识,它因缺乏对特定社会弱势群体的关怀而丧失了"公众性",导致成人对儿童成长置之不理或进行权威设计——这本身就是对现代文明社会的羞辱。而更大的危害是这种缺失剥夺了儿童发展的基本权利,大大损害了通过儿童多元发展而促进人类文明进步的可能性。它从两方面为降低社会文明,进而牵绊人类进步程度埋下了隐患。

三、引导儿童意识融入公众意识

让儿童拥有幸福的童年是一种信念,应该成为一种普世的价值,应该融入大众信念之中,融入大众价值体系之中。启蒙公众的儿童意识已成为当下刻不容缓的问题。

想要社会公众意识到儿童"存在",想要儿童意识"存在"于社会的公众意识域中,基本上离不开社会结构中最基础和最具决策权的组成集团,而在一个以国家为组织形态的社会中,这两个集团往往就是普罗大众和政府机构。因此,激发公众觉醒,进而唤起其儿童意识,借助公众意志的民主力量影响决策,是基本的思路。

简单地说,可以通过进一步加大对发展学前教育的政策倾斜,增强各级政府及社会各界对儿童的科学关注和合理投入,使其感受国家对儿童幸福的高度重视,以及"重视"的正确视角与方式,以政策引导的形式增强并引领儿童意识;为构建有质量的幼儿园课程进行学术引导,使从业者在实践中理解什么是让儿童做有兴趣、有意义和合乎需要的事,怎样才能促使儿童在学习过程中得到多方面的经验,如何帮助儿童投入、专注地活动,获得良好的情绪体验等,从而加深对儿童独特性和基本需求的体悟;大众媒体恰当宣传予以舆论引导,营造人人关爱儿童、呵护儿童的和谐社会气氛,宣讲正确的儿童观和教育观;肯定并表彰在此方面成绩突出的典型,通过榜样力量促成儿童意识在公众意识中从星火到燎原的发展局面。

如果儿童意识还没有真正成为一种公众信念,那么学前教育的春天就还没有真正来临。只有发自信念的行为才能持续,当公众尤其是政策决定者真正意识到童年及其价值时,学前教育的春天才是生机勃勃且任何力量都无法阻挡的。

Chapter Two

第二章
多学科视野下的学前教育体制机制改革研究

DUO
XUEKE
SHIYEXIA
DE
XUEQIAN
JIAOYU
TIZHI
JIZHI
GAIGE
YANJIU

一 从受教育权角度阐述我国学前教育政策和事业发展

一、受教育权的基本原理

1. 受教育权的概念

随着国际社会对基本人权和自由的普遍关注,大多数国家都把公民的受教育权纳入宪法中,受教育权成为教育和法律上关注的热点。各国学者纷纷从不同的视角对受教育权进行一定的界定。

我国宪法规定,中华人民共和国公民有接受教育的权利和义务。权利和义务是受教育权的主线。受教育的权利,是指公民在国家和社会创建的各类学校、其他教育机构等学习科学文化知识和专业技能,提高文化素质、政治素质或业务水平,并获得受教育的物质帮助的权利,其权利主体是国家公民。受教育的义务,是指公民在一定条件下依法接受各种形式的教育的义务,其主体主要指国家或地方政府。由以上分析可知,受教育权是指公民依据各个层次法律所享有的、国家或地方政府予以保障实现的且与特定社会经济状况和自己身心发展水平相适应的接受教育的权利。

学理角度的受教育权指教育上的受益权,是指国家应当按照为人民谋福利的宗旨积极行动,使公民受益。具体表述为国家有为保障公民身心全面健康的发展,以提供相应的教育机会和条件的义务,其宗旨是保证公民在教育上获得最大的福利。作为受益权的受教育权主要是从国家履行义务的角度保证公民的受教育权。

综上所述,儿童受教育权,是指儿童依据法律、法规所享有的国家和地方政府予以保障实现的,且与特定社会经济状况和自己身心发展水平相适应的接受教育的权利。

2. 幼儿受教育权的内容

关于幼儿受教育权的内容方面,学者们依据不同的标准进行了多种划分。劳凯声教授从受教育的基本要素(利益、主张、资格、权能、自由)概括出儿童受教育权主要是指受教育的自由权、受教育的要求权和受教育的福利权[①];学者温辉从权利方面对受教育权进行探讨,认为受教育权包括教育权、受教育自由、教育自由和教育目的等四个方面[②];虞永平教授从教育和法律的双重视角认为儿童的受教育权主要是指受教育机会权、受教育条件权和公正评价权三个方面[③]。综合以上学者的观点并参考《儿童权利宣言》中的规定:"儿童有受教育之权,其所受之教育至少在初级阶段应是免费的和义务性的。儿童所受的教育应能增进其一般文化知识,并使其能在机会平等的基础上发展其各种才能、个人判断力和道德的与社会的责任感,而成为有用的社会一分子。"可见,儿童的受教育权内容大致分为儿童受教育机会权、儿童受教育条件权和儿童教育福利权三方面。

(1) 儿童受教育机会权。

受教育机会指的是与具体的教育层次、教育形式及教育机构相联系,具备特定资格的公民在特定的时空条件下依法获得在特定的教育机构接受特定阶段、特定形式教育的权利,而不是在所有条件下获得所有受教育机会的权利。

---

① 劳凯声.变革社会中的教育权与受教育权:教育法学基本问题研究[M].北京:教育科学出版社,2005.
② 温辉.受教育权的入宪研究[M].北京:北京师范大学出版社,2003.
③ 朱家雄.中国视野下的学前教育[M].上海:华东师范大学出版社,2007.

受教育机会权是一种机会性的权利,在此权利中包含了我国公民具有选择公、私学校的权利及根据其自身需要和家庭等因素选择适合其发展的教育的权利。那么,儿童的受教育机会权是指儿童依据相应的法律和法规,接受与自己身心发展水平相适应的教育和保育的权利。它是儿童受教育的前提性和基础性权利,也是儿童未来接受其他等级教育权利和其他权利的根基。如果儿童失去了这一根基,其整个权利保证的大厦就会倒塌。在此,需要指出的是,儿童受教育机会权包括两个方面:一是指接受教育的时间规定,二是指接受教育的质量规定。只有二者的综合才能保证儿童受教育权的实现,也就是说,与儿童身心发展相适应的教育才是真正的、完整的受教育机会。

(2) 儿童受教育条件权。

儿童受教育条件权是指儿童或其监护人有权请求国家提供与儿童身心发展相适应的受教育条件并保证其平等使用这些条件,在其利用这些条件确有困难时,有权请求政府给予资助和帮助。其主要内容包括教育硬件条件、教育软件条件和教育资助。教育硬件条件主要指幼儿活动室、大型玩教具、幼儿休息室等设施和设备,教育软件条件指合格的教师队伍,教育资助指国家为贫困家庭儿童提供财政补助。

(3) 儿童教育福利权。

幼儿教育具有教育性和福利性双重性质,即幼儿教育的目的一方面在于促进幼儿身心健康、和谐、全面地发展,注重保育和教育相结合;另一方面在于为幼儿家长解除后顾之忧,使家长潜心于物质财富和精神财富的创造。基于此,儿童教育福利是指政府或社会针对全体儿童受教育的普遍需求,为促进儿童生理、心理及社会潜能的最佳发展和幼儿家庭、社会稳定而提供的各种教育服务。具体表现为:政府和社会直接为儿童享有平等的教育提供和营办的福利服务,如幼儿园、早教机构等政府和社会以促进儿健康发展为目的的家庭和社区福利服务。换言之,儿童教育福利包括了政府和社会旨在使所有儿童得到全面均衡发展,能够在社会上有效地发挥其作用所做的一切努力。这些服务或设施体现了政府和社会对儿童的成长、发展及其生活质量的关注。由此可看出,教育福利权是指儿童有从国家、家庭、社会组织和个人那里接收法律规定的、包含自身所要求的诸项"教育扶助"的权力。

3. 影响受教育权实现的主要因素

(1) 政府的政策导向。

政策是社会各部门稳定、健全、快速发展的最有力武器,是影响儿童受教育权实现的核心因素。从宏观上看,政府的政策导向决定着幼儿教育事业发展的质量和方向,政府的支持对于幼儿教育物质条件的改善、教师队伍的稳定、幼儿教育质量的提高有着无与伦比的价值;在微观领域,政府的政策导向直接关乎每个幼儿是否能受到与其身心发展水平相适应的教育机会和条件,并获得相应教育福利的权利。从国外和国内的幼教发展状况可获知政策对保障儿童受教育权的重要性,政策及经费投入与其幼儿教育发展水平是成正比的。例如,英国政府的"Sure Start"方案和幼儿保育税等政策,保障了充足的幼教经费。

(2) 家长的教育理念。

家庭是儿童生活和成长的摇篮,家长的幼儿教育理念直接关乎着幼儿受教育权的实现。在我国,因幼儿教育尚未纳入义务教育的范畴,是否让幼儿接受与其身心发展相适应的教育是由家长决定的。从我国城市与农村幼儿入园率来看,由于城市幼儿家长自身素质和收入高,自1991年到2006年幼儿入园率基本保持在50%左右,而在我国的广大农村,由于家长的观念比较落后、家庭收入水平比较低,幼儿入园率波动较大,1990年为24.4%,1995年为33.6%,2000年为20.59%,2003年为28.8%,多数幼儿受教育权遭到剥夺。

除此之外,家长的教育观念影响着幼儿的受教育质量。由于幼儿缺乏一定的自主决策权,家长作为幼儿的主要监护者和经费的提供者决定着幼儿受何种教育的权利。部分家长受传统文化的影响,把知识的获得作为评价幼儿教育质量的标准,盲目地追求读、写、算等的教育,使幼儿失去了与自身心智发展相适应的教育的权利。由此可见,家长的教育观念是影响幼儿受教育权实现的重要因素。

(3) 教师素质。

关于幼儿教师素质问题学者间看法各异,结合《幼儿园教育指导纲要(试行)》的理念可以总结得出,一个优秀的教师应具有职业道德素养和职业智能素养两方面。职业道德素养即对幼儿教育事业的热爱、对幼儿的爱和正确的教育观,职业智能素养主要指文化知识素养(广博的文化基础知识和扎实的幼儿教育理论知识)、教育技能素养(观察和了解幼儿的能力、教育组织能力、语言表达能力、艺术表达能力、设计创造能力、合作反思能力和自我发展能力等)。幼儿教师是对0—6岁幼儿施加教育影响的专职工作人员,在和其他各级各类学校教师的劳动有着共同点的同时,也有其自身的特殊性,如工作面对的对象年龄偏小、工作任务的细致和全面、工作过程的创造和灵活、工作影响的长期和滞后,这些都说明幼儿教师素质的重要性,可以说幼儿教师的素质是幼儿健康发展的泉源,同时也关系到幼儿教育发展的方向和质量。在保障儿童受教育机会的前提下,儿童能否享有与其心智发展相适应的受教育条件,主要的砝码就是幼儿教师的素养。

4. 保障幼儿受教育权的意义

(1) 促进幼儿个体发展。

"人生百年,立于幼学",这或许是中国人对幼儿教育重要性最简明、恰当的界定。西方先贤柏拉图认为:"一个人从小受到的教育把他往哪里引导,能决定他后来往哪里走。"幼儿教育直接关乎每个幼儿未来发展的方向和质量。① 脑科学研究证实,一个儿童大部分学习能力在他生命最初的日子里已经得到发展,早期积极的刺激建立起的大脑神经联系为将来的认知过程设置了"台阶",那些经常得到使用的神经联系就会变成永久联系,那些没有使用的联系就会萎缩,最终休眠起来。人脑80%的发展在3岁之前完成,幼儿教育对大脑神经联系的激活具有决定性的影响。联合国教科文组织在1996年《教育——财富蕴藏其中》的报告中明确指出:"受过幼儿教育的孩子与没有受过这一教育的孩子相比,往往更能顺利入学,过早辍学的可能性也少得多,学前教育的不足或缺乏这种教育,均可严重地影响终身教育的顺利进行。"②综上所述,幼儿受教育权的实现直接关乎儿童未来幸福生活的指数。

(2) 促进社会整体发展。

联合国教科文组织报告认为:"学前教育是任何教育政策与文化政策的主要先决条件。学前教育的发展水平既是一国教育水平的反映,也是一个民族文明程度的反映,是一国文化传承的首要环节。"幼儿教育是一个全民性、公益性的活动,是一个国家各方面稳定、快速、健全发展的根基。有人曾言,关闭一所幼儿园比关闭一所大学,或一所低质量幼儿园的存在比一所低水平大学的存在,更会让家庭、社会不得安宁。这从一个侧面反映了学前教育及其质量对家庭生活、国民经济发展和社会秩序的稳定等的影响。在幼儿教育给国家带来的效益中,其中最具有说服力的是韦比特及其同事所进行的佩里早期教育方案。他们的研究结果表明,幼儿教育投资是一种最省钱、回报率最大的公共投资,对幼儿教育每投入1美元,日后能获

---

① 储朝晖.中国幼儿教育的忧思与行动[M].南京:南京师范大学出版社,2008.
② 教育——财富蕴藏其中:国际21世纪教育委员会报告[M].联合国教科文组织总部中文科,译.北京:教育科学出版社,1996.

得7.16美元的收益,其具体表现为两个方面:首先,使父母有更多的时间和精力投入到工作中去,在一定程度上增加了家庭收入,继而使父母有更多的资金投入到孩子的教育上,直接促进了孩子心智发展,间接提高了国民生产总值,乃至提升了国家的综合国力。其次,幼儿接受教育消除了贫困,缩小了不利人群与主流社会的差距,营造了和谐稳定的社会氛围,同时也减少了特殊儿童的数量,减轻了国家在特殊儿童矫正方面的负担。从上可见,幼儿教育具有明显的外部效益,幼儿受教育权的实现事关家庭幸福,事关社会和谐,是重大的民生问题。

二、我国在保障幼儿受教育权中出现的突出问题

1. 农村幼儿受教育权的缺失

(1) 农村公办园偏少,七成幼儿受教育机会权被剥夺。

我国幼儿教育发展不均衡现象普遍存在,东西部地区之间、各省市之间、城市与农村之间等都存在着无法弥补的差距,而最为严重的莫过于农村幼儿教育,目前全国3—6岁学前三年的幼儿有近6,000万人,2006年只有2,263万人入园,约有60%以上的幼儿没有入园,其中农村占70%左右。[①] 在幼儿园总量不足,公办园数量少,附设在农村小学的幼儿园和学前班合并或停办的境况下,农村分散居住的许多幼儿基本上处于无园可上的境况,只有极少数离乡镇比较近的幼儿才能接受学前班或幼儿园教育。公办园数量少,民办园收费高,这使教育观念落后的农村家庭放弃了对孩子的早期教育,致使大部分农村儿童失去了受教育的机会。

(2) 农村幼儿教育质量偏低,受教育条件权无法保障。

在农村幼儿经费投入不足、管理体制不健全、公办园数量极少、大多数儿童的教育需要无法得到满足的情况下,不少经营者投机取巧以自己家庭

---

① 储朝晖.中国幼儿教育的忧思与行动[M].南京:南京师范大学出版社,2008.

为根据地建立"家庭作坊式"的幼儿园,他们的着重点往往是获得经济利益,在投资中"精打细算",致使农村幼儿教育的质量难以得到保障。

首先,这些幼儿园硬件设施缺乏,多数幼儿园的基础设施简陋甚微,儿童室内和室外活动场地狭小,玩教具和大型户外游戏器械及儿童读物奇缺,环境布置单调,幼儿园尚未有儿童休息室、盥洗室等,与《幼儿园工作规程》中"幼儿园应配备适合幼儿特点的桌椅、玩具架、盥洗卫生用具,以及必要的教具、玩具、图书和乐器等,幼儿园应设活动室、儿童厕所、盥洗室、保健室、办公用房和厨房"等要求大相径庭。

其次,农村幼儿教师素质严重偏低,小学化倾向严重。农村幼儿教师多以民办下岗教师和小学退休教师为主。据教育部门统计显示,2006年我国本科学历的农村幼儿教师占农村幼儿教师总数的2.6%,专科学历占30.37%,高中学历占59.2%。同时,由于农村幼儿教师待遇低,基本经济生活无法保障,教师队伍极不稳定,流动性较大,幼儿教师数量严重缺乏,2006年农村幼儿园师生比为1∶55.6,与我国规定的全日制幼儿园师生比为1∶7或1∶8相比,差距甚远。

2. 幼儿教师队伍的数量和质量缺失,使儿童的受教育权难以实现

幼儿教师是保障幼儿受教育权实现的重要因素,幼儿教师的质与量直接影响我国幼儿教育的质量和规模。目前,在我国,幼儿教师的境况苦不堪言,与其他层级的教师相比,幼儿教师无论在编制、薪资、福利保障、社会认同等方面都存在着无法弥补的差距,致使教师不能专心投入到教育教学工作中,工作积极性较低,教育教学质量也随之受到影响。许多人认为"幼儿教师就是哄孩子的",贬低了幼儿教师的身份,蔑视了幼儿教师的价值,幼儿教师的尊严得不到应有的尊重,使幼儿教师有苦难说。除此之外,我国民办和农村幼儿教师的处境更为尴尬,编制、福利保障、身份保障、养老保险等基本权益几乎一无所有,随时面临着下岗的危险。2004年农村

70%的幼儿教师无职称,2005年这一比例上升为71.94%,导致我国幼儿教师队伍极不稳定,大量优秀幼儿教师流失,幼儿教育师生比偏低的现象较为严重。

幼儿教师的专业素质直接影响幼儿受教育的条件权。随着经济的快速增长,社会竞争日益激烈,国家、政府、社会和家庭对幼儿教育质量的要求也越来越高。虽然最近几年我国幼儿教师的学历呈逐年上升的趋势,但还是不能满足与幼儿身心发展相适应的高质量教育的需要。2006年我国研究生毕业的幼儿教师占0.15%,本科毕业的幼儿教师占7.2%,专科毕业的幼儿教师占45%,高中毕业的幼儿教师占44%,以上数据说明,2006年我国幼儿教师中专科和高中学历的幼儿教师占其主体。与其他国家相比,我国幼儿教师素质偏低现象严重,如日本1953年通过修订《教员许可法》,规定幼儿园教师与中小学教师一样,必须经过文部大臣认定的大学及相应的培养机构学完规定的学分,才能获得从教资格证书,在一定程度上保障了幼儿教师的质量。

3. 幼儿教育法律体系不健全,使儿童的受教育权缺乏保障

法律是保障儿童受教育权实现的最有力的武器,而现今专门针对幼儿教育制定的法律几乎空白,就连最令人瞩目的《儿童权利公约》中虽然提出"儿童有受教育的权利,为保障其机会均等,各缔约国应实现免费小学教育、发展中学教育和高等教育",但针对3—6岁儿童的教育却只字未提。我国各种法律、法规上也在强调"中华人民共和国公民人人都有受教育的权利",但完全找不到专门涉及幼儿教育的字句。我国有关学前教育法律虽然有了一定发展,相继于1989年制定了《幼儿园管理条例》,1996年制定了《幼儿园教育规程》等部门规章,但幼儿教育法律地位偏低,现有相关的最高立法程序仅位居于我国法律中的第四个层次——部门规章。与设有专门法律保障的义务教育、职业教育、高等教育相比,我国学前教育立法

相对滞后。1989年颁布的《幼儿园管理条例》已经远远不能满足幼教事业发展的需要。幼儿教育问题频频发生,例如,部分城市幼儿园出现关、停、转、卖的现象,出现幼儿教育的市场化、民办幼儿园的高学费等现象。虽然地方政府出台红头文件明令制止,但由于法律力度不强,效果甚微。此外,由于地方学前教育法律的缺失,导致不少地方政府在学前教育管理、经费投入、教师待遇等方面出现难以解决的严重问题。由此可见,法律的缺失严重影响幼儿教育质量,使部分幼儿丧失了受教育的权利,阻碍了幼儿教育事业快速、健康、稳定地向前发展。

三、国外在保护幼儿受教育权方面的经验

幼儿受教育权是儿童权利的基础组成部分,受《儿童权利公约》和《儿童权利宣言》的影响,各国纷纷采取各种措施保护幼儿的受教育权。虽然各国文化传统、风俗习惯存在差异,但"他山之石,可以攻玉",参照其他国家的幼儿教育保育措施,可为我国现行幼儿教育体制比较混乱的状况提供一条出路。

1. 法律保障

西方国家纷纷通过立法确立并保障儿童的受教育权利,部分发达国家把学前教育纳入了义务教育的体系。如英国义务教育起始年龄为5岁,北爱尔兰则为4岁。1998年9月起,英国政府规定所有4岁幼儿开始接受免费教育,这一政策使英国在当年有98%的4岁幼儿进入幼教机构,3岁幼儿则达到93%。法国政府规定学前教育与初等教育处于同一系统,属于初等教育的基础性或准备性教育。自20世纪80年代初开始,法国4岁和5岁儿童的入园率已达到100%。美国1985年5月规定"5岁儿童的教育纳入学校公立教育中",这使得全国90%以上的5岁儿童进入学校的幼儿班接受学前教育。在其他一些国家,政府通过设立多种多样的法律、法规保护儿童的受教育权,如芬兰《基础教育法案》规定教育是免费的,学前教

育不论在日托中心或是附属小学之下的学前班都是不用付费的;《儿童日间照顾法案》规定不论幼儿的背景,每一个儿童都有权利在公立日托机构成长和学习,使得该国目前有87%的6岁幼儿接受过学前教育。有的国家甚至明文规定义务教育的起始年限为5岁,国家对该阶段的教育不仅在师资、设施、财政上给予保证,而且强行要求家庭履行保证5岁以后儿童接受教育的义务。除此之外,部分国家也通过设立幼教专项经费来履行政府在保护幼儿受教育方面的责任。

2. 经济补助

充足的经济投入是幼儿受教育权实现的最起码的保障。1997年经济合作与发展组织(OECD)会议报告中就将"儿童早期教育和保育:从投资中获益最多的阶段"作为早期教育部分的标题,这充分反映了OECD成员国已经意识到向幼儿教育提供资助的深远意义。[①] 作为OECD成员国之一的丹麦,为儿童和家庭提供各种津贴保障儿童享有平等的受教育权利,在儿童津贴上设立了一般儿童津贴、额外儿童津贴、特别儿童津贴、多子女儿童津贴、领养津贴和为儿童家庭设置儿童家庭津贴,为特殊儿童建立重大疾病经济补助、身心障碍经济补助等等。美国为了保护儿童受到与其自身发展需要相适应的教育,也分别建立了针对低收入家庭儿童的Head Start、Early Head Start方案,针对接受经济不利儿童学校的Title方案以及Even Start方案等来提供巨额经费保障幼儿的受教育权利,又通过了《不让一个儿童落后法》《提前开始法》等来加大对学前教育的投入。

3. 鼓励社会力量保障儿童的受教育权

在保护儿童的受教育权方面单单依靠国家的力量是很单薄的,必须借助于社会大众的财力与物力才能更好地保障幼儿受教育权的实现。被公

---

① 刘小蕊.美国联邦学前教育投入的特点及对我国的启示[J].学前教育研究,2007(3).

认为欧洲福利保障最好的国家芬兰在此方面为我们做出了很好的典范,如作为芬兰最大的儿童福利组织——曼纳汉联盟从1920年开始就致力于儿童社会福利,并呼应联合国的《儿童权利宣言》,与国际性及欧洲几个机构合作对抗剥削儿童受教育权的问题,推广儿童教育与保育等方面的知识。除此之外,芬兰贸易联盟、芬兰父母协会、路德教会等在保护儿童的受教育权利方面也做出了巨大贡献。美国政府也通过与教会组织、民间团体等合作来为儿童提供更多的幼教机构。

"新公共管理"理论对我国学前教育体制改革的启示与思考

"新公共管理"理论自20世纪70年代末发展至今,推动了西方各国的公共部门管理变革,并对我国的行政体制改革产生了积极的影响。教育作为公共事务的重要组成部分,教育体制的改革不可能完全逃脱于政治体制改革、经济体制改革和行政体制改革等一系列宏观体制改革的影响。

"新公共管理"理论作为当今西方行政改革浪潮中影响最大的公共管理理论,同样也对各国的教育体制改革产生了不可忽视的影响。英国的教育体制在撒切尔夫人执政的18年里进行了一系列市场化倾向的改革,包括早期教育。① 北欧福利国家瑞典的公共教育在"新公共管理"理论的影响下,其管理职责与投入职责也从中央政府下放到290个地方政府,并允许私人参与公共教育包括早期教育的提供。② 那么,"新公共管理"理论对我国的学前教育体制改革是否具有借鉴价值?其理论在实践运用中又有哪些局限性?本文试图围绕"新公共管理"理论对这些问题

① Ingela Naumann. Towards the marketization of early childhood education and care? Recent developments in Sweden and the United Kingdom[J]. Nordic Journal of Social Research, 2011.
② Maria Jarl, Anders Fredriksson, Sofia Persson. New public management in public education: a catalyst for the professionalization of Swedish school principals[J]. Public Administration, 2011.

进行探讨。

一、从传统行政理论到"新公共管理"理论的转换

早期的行政系统是"个人性质的",即以效忠国王或大臣等某个特定个人为基础。① 1887年伍德罗·威尔逊发表的《行政学之研究》一文,标志着公共行政学作为一门独立学科的产生,到20世纪70年代末,公共行政学的研究始终存在一个传统模式。这种模式的理论基础主要建立在伍德罗·威尔逊的政治行政两分法以及马克思·韦伯的官僚制理论之上。传统的公共行政理论对于西方公共管理走上科学化、制度化轨道起到了十分重要的作用,然而,到了20世纪70年代末80年代初,伴随着经济危机以及全球化浪潮,传统公共行政理论所具有的弊端日益显现,官僚制的效率受到质疑,公共管理理论开始发生"范式"的转换。自1979年英国的撒切尔政府开始进行大刀阔斧的改革开始,"新公共管理"在20世纪末逐渐成为一种公共管理理论的主导范式。

"新公共管理"理论受到了新自由主义思想的影响,公共选择理论、委托—代理理论、新制度经济学等构成了其理论基础,在发展过程中,"新公共管理"所呈现出的理论形态并非是简单划一的,在不同时期不同类型的国家,均有着不同的侧重点。在"新公共管理"运动的起源地英国,著名的公共管理学家胡德认为"新公共管理"有7个要点:(1)公共部门实行职业化管理。(2)明确的绩效标准和绩效测量。(3)对产出控制的格外重视。(4)公共部门单位分散化。(5)公共部门更趋竞争性。(6)对私营部门管理方式的重视。(7)更强调资源利用的纪律性和节约性。而美国学者戴维·奥斯本和特勒·盖布勒则更强调将"企业家精神"引入公共部门改革中,并提出了10项原则。(1)起催化作用的政府:掌舵而不是划桨。(2)社区拥

---

① [澳]欧文.E.休斯.公共管理导论[M].北京:中国人民大学出版社,2001:28.

有的政府：授权而不是服务。（3）竞争性政府：把竞争机制注入提供服务中去。（4）有使命感的政府：改变照章办事的组织。（5）讲究效果的政府：按效果而不是按投入拨款。（6）受顾客驱使的政府：满足顾客的需要，而不是官僚政治需要。（7）有事业心的政府：有收益而不浪费。（8）有预见的政府：预防而不是治疗。（9）分权的政府：从等级制到参与和协作。（10）以市场为导向的政府：通过市场力量进行变革。

无论其理论形态如何多样，"但在'新公共管理'思想的大量应用中，有一个共同的主题一直都是对市场机制和市场术语的运用"[①]。"新公共管理"理论对建立在官僚制基础之上的传统公共行政模式进行了深刻的批判。它强调政府要从"具体执行"中解放，将主要精力放在制定政策上，做一个"有效政府"而不是"全能政府"，"掌舵"而非"划桨"；并将公共部门的首要价值取向定位于"3E"（经济、效率和效能），强调公共部门要关注服务的效率、效果和质量，管理要有明确的绩效标准和考核，更加强调"结果"和"产出"，而非"过程"与"投入"。"新公共管理"理论还认为私人部门在服务的效率、效能上要优于公共部门，私人部门成功的管理经验可以被公共部门所借鉴，并将"顾客"和"竞争"的概念引入公共部门管理中，政府应该要以顾客的需求为导向，并使顾客拥有对服务提供者的选择权，用竞争瓦解传统行政管理模式下公共服务供给的垄断性，降低成本，提高效率。

"新公共管理"理论作为一种超越传统公共行政理论的理论，可以代表西方公共管理理论在近30年的发展趋势，无论是从理论价值还是实践意义上而言，"新公共管理"都从根本上改变了人们对政府及其行为方式的认识。

---

① ［美］珍妮特.V.登哈特，罗伯特.B.登哈特.新公共服务：服务，而不是掌舵[M].北京：中国人民大学出版社，2004：11.

二、"新公共管理"理论对于我国学前教育体制改革的可借鉴价值

1. 重新审视政府职能定位，建立有限政府，将公共服务提供作为其核心职能

在传统的公共行政模式之下，政府不仅制定政策，而且亲自执行政策，提供服务，既"掌舵"又"划桨"，把控着社会生活的方方面面，结果造成政府陷入具体的事务之中无法自拔，组织规模庞大，开支日益上涨，管理效率低下。"新公共管理"理论则强调政府要从"具体执行"中解放出来，将主要精力放在制定政策上，做一个"有效政府"而不是"全能政府"。政府职能的这一转变实际上对传统公共行政中政府的绝对权威提出了质疑和挑战，政府需要思考自己应该做什么，可以做什么以及擅长做什么，对于自己不应该做、不擅长的领域应当交由市场或第三部门等。

计划经济时代，我国政府在职能范围上涵盖了政治、经济生活的多个方面，并且过多地涉入了市场、社会擅长的领域，由于能力有限，政府在许多领域并未取得满意的结果。"新公共管理"理论倡导政府要从无限政府向有限政府转变，对于我国当前而言，即是要从根本上转变政府职能，理顺与市场和社会之间的关系。我国自1982年到2008年的六次行政体制改革也始终在围绕着这一核心主题而进行，从最初提出的政企分离到逐步强化公共服务职能，实际上已经明确了经济建设这类本应属于市场发挥效应的领域，政府应该尽量地退出，而公共服务提供则应当成为政府的核心职能。

因此，学前教育作为公共服务的重要组成部分，政府在其中必须要发挥相应的职能，即使从产品属性的视角来看，学前教育属于准公共产品，但需要明确的就是：无论市场、社会是否参与学前教育服务的供给，都不应该影响政府在学前教育发展中承担责任。

2. 在强调政府履行公共服务职能的同时，寻求公共服务提供方式的多元化

按照"新公共管理"理论而言，不仅仅是要尽可能地缩小政府职能范围以建立有限的政府，更重要的在于建立起有效的政府。面对纷繁复杂变化迅速的情况，仅仅依靠政府机构生产并提供公共服务这一单一形式，显然是十分困难的，而且由政府机构直接提供服务的效率问题以及潜在的寻租等风险使得其他主体参与公共服务成为一种迫切需要，因此，"即使是属于政府'天职'的公共服务，政府应该是一个安排者，决定什么应该通过集体去做、为谁而做、做到什么程度或者水平、怎样付费等问题。至于服务的生产和提供，完全可以通过合同承包、补助、凭单、特许经营等形式由私营部门或社会机构来完成"①。

改革前中国行政模式在国家与社会关系上的特征是：国家至上，政府全能，个人和社会组织自主空间极小。② 在计划经济时代，政府是社会公共服务提供的绝对主体，包办了绝大多数的公共服务，这一时期的学前教育发展也主要是以国家办园为主，有限的学前教育经费仅仅能够满足城市里部分群体的学前教育需求，伴随着人民群众日益增长的学前教育需求，严重的供需矛盾日益显现。从"新公共管理"理论所提倡的内容来看，政府不应该是唯一的供给主体，私营部门或其他社会组织也应该参与学前教育服务的供给。

但需要注意的一点是，在计划经济体制向市场经济体制转型中，部分地方政府片面地将拓展供给方式理解为"私有化"，似乎也背离了"新公共管理"理论的初衷。自1988年《国家教委、国家计委、财政部、人事部、劳动

---

① [美]E.S.萨瓦斯.民营化与公私部门的伙伴关系[M].周志忍,等译.北京:中国人民大学出版社,2002:5(前言).
② 鞠连和.论新公共管理及其对中国的适用性[D].长春:吉林大学博士论文,2008.

部、建设部、卫生部、物价局关于加强幼儿教育工作的意见》到 2003 年十部委《关于幼儿教育改革与发展的指导意见》颁布，政府不断对学前教育的供给方式进行改革，积极鼓励社会力量参与供给，然而一些地方政府对改革存在认识上的偏差，以为引入市场竞争就是政府的全面退出，导致公办园所占比例持续下降，民办园比例显著增加（见表 2-1）。学前教育并未迎来发展的繁荣，反而是入园难和入园贵的问题日益遭到诟病。

表 2-1　1997—2007 年幼儿园数量发展①

年度	幼儿园数（万）	在园幼儿数（万人）	毛入园率（%）	民办园比例（%）
1997	18.2	2,519	—	13.5
1998	18.1	2,403	—	17.1
1999	18.1	2,326	—	20.4
2000	17.58	2,244.18	—	25.2
2001	11.17	2,021.84	35.4	39.9
2002	11.18	2,036.02	36.8	43.3
2003	11.64	2,003.91	37.4	47.7
2004	11.79	2,089.40	40.8	52.8
2005	12.44	2,179.03	41.4	55.3
2006	13.05	2,263.85	42.5	57.8
2007	12.91	2,348.83	44.6	60.1

就"新公共管理"理论而言，"新公共管理"所要改变的是公共服务的提供方式以及政府在其中扮演的角色，但并不意味着政府公共服务职能的弱化，而部分地方政府在学前教育服务领域的这种变化不是一种职能"转变"而更像是一种职能"弱化"。实际上，"新公共管理"并不简单地强调私有化或民营化，其核心在于引入竞争机制，打破政府在公共服务领域的垄断，但正如政府直接生产是提供服务的方式之一一样，民营化也非唯一的方式。

---

① 根据《中国教育年鉴》历年数据计算整理所得。

"私人市场在处理许多任务时比政府行政部门做得更好,但不是在一切任务方面都如此。"①即使是在民营化受到热捧的美国,仍然保留着 Head Start 项目这样为弱势阶层子女服务的公办学前教育系统,以保障社会公平。另一方面,在政府退出"生产者"角色的同时,应当适时地承担起"安排者"的角色,而非撒手不管。"具体的各项服务可以承包或转移给私营部门。但是治理则不能这样做。我们可以把个别的掌舵性之职能加以私有化,但是不能把治理的全过程都私有化。"②应该说,"新公共管理"对政府的要求不是降低了,而是提高了,政府即使将部分的学前教育服务承包给其他社会组织,但仍然要筹集资源,提供资金,加强引导和监控,这显然需要一个强有力的政府来实现。

因此,一方面,我国目前仍然需要保留相当数量的公办园,以通过这些直接生产的服务实现市场所不能够完成的"公平""普惠"的目标,这就意味着政府机构自己生产的学前教育服务应当要将服务对象定位于社会经济地位较弱的人群。另一方面,其他社会力量参与供给学前教育也应是学前教育服务提供的重要方式,但政府应该在其中发挥自己统筹协调、监督引导的作用。

3. 加强政府绩效管理,建立发展学前教育的考核奖惩和问责机制

政府绩效管理是"新公共管理"运动的一项核心内容。所谓政府绩效,就是指"政府在管理活动中的结果、效益及其管理工作效率、效能,是政府在行使其功能、实现其意志过程中体现出的管理能力"③。绩效管理本身是私营部门采用的一种行之有效的管理方法,传统的公共行政理论否认私

---

① [美]戴维·奥斯本,特德·盖布勒.改革政府:企业家精神如何改革着公共部门[M].周敦仁,等译.上海:上海译文出版社,1996:23.
② [美]戴维·奥斯本,特德·盖布勒.改革政府:企业家精神如何改革着公共部门[M].周敦仁,等译.上海:上海译文出版社,1996:23.
③ 王义.西方新公共管理概论[M].青岛:中国海洋大学出版社,2006:282.

营部门的管理方法可以运用于公共部门,而"新公共管理"理论则强调在公共部门积极地引入私营企业科学的管理方法以及成功的管理经验,重视结果而不是过程,强调产出、成本和效果而不是单纯的投入,通过对政府机构以及工作人员实行绩效考核和管理,提高行政效率。

对于我国政府而言,过去在发展学前教育的过程中,对绩效管理没有给予充足的重视。突出的问题主要表现在:一是多数时候政府的绩效无从考核,也难以追究责任。这主要是由于缺乏绩效考核的意识,没有建立科学的绩效评估体系和评估机制。目前政策文件中所提到的有关政府绩效的考核都较为笼统,有的甚至缺乏具体的考核目标,没有明确责任主体,导致无法真正实现绩效管理。在缺乏监管和问责的行政环境中,极易造成政府颁布的有关学前教育的政策流于文本,而财政资金的流向及其发挥的实效也无从而知。二是即使有地方政府采取政府绩效考核,但因缺乏合理的考核指标以及相应的奖惩措施,导致考核失去了提高行政效率的作用。不同于传统的政绩观,绩效管理更加强调结果和产出,但仔细查看和分析,会发现目前一些地区虽然将学前教育纳入了政府绩效考核之中,但是考核的指标中却多是入园率、投入增长率、教师培训次数等一些易于量化的数据,然而这些指标只能反映出投入与过程,对于教育质量、教师培训效果这些能够反映出结果的维度,却没有给予足够的重视。这样的绩效考核容易导致地方政府追求短期效益,匆忙上马"形象工程"和"政绩工程",短期内运动式地向学前教育投入资金,但却不顾提供的学前教育服务质量如何以及政府财政投入的效果如何。三是国内的评估,其评价主体多在政府内部,但是由于督导部门本身的独立性还不够,绩效考核的透明度有待提升。而"新公共管理"所倡导的绩效考核则很重视第三方的参与,特别是"新公共管理"强调"顾客导向",非常注重由直接接受服务的公民参与评估,通过多元化的评价主体,可以协调各方的利益,加强政府监管,提高政府行政效率。

因此，当前学前教育体制改革必须加强政府绩效管理，提高行政效率。首先是要建立合理的绩效考核体系，建立有效的考核指标，寻找精确的测量工具，不仅仅要关注政府提供了多少学前教育服务，还要关注政府提供服务的质量如何，使财政资金的拨付和使用能够真正推动学前教育的发展。其次是要完善绩效管理机制，提高评估主体的独立性，明确奖惩，落实问责制。

4. 强调服务意识，把提高民众对学前教育服务的满意度作为政府的努力方向

传统的公共行政模式中，缺乏对于公共服务的接受者的关注，更倾向于关注政治领导人的命令和指示。因为在官僚体制下，这将是决定政府官员升迁的重要因素，公共服务的提供更像政府的一种"施惠"，公共服务的质量和满意度则不被重视。而"新公共管理"则更加强调"顾客导向"，作为公共服务的接受者和使用者，公民的愿望、要求和利益理应得到关心和回应，"'新公共管理'认为，政府的社会职责是根据顾客的需求向其提供服务"[①]，政府与公民之间的关系较之传统公共行政更加直接和紧密，政府要从重管理、轻服务的控制型逐渐转向服务为主型。

很长一段时间里，我国学前教育发展由于其性质、地位以及战略价值没有得到明确充分的认识，因而得不到政府重视，导致公办园的数量不足，民办园的服务质量问题繁多。伴随着经济发展，广大群众对于学前教育服务需求日益增长，学前教育的数量不足、价格偏高、质量较差等诸多问题就变得日益突出，政府就不得不面临着回应这种需求的压力。对于我国当前的学前教育体制改革而言，引入"顾客导向"，实际上就是将学前教育服务

---

① 王义.西方新公共管理概论[M].青岛：中国海洋大学出版社，2006：38.

真正当作一项政府需要完成的民生任务来抓。所谓民生,一是要提供充足的学前教育服务,二是还要提供让民众满意的学前教育。只有这样,才算得上是真正地满足了公民获得基本公共服务的需求。"民众满意有关注民生的意味,更有追寻教育品质的内涵。"①这就要求政府不仅仅要努力做大学前教育服务这块"蛋糕"以回应"入园难、入园贵"的问题,还要将这块"蛋糕"做好,以解决我国学前教育长期以来存在的"质量低"的问题,仅仅让孩子有园可上,在目前的社会条件下,还远远不能够让家长满意,只有有质量保障的学前教育才能最终使幼儿获得良性的发展。

在"顾客导向"要求下,还需改变的是政府在学前教育服务中的定位。在"新公共管理"理论的支持者看来,政府与公众之间存在着一定的契约关系,政府提供服务,而公众使用这种服务,政府应当积极主动地视公众为关怀的对象,从公众的角度思考和处理问题,注意倾听公众的利益诉求,而不是回应上一级政府的指令。同时,要提供令公众满意的学前教育,还应该将公众满意度作为政府绩效考核的一个重要方面纳入,建立公众表达意见的渠道,以便政府及时有效地调整服务策略。

三、"新公共管理"理论在中国学前教育体制改革实践中运用的局限性

虽然"新公共管理"理论中许多内容可以给我国学前教育体制改革带来诸多启示,然而,这一理论在中国学前教育体制改革实践中也并非没有其局限性,这些局限性一方面来自于"新公共管理"理论本身的局限性,另一方面则来自于这一生长于西方的理论能否被运用于从计划经济体制向市场经济体制转型的中国。"公共行政大师罗伯特·达尔在《行政学的三个问题中》曾这样讲道:'从某一个国家的行政环境归纳出来的概论,不能

---

① 虞永平.加大投入办民众满意的幼儿教育[J].早期教育,2008(4).

够立刻予以普遍化,或被应用到另一个不同环境的行政管理上去。一个理论是否适用于另一个不同的场合,必须先把那个特殊场合加以研究之后才可以判定。'"① 就目前看来,"新公共管理"理论要想运用于中国学前教育体制改革实践中,至少面临着以下三个方面的局限。

1. 在我国学前教育领域尚未形成完善的市场,限制了市场机制在公共部门的合理运用

市场机制在公共部门的运用是"新公共管理"理论与实践的核心之一,但是对于我国而言,从计划经济体制向市场经济体制过渡也不过30多年,目前尚未形成充分竞争的市场,对于市场机制运用的经验也不够成熟,市场规则意识、契约精神都还未深入人心,这为借鉴"新公共管理"设置了不小的障碍。尤其在学前教育领域,目前是一个"层级分化的市场"②,处于市场顶端的是收费昂贵、面向中上阶层家庭的幼儿园,处于市场底端的则是家庭作坊式的幼儿园,规模小、质量难以获得保障,然而价格便宜,容易造成"劣币驱逐良币"。如果按照"新公共管理"理论,更多地依靠社会力量举办幼儿园的话,在当前的市场中如何选择合适的机构提供有基本质量保障的学前教育服务将是一个难题。一旦缺乏了有效的竞争,那么民营化的策略就失去了最初的价值,加之不能用有效的契约对参与供给的社会力量进行约束,不仅不能够提高学前教育服务的效率,还可能造成"市场化"对学前教育公共性的侵蚀。

2. 我国学前教育发展的相关法律法规建设滞后,政府公共责任的履行缺乏必要保障

"新公共管理"除了需要有一个强大的市场之外,制度化、法制化的行

---

① [美]E.S.萨瓦斯.民营化与公私部门的伙伴关系[M].周志忍,等译.北京:中国人民大学出版社,2002:2(序言).
② 袁连生.政府在学前教育发展中的作用——来自经济学理论和实践经验的分析[J].学前教育研究,2011(5).

政环境也是必不可少的。虽然其理论本身强调"管理的市场化"和"管理的自由化",提倡公共服务的多元供给,并提出政府应当放松规制,但是并非不强调政府履行自身的规范、监管等责任,何况这些实施"新公共管理"实践的西方国家,基本上都是建立在高度发育的官僚制的基础之上,有较为健全的法规体系,形成了相对规范的权力运行机制,通过放松管制,倡导分权可以使官僚制的僵化和迟钝问题得到解决,又不至于使公权力过分丧失。然而我国目前的问题不是官僚制的过分膨胀,而是离韦伯的理性官僚制相去甚远,尤其是在法治和法制方面还远不成熟,这导致政府行为缺乏运行依据和必要约束。在学前教育领域,至今尚缺乏一部《学前教育法》,多依托政策文件规范学前教育,法律效力低,且缺乏长效性和稳定性。如果依照"新公共管理"引入市场机制,由于缺乏法律约束,政府有可能借机推卸提供学前教育服务的公共责任,或是在市场化运作的过程中牟取政府私利。

3. 缺乏成熟的公民社会,借助第三部门供给学前教育面临困境

"新公共管理"理论主张将私营部门的管理理念、方法和技术引入公共部门,重塑了政府与社会、政府与市场之间的关系,其理论前提中还有一个因素就是具有成熟的市民社会,这些由公民和社会组织机构自愿组成的社会,成了政府、市场之外的第三种力量。当"新公共管理"理论强调政府将"掌舵"职能与"划桨"职能分离,在公共部门引入市场机制的同时,市场并非总是能够顺利地接管政府移交的职能,而第三部门则可以发挥独特的作用,"这一类部门的组织是由私人所拥有或者控制的,但同时又是为满足公众的或者社会的需要而存在的,其目的不是为了积聚私人财富"①。一项对法、德、意、日、英、美等6个发达国家非营利部门的比较研究发现,各国

---

① [美]戴维·奥斯本,特德·盖布勒.改革政府:企业家精神如何改革着公共部门[M].周敦仁,等译.上海:上海译文出版社,1996:21.

非营利组织运营支出的 80% 用在了教育科研、医疗卫生、社会服务和文化娱乐四个领域。在法国，非营利组织提供的儿童保护占 82.6%，儿童日间看护占 40%。① 第三部门在西方已经成为学前教育供给的重要补充力量。

而在我国，尚未形成成熟的市民社会，第三部门的起步较晚，虽然从第三部门的界定来看，我国的大多数社会团体、非营利的事业单位和一些民办非企业单位都可被划归为第三部门，然而在政府职能转型的过程中，社会团体和事业单位所能够获得的社会权力还较为有限，对政府的依赖程度也较大，而大部分民办幼儿园虽然属于民办非企业单位，按照我国《教育法》的规定也不应该以营利为目的，但实际运行中的大部分民办园仍然具有营利性质，背离了第三部门的重要特征，因此目前在我国想要借助第三部门的力量更多地介入学前教育服务的供给，尚存在诸多的障碍。

四、小结

从总体上看，"新公共管理"理论对于学前教育体制改革而言还是有其积极的影响，尤其是在拓展公共服务提供方式以及提高学前教育行政效率、效能方面有着较大的借鉴价值，然而，其"私有化""自由化"的倾向，导致这一理论在目前中国的现实环境中容易造成学前教育公共性和公益性的丧失，如何规避这些风险从而更好地在实践中运用理论来指导学前教育体制改革，需要我们审慎思考并加以积极的回应。

---

① 王玲艳,刘颖.西方政府购买(教育)服务的背景、运行机制及其应注意的问题[J].学前教育研究,2011(5).

政府投入学前教育的理论依据
——基于公共产品理论的分析

缺乏充足稳定的经费投入是制约目前我国学前教育发展的重要因素之一。在学前教育体制改革过程中,少数地方政府还出现"少投入、不投入"的"甩包袱"行为,将学前教育推向市场。学前教育发展是否需要政府投入?公共产品理论中判断这一问题首先是基于对学前教育产品属性的判断和分析。

一、学前教育的产品属性——准公共产品

公共产品理论将产品划分为公共产品(public goods)和私人产品(private goods)两大类,公共产品最经典的定义来源于萨缪尔森,他认为公共产品是这样一类产品:将该产品的效用扩展于他人的成本为零,因而也无法排除他人共享。[1] 由此可见,判断一种物品或服务是不是公共产品,主要基于其是否具有以下的这些特征。

首先是受益的非排他性(non-excludability),也就是增加一个消费者并不妨碍其他人对这一产品同时消费或享用,可以简单理解为任何人无须付款,均可享用,这意味着可能出现"搭便车"的现象。

---

[1] [美]保罗·萨缪尔森,威廉·诺德豪斯.宏观经济学(第16版)[M].萧琛,译.北京:华夏出版社,1999:29.

其次是消费的非竞争性(non-rivalness)，其含义为两个方面：一是边际生产成本为零，即在供给量一定的条件下，增加一个消费者对供给者带来的成本为零；二是边际拥挤成本为零，即对于一定数量的产品消费，增加一个消费者并不会减少其他任何一个消费者对该产品的消费数量和质量。

第三是产品效用的不可分割性(non-divisibility)。公共产品的效用是为整个社会成员所共享，不能将其分割为若干可以买卖的单位，也不能按照支付与受益对等的原则让为之付款的个体享用。

私人产品与公共产品是相对的概念，它不具备上述的任意一个特征，私人产品只能是占有的人才可以消费，谁付款谁受益，在消费上具有竞争性，很容易将未付款者排除在受益范围之外。具备上述所有特征的则被称为纯公共产品(pure public goods)，最典型的代表例如国防、灯塔。不完全具备非排他性和非竞争性两个特征的则被称为准公共产品(quasi public goods)或混合产品，现实经济生活中，准公共产品更为常见。

根据公共产品理论对产品性质的划分，学前教育应该属于准公共产品，主要有以下根据。

1. 学前教育具有私人产品的性质，在发展到一定规模时具有较强的排他性和竞争性

当学前教育发展到一定规模时，每增加一个幼儿，会导致平均受教师关注程度降低，生均园舍面积等教育资源减少，而且这些因素的变化会导致教育质量随之下滑，必须在幼儿增加的同时增加相应的教师数量以及教学资源，也就意味着边际成本不为零，具备竞争性。另外，学前教育使幼儿个体获得更好的发展起点，使幼儿的父母得以安心工作，这是接受幼儿教育的个人及家庭获得的个人收益，他人不可分享，而且幼儿园完全能够通过收费将不付费者排除在园外，这在技术上比较容易实现，且交易费用比较低，可见学前教育具有较强排他性。因此，在到达一定的界值之后，学前教育具备排他性和竞争性,具有私人产品的性质。

2. 学前教育对社会产生的效用无法分割,具有非排他性

从社会的角度出发,学前教育能够提高国民素质,使社会安定和谐,这部分效用是无法分割的,社会成员可以共同平等地享有,增加一个消费者并不会对这种共同享有的利益产生损耗,也无法通过对受益的社会成员收取费用,轻易地实现排他,从这个意义上,学前教育具有公共产品的特征。除此之外,学前教育还具有很强的正外部性。外部性的问题首先是由经济学家马歇尔提出的,庇古在《福利经济学》中予以了完善。由于外部性的存在,一个经济主体的行为会影响到另一个经济主体,但是却没有给予相应的支付或者得到相应的补偿,经济活动的部分收益或者成本被无关的第三者或者全部社会所获得或支付,前者可称为正外部性,例如公民享受国防而不分担其成本;后者称为负外部性,如工厂排放的污染物对居民生态环境的影响。学前教育的正外部性主要体现在两个方面:一方面,学前教育影响着母亲的就业,由于学龄前幼儿必须由成人在一日里提供必要的看护与照顾,学前教育的提供能够使母亲较好地处理就业与看护幼儿之间的矛盾,使母亲及其他家人能够拥有更好的学业和职业发展前景,为国家提供更多、更好的劳动力资源,并且家庭的稳固有利于整个社会的和谐。另一方面,已有不少研究证明了个人接受学前教育给社会和国家带来的巨大收益,戴维·韦卡尔特及其同事自20世纪60年代起对123名来自于低收入家庭的幼儿进行了近40年的追踪研究,实验组的幼儿接受了1—2年的佩里早期教育方案。这一研究表明,幼儿教育财政投入是一种最省钱、回报率最大的公共投入,待儿童成长至27岁时,投入回报率为1∶7.16,该研究最近的成本收益分析发现,这些儿童40岁时,投入的总体回报率已高达1∶17.07。①

由此可见,学前教育是介于公共产品和私人产品之间的准公共产品,而且还是有很强正外部性的准公共产品。

二、政府投入学前教育的依据

西方公共财政理论认为,政府的三大职能就是资源配置、公平分配和稳定经济,公共经济和政府介入的范围应该是市场机制不能有效发挥的区域。公共产品理论正是通过对公共产品的属性及其特征的分析,划定政府和市场各自的职责范围及其分界线,为不同性质的公共产品选择合适的供给方式。按照这一理论,准公共产品的供给方式可以采用政府和市场混合供给,学前教育作为一种正外部性很强的准公共产品,政府的投入必不可少。

1. 学前教育的正外部性和效用的不可分割性决定了政府必须投入

学前教育所具有的公共产品的一些基本特征,会导致"市场失灵",资源无法实现合理配置,因而从效率的角度出发,完全的市场提供并不是最佳供给方式,政府需要参与供给。具体的原因在于:其一是由于学前教育具有效用的不可分割性及受益的非排他性,公共程度较高。萨缪尔森在其1954年发表的著名论文《公共支出的纯理论》中,对此类问题进行了阐述。他系统地解释了市场的分散决策机制和公共产品消费的不可分性和非排他性之间的内在矛盾,如果人人都希望依靠别人来提供公共产品,而自己坐享其成,资源就不会自觉流动到需要的地方,从而表明市场无法使公共产品供给达到帕累托最优,而不得不靠政府行动。② 就学前教育而言,它对社会产生的效用是被全体社会成员共同、平等享有的,整个社会从中获得的收益无法分割为若干单位,因此不能为其定价,从而无法向个人或企

---

① 蔡迎旗.幼儿教育财政投入与政策[M].北京:教育科学出版社,2007:68.
② 张颖.美国公共产品供给演进轨迹研究[D].沈阳:辽宁大学博士论文,2008.

业出售,市场机制不能有效地发挥作用。其二是学前教育具有很强的正外部性。庇古曾经从外部性问题入手论证了公共产品由政府供给的必然性和必要性,正外部性导致消费者的私人收益加上外在的社会收益大于生产者的成本,这部分收益和成本无法通过价格体现,不符合经济效率,因此靠市场机制无法解决,只能由政府出面。个体接受学前教育时,其他人乃至整个社会都从中获得了收益,私人没有办法向获得外溢收益的社会索取报酬,也就不愿意自愿提供,如果完全由私人提供学前教育,便会对私人供给产生消极影响,打击投资热情,从而导致学前教育的供给不足。

因此,政府这只"看得见的手"在准公共产品的供应中是有存在必要的,政府必须投入学前教育。

2. 学前教育的公益性决定了政府必须投入

公共经济学的代表人物之一马斯格雷夫曾指出:"认为只要达到了帕累托最优状态就万事大吉的财政学观点,忽略了社会共存的必要组成部分,从规范和实证两方面看都是失败的。不考虑社会正义观,我们无法给好的社会下定义,民主社会也无法运作。"[1]因此,除了基于效率的角度考虑政府供给学前教育的必要性,还需要从社会正义出发,考察政府在公共产品供应中的责任。按照霍布斯在《利维坦》中论述的国家本质,国家是一种具有公共品性质的社会契约,政府的职能就是为个人提供公共服务,从学前教育的产品性质分析可以看出,学前教育是一种具有很强公益性的准公共产品,一旦被提供,在一定范围内是全体成员或者是大多数成员所共同受益的,基于这种公共利益,作为代表全体公民管理社会公共事务的政府,投资学前教育的责任是义不容辞的。另外,市场在实现学前教育的公益性时存在一定的缺陷,需要政府力量介入来克服这种缺陷。一种情况是

---

① [美]詹姆斯.M.布坎南,[德]理查德.A.马斯格雷夫.公共财政与公共选择:两种截然不同的国家观[M].北京:中国财政经济出版社,2000:24.

由于资本的逐利性,对于缺乏支付能力的人群而言,私人部门不愿意为他们提供基本的服务,这会导致教育不公平,因而农村地区的儿童以及城市低收入家庭子女所需的学前教育服务应该由政府来提供;另一种情况则是按照等价交换的原则,市场会给低收入人群提供低质低价的学前教育服务,而低质的学前教育最终将损害个体的私人利益及社会的共同利益。在城市中,外来务工人员子女往往由于价格原因而不得不选择集中在城乡接合部的"山寨园"和"黑园",然而这些低价的幼儿园教学质量却往往达不到要求,甚至还伴有安全隐患,因此只有靠政府提供学前教育才能使这部分人群以较低的费用获得符合标准的教育服务。

三、我国学前教育发展中政府投入的现实选择

1. 加大投入总量

根据学前教育的准公共产品性质,学前教育的供给可以由政府及市场组合提供,而政府进行干预的程度要以不影响学前教育供给的效率并能维护公益性为基准。就目前我国学前教育发展的现状而言,政府投入的总量还远未达到这一目标,突出表现为"入园难""入园贵"。"入园难"说明学前教育的发展规模还远远不能满足群众需求,供给不够充足,这在每年政府的学前教育财政支出规模上也可见一斑。根据《中国教育经费统计年鉴》的数据,近十年学前教育获得的财政投入只占教育总投入的1.24—1.44%左右,在GDP中所占的比例长期徘徊在0.06%左右。想要进一步扩大学前教育发展规模,首先应该把财政投入这块蛋糕做大,完全依赖市场配置只会导致公共产品的供应不足。"入园贵"则说明学前教育的成本分担机制不合理,政府负担的成本比例偏小。一般而言,成本分担应依据受益获得原则和能力支付原则,前者意味着谁从教育中获得好处和利益,谁就应当支付教育经费,且谁从教育中获得的好处越多,谁就应当支付越多的教育经费;后者意味着所有从教育中获得利益者按支付能力大小支付教育成

本,能力越大,支付越多。利益获得原则与能力支付原则二者相互联系,缺一不可。根据佩里方案研究的结果,在儿童40岁时,投入的总体回报率高达1∶17.07,其中,学前教育对幼儿个人的回报率为1∶4.17,对社会的回报率为1∶12.9[①],社会、国家获得的大量良性外溢效应要大于幼儿个体,而且从国家目前的财政收入状况与个体收入状况的对比而言,在成本分担能力上国家要优于个人,因此,政府应该承担较大比例的学前教育成本。然而现实的状况是民办园很少或者基本没有来自政府的投入,家长个人承担了较大的成本。据中国学前教育发展战略研究课题组的调查,有98%的民办学前教育机构,其总体教育经费的50%以上是由家长投入的保教费构成的。[②] 可见目前政府投入的力度显然还需加大,不仅要维持现阶段对公办园的投入,还要扩大对非公办性质幼儿园的投入。

2. 调整投入方向

按照公共产品理论,政府对学前教育投入的重点应该是"市场失灵"的地带,就我国目前的状况而言,应该是向经济欠发达地区特别是农村地区多投入,向支付能力较弱的弱势家庭子女倾斜。因为这部分地区和人群对于资本缺乏吸引力,很难有足够的资源来提供最基本的学前教育保障,因此在政府投入时应该遵循积极歧视原则,即对有特殊需要的群体给予更多的关注和财政支持,这种倾斜性的投入也有利于公共产品的公益性实现。就世界各国发展幼教的经验来看,政府投入的重点也首先是针对弱势家庭子女,例如美国的 Head Start 项目,作为全美最大的公共幼教项目,其服务的宗旨是通过提高低收入家庭子女的认知、社会和情感发展来提升他们的入学准备。2009年,Head Start 及其相关支持项目总计支出达 7,110,283,000

---

① 蔡迎旗.幼儿教育财政投入与政策[M].北京:教育科学出版社,2007:68.
② 中国学前教育发展战略研究课题组.中国学前教育发展战略研究[M].北京:教育科学出版社,2010:144.

美元，注册该项目的幼儿数量达到904,153人，接近90%参与Head Start项目的家庭收入都低于美国联邦贫困线，有11.5%参与该项目的幼儿属于存在发育迟滞或各种学习、生理障碍的残疾儿童。[①] 反观目前我国学前教育的政府投入，在投入方向上重城市，轻农村；有限的经费流向了少数公办园，而能够进入这些公办园的幼儿往往并不是弱势家庭的子女，而是优势阶层的子女。可以说，政府目前的投入方向是"锦上添花"，而不是"雪中送炭"，这只会加剧"马太效应"，与政府对公共产品供给的公平原则背道而驰，必须及时调整投入方向。

---

① Head Start Program Fact Sheet——Fiscal Year 2010［OL］, http://www.acf.hhs.gov/programs/ohs/about/fy2010.html.

儿童福利视角下的学前教育[①]

一、儿童福利

1. 福利

对福利(welfare)人们有着不同的理解,但总的来说都涵盖了"美好的生活""令人满意的生活"等意思。当今,福利更是成为致力于改善全体社会成员物质生活、文化生活,提高人们生活质量的代名词。[②] 社会福利服务的出现主要是因工业社会及原有的家庭、邻里、教堂以及地方性的组织不能应付与日俱增的社会问题。[③] 目前,社会福利这一概念的使用频率已经非常高。多数欧美国家一般从广义的角度理解社会福利,将其定义为:"由政府举办和出资的一切旨在改善人民物质和文化、卫生、教育等生活的社会措施,包括政府举办的文化、教育和医疗卫生事业、城市住房事业和各种服务事业,以及各项福利性财政补贴。广义的社会福利覆盖的对象是全体国民,提供的福利既包括物质生活方面,也包括精神生活方面。"[④]在我国,社会福利一般解释为:"民政部门代表国家提供给弱势群体(如老人、残

[①] 本文基础材料取自王玲艳的《儿童福利思想对我国学前教育事业发展的启示分析》(《教育导刊(幼教版)》2011年第3期),略加整理和修改。
[②] 周良才.中国社会福利[M].北京:北京大学出版社,2008:2.
[③] 丁碧云.儿童福利通论[M].台北:正中书局,1975:1.
[④] 周良才.中国社会福利[M].北京:北京大学出版社,2008:3.

疾人、孤儿和优抚对象等)的收入和服务保障。在我国,各级民政部门是社会福利的主管部门,民政部门主管的社会福利主要有三大项,即老年人社会福利、儿童社会福利与残疾人社会福利。"[1]

2. 儿童福利的起源

(1) 儿童福利的起源。

儿童福利是社会福利服务中的一个重要组成部分,二者关系密切,不可分割,儿童福利在社会福利中是一门重要的学科[2]。就其产生而言,早在1601年,当时以英女王名义颁布的《伊丽莎白济贫法》中已被采用为儿童保育,到了20世纪初,1909年美国老罗斯福总统召开第一次白宫儿童会议,儿童福利这一名词随之应用起来。在我国,自古以来儿童福利一向称为慈幼,"起自《礼运大同篇》之《慈幼》。按历史考据,在政治上的构想应该有三千多年,自周至唐宋以后各地均设有儿童保育机构,每遇荒年,必施救荒政策,尤其着重育幼、养老,只因当时交通不便,政令难以传达,缺乏育儿科学方法,施政制度难以普遍推行"[3]。至民国初年,随着北平香山慈幼院的成立,燕京大学社会学系又增设儿童福利课程,儿童福利在我国也普遍被应用起来。因时代不断演进,社会学对社会问题的研究,社会工作方法对人类的贡献,同时又综合了有关学科的知识等方面的原因,儿童福利逐渐形成了一门专门学科。[4]

(2) 儿童福利的内涵。

简单来说,儿童福利是社会福利的重要组成部分,是社会福利在儿童这一群体中的体现。具体来讲,儿童福利有广义和狭义之分。狭义的儿童福利是指面向特定儿童和家庭的服务,特别是针对在家庭或其他社会机构

---

[1] 周良才.中国社会福利[M].北京:北京大学出版社,2008:3.
[2] 丁碧云.儿童福利通论[M].台北:正中书局,1975:2.
[3] 丁碧云.儿童福利通论[M].台北:正中书局,1975:2.
[4] 丁碧云.儿童福利通论[M].台北:正中书局,1975:1.

中未能满足需求的儿童。这种意义上的儿童福利的对象一般为遭遇各种不幸情境的儿童,如孤儿、残疾儿童、流浪儿、被遗弃的儿童、被虐待或被忽视的儿童、家庭破碎的儿童、行为偏差或情绪困扰的儿童等,这些特殊困难环境中的儿童往往需要予以特别的救助、保护、矫治,以解决其面临的各种问题。关于广义的儿童福利,1959年联合国在《儿童权利宣言》中对儿童福利从广义的角度进行了界定,即:"凡是以促进儿童身心健全发展与正常生活为目的的各种努力、事业及制度等都称之为儿童福利。"儿童福利的对象是面向全体儿童的普遍需求,并通过各种可能和可以的途径来促进儿童生理、心理和社会潜能的最佳发展,属于积极的、以预防和发展为取向的儿童福利。① 美国《社会工作年鉴》指出:"儿童福利旨在谋求儿童愉快生活、健康发展,并有效地发掘其潜能,它包括了对儿童提供直接福利服务,以及促进儿童健全发展有关的家庭和社区的福利服务。"我国学者陆士桢对儿童福利进行了系统分析,她指出:"儿童福利是一个广义的概念,它包含着理念、策略、社会政策、机构、行为等多方面的内容。首先,儿童福利是一种哲学,是一种社会观念。这里包含着社会公正、平等、公平等社会意识,承认儿童的社会弱势地位,尊重儿童发展的能动性、主动性,尊重每一个儿童的独特性以及成人社会和政府的责任、策略等丰富的内涵。其次,儿童福利是一种社会政策,是通过社会政策立法的方式对儿童需求的满足,对儿童权利的保障,以及对儿童发展的支持与保护,从衣食住行、医疗保健,到义务教育、劳动政策等等,所有涉及儿童生存和发展的内容都应涵盖在内。再次,儿童福利是一种社会机制建设,在社会政策的指导和制约下,社会通过政府的协调、统筹,机构的服务、配合,程序的规范、衔接,制度的完善、全面等社会自身的机制建设,实现儿童福利目标,保障每一个儿童的发展。

---

① 张向葵,蔡迎春.走向行动定向的儿童研究:国内外儿童福利政策研究及启示[J].东北师大学报(哲学社会科学版),2005(4).

第四，儿童福利是一种社会行为，是一种社会服务，要通过家庭、社区和社会组织等多方面的社会行为为所有儿童，特别是处于困难境地的儿童提供服务，通过家庭建设、社区发展以及社会组织的多种服务，使儿童的困境得到改善，儿童的成长获得必要的条件。"[①]陆士桢从理念到行为、从宏观到中观和微观对儿童福利做了深入系统的分析，这一解释对我国儿童福利事业的发展既具有指导性价值，又具有可操作性意义，同时也启发我们要从多种角度去认识儿童福利——它是伦理认识，也是具体社会构成；是宏观指导思想，也是一项具体政策；是基本理论，也是社会工作实务。

通过上述分析，我们可以看出，广义的儿童福利概念的提出主要基于这样一种理念假设，即现代社会生活中，单凭一个家庭无法面对所有的问题，每一个家庭都需要外力的帮助，整个社会对每个儿童都负有责任。目前，人们已开始更多地认同广义的儿童福利，这首先是基于社会经济的发展，社会已有能力去关注和负担更广泛的儿童群体的需要。其次，还得益于社会人道主义观念的发展，对于一个个体，包括儿童，人们已不仅仅局限于同情，而是开始向尊重其本性靠拢。同时，家庭和儿童在社会中地位的变迁也是影响儿童福利概念发展的一个重要因素。因此，我们可以这样说，广义的儿童福利是发展取向的，强调充分利用一切能促进儿童发展的资源以强化儿童的发展；狭义的儿童福利是问题取向的，主要针对遭遇了各种不利情境的儿童或其家庭，提供有效的服务，以保证儿童正常的发展。[②]本文采用了广义的儿童福利的概念，其原因在于：首先，广义的儿童福利和狭义的儿童福利并不矛盾。无论是狭义的儿童福利还是广义的儿童福利，其实质是相同的，即对儿童时期的生理、心理、社会环境提供满足需要、促进发展的社会政策和专业科学知识以及具体行为等。第二，广义

---

① 陆士桢,常晶晶.简论儿童福利和儿童福利政策[J].中国青年政治学院学报,2003(1).
② 陆士桢,常晶晶.简论儿童福利和儿童福利政策[J].中国青年政治学院学报,2003(1).

的儿童福利中也渗透了狭义的儿童福利所强调的内容。广义的儿童福利并不排斥在具体政策及行为中，服从于困境儿童的"优先"原则。就目前社会的发展而言，社会资源是有限的，优先满足处境不利儿童的需求应成为一种必然的选择，当前孤儿、弃儿、残障儿童、贫困儿童、被虐待儿童等群体仍为儿童福利的重点对象，在资金投入、具体服务等方面必须置于优先考虑的地位。此外，强调广义的儿童福利，不代表整齐划一，一视同仁，而是首先要看到儿童本身的差异，根据儿童的不同需求，采用适当的方式予以满足。尤其是在当前的社会背景下，不同群体对儿童接受照顾和教育的需求表现出相当大的差异，这种差异应该得到尊重和满足。说到底，广义的儿童福利追求的是在公平下的前提的有差异的发展。

二、儿童福利视角下的学前教育发展观

目前，在我国，从儿童福利的视角看待学前教育问题尚未引起人们的关注。从儿童福利的视角来看学前教育，首先我们要摒弃两种错误的观念。第一，错误地认为儿童福利主要关注的是儿童的保育，不涉及教育。产生这种观点的原因在于用一种静止的眼光来看待儿童福利。诚然，在儿童福利发展的最初阶段，主要是出于方便家长、满足母亲参加生产劳动的需要，但是随着社会的发展，人们对幼儿教育重要性的认识加深，教育因素的作用越来越受到重视，而且许多研究也表明教育质量的高低对儿童一生的发展有着极其重要的作用，因此，儿童福利涉及的范围也在慢慢扩大。第二，错误地认为学前教育主要强调的是教育，不重视儿童的保育，认为教育是幼儿教育机构的重要任务，保育是家长的主要责任。要澄清上述两方面的错误观念，我们须考察从儿童福利的视角来看学前教育而得出的主要观点。

首先，儿童福利的视角要求学前教育要面向全体儿童，即《儿童权利公约》中所提及的非歧视原则，这是一种教养取向的儿童福利典范。这一典

范主张儿童福利面向全体儿童,儿童福利服务的对象不仅包括不幸儿童、问题儿童,还包括一般的正常儿童及其家庭。① 其主要观点是:在现代社会中,没有家庭能够完全自给自足,每个家庭都需要帮助和支持;儿童都有巨大的发展潜能,而且儿童的发展是全面的发展过程。② 这种福利体系不仅实现了对象的全体性,在福利内容方面也有很大突破,即不再满足儿童基本的需求,而是将关注点放在了儿童的全面发展上。有关面向特殊儿童的保育和教育,应主要采用社会救助的福利典范,由国家和社会予以救济救助,以便满足其基本生活需求。虽然一些学者认为这种典范是政府消极作为的方式,他们的观点主要是强调家庭是儿童成长的最佳场所,儿童照顾主要是家庭责任和父母的义务,国家在儿童救助保护中只扮演剩余性和最后出场者角色。笔者认为,虽然儿童福利的对象、内容和方式,在相当程度上是已经确定好的,而且政府的主要作用首先在于用有限的资源构筑一道完善的应对社会风险的安全网,但这种儿童福利体系却是发展儿童福利事业的最早和最基础的部分,它能够将每一个儿童都纳入其中,因此,有其存在的意义和价值。③

其次,儿童福利视角要求学前教育要根据不同儿童的实际情况,向其提供适应其生活背景的保育和教育。福利学思想告诉我们,学前教育应该具有一定的层次,满足不同群体的需要。在市场经济条件下,不同群体对学前教育有着不同的需求,合理的需求都应该得到满足,因此,学前教育应该提供基本条件下的有差异的服务。一些高级的幼儿园由于场地大、玩具多、师资条件好,收费也相应较高,如果这种取向成为国家的意志的话,全社会将忽视大部分孩子不能接受学前教育的事实,学前教育的整体质量和

---

① 周震欧.儿童福利[M].台北:巨流图书公司,1991.
② 周震欧.儿童福利[M].台北:巨流图书公司,1991.
③ 李艳军,王瑜.补缺型社会福利——中国社会福利制度改革的新选择[J].西安电子科技大学学报(社会科学版),2007(3).

水平难以提高。因此,在福利学的视野下,应该强调公平优先,因地制宜,强调对每一个处境不利的儿童的关照,实施有利于社会和谐的福利取向的学前教育。中国的学者和政策制定者应牢牢把握中国的实际情况,以一种开放的心态,思考符合中国儿童实际需要和国家现实水平的福利。①

第三,儿童福利视角还要求在保育和教育不能同时满足的条件下,学前教育要将儿童的保育放在首位,即要维护儿童的身心健康。儿童时期既是人的生理、心理发展的最初阶段,同时又是身心发展的关键时期和脆弱、易受伤害的时期,儿童是社会中最需要帮助、关爱和保护的弱势社群。一定意义上来讲,儿童这个概念本身就是对社会责任的呼唤,带有浓厚的受保护色彩。此外,从学前教育的发展历程来看,无论是国内还是国外,学前教育都是具有福利性质的,即为工作的母亲提供便利。以我国为例,新中国成立后一段时期,城市的学前教育就带有福利性质,而且主要是随着我国经济体制改革的开始和深入,原属单位后勤的幼儿园脱离了主办单位,走上了社会化道路。但是从我国的实际情况来看,学前教育机构在安全方面存在的诸多问题,也说明学前儿童保育任务远远未能较好地完成,仍需要重点关注。

第四,整合性儿童福利的新取向为我国学前教育事业指明了未来发展方向。整合性儿童福利是现代儿童福利的未来发展方向,在这一典范下,儿童是儿童福利事业的中心,儿童不再是消极被动地接受救助、教养、发展和社会保护,而是需要广泛参与家庭生活、文化生活和社会生活的儿童福利体系,具体内容扩展到儿童救助、教育和保育等多个方面。这种典范强调,儿童应该有平等的权利,国家和社会有责任支持他们享受正常生活和

---

① [美]戴安娜.M.迪尼托.社会福利:政治与公共政策[M].何敬,葛其伟,译.杨伟民,校.北京:中国人民大学出版社,2007.

获得发展潜能,强调儿童的全面发展是社会发展和国家发展的核心组成部分①。在儿童政策的取向上渐渐采用发展及预防取向为主,将服务对象扩及一般儿童的健全生活之所需,包括卫生保健、托育服务、教育以及司法保护等领域,并建立服务网络,也就是说,发展趋势是:从帮助不幸、特殊儿童到关怀一般儿童的健全成长;从机构收容到积极性家庭维护的服务方案;从儿童之个案本身到家庭生态的整体考量。② 此外,从欧美一些国家的儿童福利措施中,我们可以发现其中多数贯穿了三级预防的服务策略,即采取了支持性、补充性和替代性的儿童福利服务。其考察和实施主要是基于如下考虑:首先,优先考虑家庭维护方案,包括保护令、紧急反应服务;其次是家庭重整方案,包括寄养、复原、对家庭协助;最后才是永久性安置方案,包括收养服务、机构教养服务。③ 三级预案体系与儿童福利所倡导的理念密切联系,而且对学前教育机构设置的类型、机构服务的重心等等都会产生直接影响。

三、从儿童福利的视角审视我国学前教育的发展状况

改革开放以来,幼儿教育领域取得了一定的成绩,主要表现为:社会各界对幼儿教育重要性的认识不断提高;幼儿教育成为我国学校教育和终身教育的奠基阶段;幼儿教育的规模逐渐扩大,适龄儿童的入园率,尤其是城市幼儿的入园率有所提高,农村幼儿有了更多的接受学前教育的机会;办园体制的改革开通了私人资金进入幼儿教育的渠道;幼儿园教师队伍建设不断加强;幼儿教育质量和水平逐步得到提升等。具体来讲,在理念上,儿童福利的理念,如公正、平等、公平、对弱势群体的补偿正在慢慢地在学前教育的实践中变成现实或有着变为现实的可能条件,儿童的能动性、儿童

---

① 儿童权利公约[OL].http://baike.baidu.com/view/102405_htm? fr=a(addin).
② 郭静晃.儿童少年福利与服务[M].台北:扬智文化事业股份有限公司,2004:213.
③ 林胜义.儿童福利[M].台北:五南图书出版公司,2002:223.

的独特性得到承认并得到一定程度的尊重;在社会政策上,党和国家通过颁布和实施一系列与儿童福利有关的政策措施,有力地保护了儿童整体尤其特殊儿童的权益,其中最主要的成就是我国根据联合国《儿童权利公约》的精神于1992年颁布的中国首个国家级儿童发展十年规划纲要《九十年代中国儿童发展规划纲要》和2001年颁布的《中国儿童发展纲要(2001—2010年)》。1992年的《纲要》将儿童发展置于社会发展的优先领域,这是中国第一部以儿童为主体,坚持"儿童优先"原则,促进儿童发展的国家级行动计划,标志着儿童福利时代的到来。2001年的《纲要》从儿童与健康、儿童与教育、儿童与法律保护、儿童与环境四个领域提出了儿童发展目标,基本上搭建了中国现代儿童福利制度框架与儿童福利政策框架,为儿童福利发展指明了方向,并在"儿童与教育"方面指出,要让适龄儿童基本能接受学前教育,并发展0—3岁儿童早期教育。作为新时期的儿童福利指导原则,《纲要》将学前教育纳入其中,也表示出我国儿童福利事业的发展进入一个新的阶段。但是,成就的背后,也隐藏着诸多的问题与不足,一定程度上对我国学前教育事业再发展产生了消极影响。

1. 整个国家对学前教育重要性的认识尚有待提高

在我国,儿童需要、儿童权利、儿童保护和儿童福利等价值观念尚未成为全社会的共同价值观,儿童福利服务体系发展缺乏相应的价值基础,许多传统观念和错误思想仍束缚人们的手脚。虽然工业化、城市和社会现代化以来,如何保护儿童,确保儿童身心健康成长成为国家的责任,但受传统观点的影响,多数人仍然认为儿童是家庭的私有财产,照顾儿童是家庭私事,家庭应该对儿童承担全部义务。极少有人认识到儿童与国家的关系,认识到国家应在儿童福利服务中承担无限福利责任,而不是有限责任。①

---

① 刘继同,郭岩.整合儿童健康与儿童福利:重构中国现代儿童福利政策框架[J].学习与实践,2007(2).

这使得目前我国有关儿童福利的服务之间缺乏应有的、内在的逻辑联系，各种服务彼此之间相互分离分隔，儿童福利服务四分五裂、支离破碎，没有形成"以儿童为中心"的儿童福利制度与政策模式。

从政策学的角度来讲，政府选择做的事情，与他们不选择做的事情的影响一样重要，即政府不作为对社会的影响与政府作为一样重要。这里就涉及一个观念的问题，同时也是一个判断标准的问题。"儿童是一个生理发展、心理发展和社会性发展的概念。社会对儿童整个群体如何认识是全社会儿童观的核心表现，直接决定了成人社会对待儿童的态度，决定着国家和社会儿童政策的内容及其执行，决定着儿童生存发展的条件和环境，进而决定着社会的全面发展和进步。"[1]儿童福利体现的是公平、公正的社会意识和尊重儿童的观念，反映的是国家对待儿童的态度、情感与价值取向，因此，只有当一个国家真正意识到保障儿童福利的重要作用时，才会采取政策与立法的形式来实现对儿童发展的保护和促进。[2] 儿童不仅是家庭的私有财产，还是社会人。在有关儿童、父母/家庭和国家三者的关系上，应该坚持父母/家庭是所有权人和托管人的结合。也就是既要强调父母有权利以他们认为适当的方法来教育和养育孩子，但同时，国家也必须承担责任，主要是要保护儿童的权利，同时尽量不干涉私人的家庭生活，片面强调家庭或国家的责任都是不科学的。儿童福利政策的制定是反映民间团体对儿童照顾的理念与价值，以及家庭、社会与政府角色的定位。因此，儿童福利政策的制定需要考虑对象，考虑公平、正义、均衡、效率和整合等原则。[3] 而只有在人们从观念上摆正了对儿童福利作用的认识并上升为一种集体意识时，儿童才能真正受到尊重和重视，学前教育的发展才能

---

[1] 陆士桢,魏兆鹏,胡伟.中国儿童政策概论[M].北京:社会科学文献出版社,2005:4.
[2] 张向葵,蔡迎春.走向行动定向的儿童研究:国内外儿童福利政策研究及启示[J].东北师大学报(哲学社会科学版),2005(4).
[3] 郭静晃.儿童少年福利与服务[M].台北:扬智文化事业股份有限公司,2004:213-214.

具备坚强的基础。

2. 学前教育相关政策存在诸多问题

目前,我国现有的学前教育政策存在诸多方面的问题。首先,我国学前教育政策服务体系的政策目标过分政治化和意识形态化,过于理想,学前教育的相关政策目标和福利服务的生活化、个性化、发展性色彩比较淡薄,对儿童缺乏吸引力。① 新中国成立以来,以《宪法》为基础,我国颁布了《未成年人保护法》《义务教育法》《母婴保健法》和《民办教育促进法》等基本法律,但这些法律法规基本上是综合性法律,不是单行法律,用综合性法律去解释儿童福利问题必然会导致责任不明确、内容不全面、操作不灵活及执行力度小等问题②,不仅对学前教育发展所起的作用有限,而且因对法律文件的理解有分歧也会带来很多本来可以避免的问题。1992年和2001年颁布的《纲要》,在一定程度上为儿童福利提供了某些政策上的保障,但缺乏力度。另外,我国目前尚未有专门性的针对学前教育的单行法律,而且学前教育方面的法规所处的立法层次较低,在很大程度上阻碍了学前教育事业的发展。在实际工作中,关于儿童福利的内容基本上是有关政府部门的具体行政法规,或者是一些带有实践性的党和国家的文件,其严肃性、稳定性和权威性不足,而且属于松散型模式,这些都不利于人们的认识、了解、掌握和执行。

3. 学前教育重教育、轻保育的现象较严重

目前,广义的儿童福利越来越为更多的国家所接受。正如上文分析,广义的儿童福利与狭义的儿童福利之间并不是相互排斥、相互矛盾的关系,二者存在一定的连续性,这种连续性在学前教育领域中应集中体现为

---

① 刘继同.国家与儿童:社会转型期中国儿童福利的理论框架和政策框架[J].青少年犯罪问题,2005(3).
② 张向葵,蔡迎春.走向行动定向的儿童研究:国内外儿童福利政策研究及启示[J].东北师大学报(哲学社会科学版),2005(4).

向所有儿童提供适合其发展的保育和教育服务。但是随着科技的进步,学前教育越来越重视其在智力开发方面的重要作用,学前教育的保育方面却得不到较多的重视。随着市场经济的发展,尤其是市场因素介入到学前教育领域,效率这一因素得到了极大的强调和扩大,起主导作用的原则是经济,公平一面遭到了忽视,传统意义上的学前教育的福利性质正在慢慢消失,并且强调学前教育的物质主义,追求高档奢华的学前教育,幼儿教育经费在有限的情况下,仅投入为数较少的公办幼儿园中,这不仅不能促进儿童的全面发展,而且会大大降低受益儿童的数量。受这种思想的影响,我们忽视了我国的基本国情,忽视了全国目前幼儿的入园率还不高,全国还有很多的幼儿还没有机会接受学前教育,忽视了在即使是接受了学前教育的儿童中,教育质量上也存在着巨大的差距,学前教育正在复制社会阶层的不平等,忽视了目前中国正处于全面的社会结构转型过程中,家庭问题的增多直接导致了儿童福利问题的增多,如单亲家庭、贫困儿童、流动人口、家庭暴力、弃婴、流浪儿童、残疾儿童等涉及儿童福利方面的问题。儿童福利学的思想告诉我们,在学前教育的数量与质量的选择上,应坚持从公平角度出发,结合本国国情强调学前教育价值的公平取向,主要体现在学前教育目的的定位,生存与教育都要抓,但以儿童的生存为第一,教育质量次之。[1]

四、儿童福利思想指导下的我国学前教育体系的完善

近些年,学前教育发展中所遇到的各种问题越来越引起社会各界的关注,如政府对学前教育的经费投入不足,幼儿"入园难"和"入园贵"等等,笔者认为,儿童福利思想对学前教育发展所面临的各种问题的解决以及学前教育体系的构建会有一定的启发和借鉴。

---

[1] 严仲连.公平优先:福利取向的印度学前教育[J].教育导刊(幼教版),2008(4).

1. 建立儿童需求的表达渠道

社会政策的形成和实施必然是一种政治过程,各种利益群体都能够通过规范的或者说制度的方式来表达自己的意愿和要求,对于社会的有序运行和实现不同利益要求之间起码的平衡非常重要。但就我国目前的实际状况而言,公众还没有这样的规范的表达规则和比较畅通的表达渠道。目前,我国有关学前教育事业发展的政策的形成主要依靠各级政府、政府官员来决定,虽然也会在一定程度和范围内开展调查研究,但在调查的深度等方面还有待提高。另外,在一个社会成员之间拥有或支配的社会政治经济资源差距已经很大,社会成员的利益和需求日益多样化,可政府仍然主要依靠传统的自上而下地颁布社会福利政策的方式,实际上很难持久地维持各种不同利益群体之间的平衡。目前,我们在教育等诸多方面存在的问题都已经充分证明了相关政策没有能够适当地回应社会经济发展的实际需要,而这一现状又与不同社会利益群体的需要缺乏规范的表达方式直接相关。[①] 具体到学前教育领域,就是儿童的声音没有受到重视。此外,作为儿童照顾者的父母以及儿童教育者的教师,在儿童利益表达方面最具有发言权,因此,这些群体的意见应该是最值得听取,也是最有价值的。目前,我国香港地区就专门成立了服务于儿童群体的儿童议会,在这里,儿童的声音能被清晰地听到,是儿童表达自身需要的良好渠道。

2. 加强有关学前教育的基础研究

制定更加明确的学前教育政策是世界主要国家儿童福利发展的重要趋势。在制定政策以前,通常必先了解社会的实际情况,这就要采用科学的研究方法收集资料、分析资料和利用资料。纵观西方发达国家儿童事业

---

① [美]戴安娜.M.迪尼托.社会福利:政治与公共政策[M].何敬,葛其伟,译.杨伟民,校.北京:中国人民大学出版社,2007:361.

发展的历史不难看出,许多国家都很重视行动定向的儿童研究。因为行动定向研究是一种具有服务性质,能影响政府文件、政策与法规出台的研究取向。这种研究具有较强的针对性与实用性,能得到政府的认可,并对儿童福利事业及儿童健康成长有积极作用。① 因此,学前教育研究需要关注儿童的实际,了解儿童的实际,这样才能很好地制定有关的儿童政策并最大限度地发挥其效用。有关学前教育的基础研究应包含以下几个方面:收集有关数据,即有关儿童人口统计资料,以及各项儿童服务的数据,如幼儿教育机构的数量、托育服务人数、儿童津贴给付人数、儿童保护件数、早期疗育人数、寄养儿童人数等,并予整理分析,借以了解学前教育的供需情况。接着要开展有关学前教育的行动研究,行动研究应以应用性为主,针对实际问题及其处理方式进行研究,以期发现解决问题或进行改革的有效方案,开展评估研究。应以绩效评估为主,对于解决问题的行动方案,就其实际效果,给予客观评估,以了解实际取得的成效。②

3. 确立我国学前教育发展的取向

确立我国学前教育发展的取向,需要明确两个主要问题:一是学前教育的基本定位,二是我国学前教育事业发展的基本理念。

(1) 基本定位:寻求适合我国国情的学前教育取向。

从福利发展历程来看,国家的总体经济水平和福利水平决定并制约了各类社会群体的社会福利的水平。从欧美发展历史来看,主要分为四种:社会救助取向的儿童福利、教养取向发展型儿童福利、社会保护的儿童福利和社会参与式整合性的儿童福利。③ 儿童福利的发展启发我们,定位学前教育发展取向要结合本国的实际状况,符合本国的国情。基于我国现

---

① 张向葵,蔡迎春.走向行动定向的儿童研究:国内外儿童福利政策研究及启示[J].东北师大学报(哲学社会科学版),2005(4).
② 周震欧.儿童福利[M].台北:巨流图书公司,1982:414.
③ 刘继同.儿童福利的四种典范与中国儿童福利政策模式的选择[J].青年研究,2002(6).

状,研究者认为,学前教育的发展应提倡多元主体的参与。具体来讲,一方面,政府财政不具备足够的经济实力来实施广泛的社会福利保障,另一方面,我国儿童绝对数量位居世界前列,社会福利资源与儿童福利需要之间的差距较大。这样的实际情况下,政府更应该鼓励各种社会力量参与到促进学前教育发展的事业中来。通过国家、社区、市场、家庭和儿童群体自身的广泛参与,最大限度地克服教育资源缺乏的问题,推动我国学前教育事业的发展。此外,已有研究表明引入非营利机构是一条较好的思路。非营利机构强调"多元化投资机制是解决特殊群体社会问题的有效途径,发展多样的社会保障机构,形成政府和全社会共同承担责任的社会福利格局,并通过国家立法构筑起有中国特色的多层次社会保障体制,共同推动中国福利制度的蓬勃发展,充分发挥其在经济发展、现代化实现以及社会和谐中的重要作用"[①]。但是这条思路该如何在学前教育发展中予以贯彻落实,尚需进行深入的研究。

(2) 基本理念:学前教育要面向全体儿童。

学前教育应该面向儿童整体。首先,在对象上,学龄前儿童都应该有权利接受学前教育。面向全体儿童的、优质的学前教育,可以最大程度地实现儿童的发展,最终提高全民族的素质,此外,面向全体还能在最大程度上体现并实现教育公平,从而有利于社会稳定和进步。其次,学前教育的提供应该以儿童需求为前提。不同地区、不同家庭背景中的儿童需求不一,因此,学前教育需要有针对性,有弹性。多年来,因幼儿园收费较高,幼儿园的供给不仅存在着总量上的不足而且结构上分布也不平衡等,很多幼儿没有机会进入幼儿园,这使得我国学龄前儿童的入园率一直较低。与入园率低并存的问题是幼儿园教育质量状况令人担忧,这些都成为制约我国

---

① 张红霞.北欧国家的福利制度改革及其对中国的启示[J].中国石油大学学报(社会科学版),2007(12).

学前教育发展的重要因素。在学前教育如何面向全体儿童方面,印度、美国、瑞典等国学前教育的做法值得我们参考借鉴。在印度,20世纪60年代创建的贫民幼稚园,主要目标是为大多数儿童提供"物美价廉"的教育。贫民幼稚园收费低,工作人员的工作以保育为主,主要内容是保持幼儿的整洁,准备饭食以及带孩子游戏和唱歌等等。这类机构一般是为处境不利的儿童提供服务,规模不大,通常没有正规的场地,玩具和其他设备比较少。① 在保育和教育的关系上,首先强调保育,以儿童的生存为最原始的目标。保育涉及的内容就是营养、免疫、饮水、卫生条件等方面。在保育基本能保障的前提下,发展教育。在美国和瑞典等国,国家和各种社会组织会针对家长的不同需求而建立相应的服务性机构,包括幼儿园、托幼中心、临时照顾中心等等。

4. 建立完善的学前教育法律政策体系

早期的儿童福利以问题取向为主,即针对有特殊需求的儿童,提供关怀、救助、安置、保护等措施,也就是较偏向补充性的福利服务。近年来,在儿童政策的取向上渐渐采用以发展及预防取向为主,将服务对象扩及一般儿童的健全生活之所需,包括卫生保健、托育服务、教育以及司法保护等领域,并建立服务网络,其发展趋势是:从帮助不幸、特殊儿童到关怀一般儿童的健全成长;从机构收容到积极性家庭维护的服务方案;从儿童之个案本身到儿童家庭生态的整体考量。② 同样,学前教育应该树立发展的取向,既要关注有特殊需要的儿童,又要关注一般意义上的全体儿童。但是,目前我国学前教育改革与发展的定位尚不是十分明确,对国家应该承担何种责任等这样的基础性问题认识不清。有关学前教育的相关政策文本更多地侧重于应急性的对策研究,而对于具体的全局性指导意义的基础性理

---

① 严仲连.公平优先:福利取向的印度学前教育[J].教育导刊(幼教版),2008(3).
② 郭静晃.儿童少年福利与服务[M].台北:扬智文化事业股份有限公司,2004:213.

论研究却重视不够。建立完善的学前教育法律政策体系,对关系学前教育事业发展的重大问题进行澄清、规定显得非常必要。作为人的发展的起始阶段,幼儿教育虽然是非义务教育,但它仍是具有公益性、福利性的一项教育事业,政府对幼教事业具有不可推卸的责任,政府应通过制定法律法规,提供财政支持和提供各种面向家庭和儿童的服务等方式提高我国的儿童福利水平,其中主要的一个方面就是要向更多的儿童提供适合其需要的学前教育。

世界学前教育投入方式研究①

一、世界主要国家和地区学前教育公共投入的基本情况分析

本文主要从学前教育公共投入占国民生产总值（GDP）的百分比，学前教育公共投入占教育经费总额的百分比以及学前教育生均经费中公共投入与私人投入的比例三个方面对各国学前教育公共投入的基本情况进行分析。

1. 学前教育公共投入占 GDP 的百分比

有关学前教育对国家、社会、家庭和儿童个体发展价值的一系列实证研究使政府逐渐意识到加大对这一阶段幼儿的投入的重要价值。1996年欧盟委员会保育协会就建议欧洲各国对早期保育和教育的投入总额至少要占到各国 GDP 的 1％。目前，欧洲少数国家已超过或接近达到这一水平。我国学前教育公共投入的水平与西方国家差距十分巨大，学前教育经费在 GDP 中所占比例仅在 0.036％左右，投入不足是制约学前教育事业发展的瓶颈所在。②

2. 学前教育公共投入占教育经费总额的百分比

西方发达国家学前教育公共经费在教育经费总额中所占比例的差异

---

① 本文基础材料取自王玲艳的《世界主要国家和地区学前教育投入方式之分析》（《比较教育研究》2013年第6期），略加整理和修改。
② 一些欧洲国家的学前教育经费包括了社会福利系统和教育系统两部分的投入。另外，OECD 国家的数据由 2004 年各国政府提供——笔者注。

很大,但总体来看,多数国家学前教育公共经费在教育经费中所占的比例都超过了6%—8%,而我国学前教育经费在教育经费总额中所占比例长期维持在1.2%—1.4%,水平极低。①

3. 学前教育生均经费中公共投入与私人投入的比例

受各国社会价值观的影响,西方国家对公共资源和私人资源在学前教育发展中应该发挥怎样的作用持不同观点。自由国家认为,市场失灵是政府才要进行干预的前提,因此,这些国家(美国、加拿大等)非常强调家长和私营部门在学前教育服务提供上发挥作用;而在社会民主传统的国家中,学前教育是所有劳动公民都可享受的服务(北欧国家)。虽各国情况不同,但从经济合作与发展组织(OECD)公布的一些世界发达国家在2000—2005年间学前教育生均经费公共投入与私人投入之比的数据中我们可以看出,在市场高度发达的国家中,学前教育生均经费中公共投入所占比例远大于私人投入,多数国家公共投入在生均经费中所占比例在一半以上。②

二、公共投入分担学前教育成本的方式分析

公共资金分担学前教育成本的方式可分为两类:一类是以支出为基础的资助,即政府直接为早期保育和教育支付全部或部分费用;二是以税收为基础的资助,即政府通过税收抵免、为企业减税和允许企业职工使用税前税收支付儿童保育费用。下面以两类资助体系为线索,从贯穿政府分担成本的不同比例,对政府具体的资助方式进行分析。

1. 以支出为基础的成本分担方式分析

以支出为基础的成本分担方式非常多样,本文主要介绍几种目前比较典型的分担方式。

---

① 周兢,等.国际学前教育公共经费投入趋势的比较研究[J].全球教育展望,2009(11).
② Abrar Hasan.Public Policy in Early Childhood Education and Care[J]. International Journal of Child Care and Education Policy,2007(1):1-10.

(1) 将某一年龄段的学前教育纳入义务教育或提供免费服务。

将学前一年教育纳入义务教育或实行免费的学前教育是多数国家公共投入学前教育的做法。在义务教育方面,荷兰和英国将儿童的学前一年教育纳入义务教育阶段,儿童从 5 岁起享受义务教育;墨西哥从 2009 年开始实施学前三年义务教育;在免费教育提供上,澳大利亚、奥地利、加拿大、新西兰和美国提供学前一年免费教育;爱尔兰和荷兰提供 2 年的免费教育;美国、瑞典和丹麦的部分地区开始在 5 岁免费的基础上向 3—5 岁幼儿提供免费教育;提供 3 年及以上免费学前教育的国家有比利时、法国、卢森堡、葡萄牙等。①

(2) 举办公立幼儿园。

公共财政直接用于举办托幼机构,家长缴纳部分费用是政府分担学前教育成本的做法,尤其是在欧洲。据欧洲 39 个国家的有关数据显示(5 个国家是 2004 年和 2005 年的数据,其余均为 2006 年的数据),23 个国家入公办幼儿园的幼儿人数占在园幼儿总数的 80% 以上。具体来讲,公共财政分担学前教育成本的比例因各国经济状况和社会价值观念的不同而有所区别。OECD 的有关资料显示,2005 年欧洲 16 个国家中公共财政分担 3 岁以上幼儿学前教育费用在 90% 以上的国家有 9 个,分担 80%—90% 的国家有 6 个,德国分担的比例为 72%。② 政府分担的比例越高,家长承担的费用就越低,在经济条件一定的情况下,儿童接受有质量的早期保育和教育的概率越高。另外,在公立园比例很高的国家和地区,服务对象基本不做限制;在公办园所占比例相对较低、难以满足广大民众需求的国家和地区,往往将学前教育服务定位于"保底",优先招收各种处境不利的幼儿。

---

① 周兢等.国际学前教育公共经费投入趋势的比较研究[J].全球教育展望,2009(11).
② OECD Education at a Glance 2008[OL].http://www.oecd.org/publishing/corrigenda.

(3) 建立儿童保育和教育项目。

当公共资金不能为所有或多数儿童提供免费的儿童保育和教育时,政府会优先考虑为处于不利地位的幼儿建构社会安全网。一般而言,这种安全网的构建是通过国家或地区层面的项目或计划开展的,如美国的"提前开端计划"、韩国的"农村公立幼儿园计划"和我国台湾地区的"扶持5岁弱势幼儿及早教育计划"等。另外,有些国家还积极引入国际组织的项目支持。印度政府专为贫困儿童设计的ICDS项目就得到了国际基金会和非政府组织1.38亿—2.76亿美元的支持,占项目总额的60%,印度政府投入40%,2,300万儿童从中受益。[①]

(4) 购买"学位"(入园名额)。

当公立学前教育资源不足时,国家或地区政府或有关方面会用公共资金向有资质的民间机构"购买"学前教育服务。购买服务的方式很多,本文中的购买"学位"是指为实现政府或有关方面的特定目标而出资、以契约方式委托有资质的民间早期教育机构提供"学位"的方式。美国一些州规定提供服务的对象只能是非营利机构,也有一些州允许向营利性私立机构购买,但在服务对象上明确要求面向弱势群体。在美国Pre-K项目中,在公立机构名额不够时,各州会向私立机构购买服务,每个州的Pre-K项目对机构的师幼比、班级规模、师资、课程内容以及其他服务都有明确要求,服务的提供者必须满足这些标准才有资格申请,而这些标准通常超过了各州对办园许可的要求。我国台湾地区的"扶持5岁弱势幼儿及早教育计划"中也规定,2004—2006学年度,离岛和少数民族居住地区处境不利的5岁幼儿学前一年免费教育的任务主要由公立幼儿园或小学附设的"幼儿园班"承担。公立园不足的地区再纳入私立幼儿园试办的幼儿园班,每生每

---

① 周兢,等.国际学前教育公共经费投入趋势的比较研究[J].全球教育展望,2009(11).

学期最高补助新台币1万元。2007学年起,5岁弱势幼儿学前一年免费教育扩大至全台湾,仍主要由公立幼儿园(幼儿园班)承担。因公立园供应量不足而就读私立幼儿园所的,每人每学期最高补助学杂费新台币1万元。

(5) 补贴私立幼儿园。

近年来,许多国家和地区的公共财政也开始投向非营利和营利性托幼机构,但各个国家和地区补贴私立园的目的、要求、方式和数额有所不同,政府或有关方面的补贴方式也有差异,在此介绍三种具体方式:第一,资助开设费用。政府或有关方面资助的前提条件是对私立保育机构的开设地点提出要求,一般是政府或有关方面保教机构未顾及的社区。澳大利亚联邦政府有一项"儿童保育机构的设立资助",按规定,"设立资助"的经费只能用于聘请教职员工、招募保教人员及招生的推广宣传,购买玩具和设备、电话和保险。[①] 第二,资助运作费用,支持面向弱势群体的服务机构的正常运转。有些国家或地区采用有选择的资助方式向为弱势群体提供保教服务的机构提供经费以维持正常运转。澳大利亚政府的"维护资助"项目以社会经济地位处于弱势的地区为目标,帮助"特别需要地区"中那些没有财政支持就难以维持下去的小型儿童保教机构。按每季度计算和发放资助,每次都会根据机构报告的全日制学位的利用数量进行调整。经费发放的多少与机构所在地区和全日制机构中的学位数量有关。学位数量越少,资助额度越高;从大城市到偏远地区,资助额度随之增高。[②] 第三,资助教师薪酬。许多国家或地区采用补助教师的方式来支持非营利性保教机构。

---

① Department of Education, Employment and Workplace Relations, Child Care Service Handbook 2010—2011[OL]. http://www.deewr.gov.au/EarlyChildhood/programs/ChildCareforServices/Operation/Pages/ccservicehandbook.aspx. 2011/1/10.
② Department of Education, Employment and Workplace Relations, Child Care Service Handbook 2010—2011[OL]. http://www.deewr.gov.au/EarlyChildhood/programs/ChildCareforServices/Operation/Pages/ccservicehandbook.aspx. 2011/1/10.

这类补助的目的在于提高教师的稳定性,留住优秀教师并将保教费用控制在家长能够承受的范围内。我国香港特区政府自 1995 年起开始为非营利幼儿园提供"薪酬资助",为合格教师的工资"埋单",目的是"向非牟利幼儿园提供资助,让他们在无须大幅提高学费的情况下,能够聘请足够的合格幼儿园教师(合格幼师),以符合政府所制定的最低合格幼师比例"①。加拿大的安大略省向保育机构提供的补助中很重要的部分是为合格教师提供工资补助。补助不完全排斥营利性机构,但人均补助金额远远低于非营利性机构的教师:非营利性机构中的教职工大约能获得每年 7,000 美元的工资补助或相当于薪水的 30%;而营利性机构中的员工只能获得 2,500 美元的补贴。②

(6) 实施幼儿教育券。

教育券有"无排富性"和"排富性"两类。前者强调选择的自由和促成自由的教育市场以提高教育效益,后者更关注为社会弱势群体争取平等的受教育机会。英国、我国台湾地区等都实施了"无排富"的教育券。1996 年,英国开始在几个地区试行"幼儿教育券计划",对 4—5 岁的幼儿每人每年补助 1,000 英镑以减轻大多数家庭的经济负担,增强家长选择能力,引入市场竞争机制,保证并提升质量。我国台湾地区公办托幼机构仅占总数的三成左右,多数幼儿只能入私立园,而未登记注册的私立机构多,公私立机构收费差距大,质量差距大,有关当局资源分配严重不公平的问题较为严重。为解决这些问题,1998 年,台湾地区率先在台北实行"非排富性"的幼儿教育券,向在注册的私立托幼机构就读的 5 岁幼儿家庭发放教育券,数额相当于公私立幼儿园学费平均差距的 50%。其后,这一政策逐渐

---

① 幼稚园资助计划[OL]. http://www.emb.gov.hk.
② Child Care Wage Subsidies, Regulation and Fee Subsidies[OL]. http://cupe.ca/child-care/wage-subsidies-child-care.

扩大到全台湾,旨在通过这一政策增加公共财政对学前教育的投入,缩小公私立幼托园所的学费差距,减轻家长经济负担,提高入园率,促进教育资源的合理分配并提升学前教育品质。由于只有登记注册的私立园方可将所收教育券兑换成财政拨款,因此台湾有关当局也希望通过这一政策来限制和清理非法经营的幼儿园。① 有些国家和地区则采用"排富性"教育券。美国实施教育券的区域均属于公立教育质量差而私立托幼机构质量相对好的地区。然而,私立学校质量虽好但价格较贵,低收入家庭儿童往往付不起学费。为促进教育公平,这些地区的有关当局开始面向低收入家庭发放相当于平均经费的教育券,供家长选择满意的私立学校。从 1988 年开始,美国国会立法允许各州使用教育券或现金辅助低收入家庭儿童购买学前教育服务。

2. 以税收为基础的成本分担方式分析

税收政策是联邦、州和地方政府分担早期保育和教育成本的重要方式。美国政府对儿童保育支持的四分之一是以税收为基础的资助开展的,主要是中等收入和高收入家庭受益。② 以税收为基础的成本分担方式面向的对象有两类:企业和家庭。

(1) 通过退税鼓励企业为职工子女提供保教服务。

很多国家将通过向企业退税作为一种重要的对早期儿童保育和教育投入的方式。退税政策是政府和雇主一起分担儿童保育福利方面的花费的方式。它对解决职工的后顾之忧,稳定职工队伍有积极意义。美国纽约花旗银行儿童保育中心的研究发现,孩子进入保育中心的职工每年平均缺勤 0.24 天,而同样有幼小子女却仍在社区排队等待入托的职工每年缺勤为 3.48 天。

---

① 幼儿教育券实施方案[OL].http://www.ece.moe.edu.tw/help_childpaper.html.
② Suzanne W. Helburn, Carollee Howes, Child Care Cost and Quality[J]. The Future of Children, Summer/Fall 1996.

企业估计自己的保育中心每年节省了18,840小时,这些时间价值是211,077美元。① 有研究揭示,"那些相信企业会为他们的个人需要提供支持的雇员压力较小,更能成功地平衡工作和家庭生活,对企业更加忠诚,更加信守承诺,对工作更加满足,更想与企业保持稳定的关系"②,而这些方面都可以促进企业经济效益的提高。下面以美国为例,对退税政策的实施机制进行分析。

在美国,鼓励企业为职工子女提供保教服务的退税包括:建造保育机构的费用、保育机构的运作费用、为职工购买第三方提供的保育服务的费用等。美国各州对企业退税的范围不完全一样,8个州涵盖上述所有费用,多数州涵盖了2种以上的费用,但田纳西州和弗吉尼亚州只认可雇主开设和建造托幼机构的费用,佐治亚州只认可运作费用。关于退税比例方面,所谓退税比例是指雇主提供的儿童保育费能由税收抵掉的部分所占的比例。在美国,州政府为企业雇主提供了范围广泛、程度不同的退税额。能够退税的额度受雇主能申请的可抵掉的费用的比例及雇主在联邦层面和州层面纳税额的影响。各州对退税比例的规定差异很大。一些州的退税只占企业花费中很小的比例。如,退税比例最低的阿肯色州提供相当于占雇主花费3.9%的退税额,9个州(康涅狄格州和俄勒冈州等)提供了超过花费50%的退税额。一般来讲,多数州通过规定每个雇主所能获得的最高退税额来对退税加以限制,一些通过每个职工或者儿童享有的最高金额来限制退税,一些通过占雇主需要缴纳的纳税额的一定比例来限制退税,还有一些州的退税是结合规定上限的办法来实施。③ 有数据显示,雇

---

① Suzanne W. Helburn, Carollee Howes, Child Care Cost and Quality[J]. The Future of Children, Summer/Fall 1996.
② Families and Work Institute, The Effect of Child Care Problems on the Workplace[J]. Journal of Policy Analysis and Management, 1998.
③ National Women's Law Center. The Little Engine That Hasn't: The Poor Performance of Employer Tax Credits for Child Care[R]. November, 2002. http://www.nwlc.org.

主享受的退税额从几千美元到15万美元不等。

(2) 面向家庭的育儿补贴或退税。

育儿补贴由政府通过现金形式对符合条件的家庭直接发放,以减轻家庭经济压力。家庭获得的补贴数额与子女数量和家庭收入有关:家庭收入越高,补贴越少甚至没有;而低收入、多子女的家庭获得的补贴相对较高。育儿补贴有普惠式和救助式两种。普惠式家庭补贴针对大部分甚至所有有年幼儿童的家庭。荷兰在2005年颁布的《儿童保育法》中规定,政府所设立的"儿童补贴"的对象是所有6岁以下儿童的家庭,每个家庭每年获得的补贴约占保教费的四分之一。救助式育儿补贴主要面向低收入、有残疾儿童、处于偏远地区和少数民族的家庭。韩国、澳大利亚等国都采用了这种补助方法。也有国家通过退税或减免家庭的缴税负担来冲抵家庭为孩子所支出的学前教育费用,具体有免征、减征、退税等不同做法。如,1999年,英国开始引入"工作家庭托儿费税额减免"的优惠政策,2000—2002年有140万家庭享受这一优惠。法国的父母也可从各种税收优惠政策中冲抵儿童保育教育费。一般而言,每年最高税额可占家庭早期教育费用的25%。某些特殊情况下(如家庭雇用了居家照看者),父母每年减税额可冲抵家庭早期教育开支的50%。澳大利亚的"托儿费退税"项目中符合条件的家庭因使用核准的托儿服务而支付的托儿费可享50%的退款。①

三、世界主要国家和地区学前教育投入方式对我国的启示

1. 多种投入方式支持学前教育发展

在各国学前教育公共投入上,认识到位之后,加大对学前教育的投入已成为一种普遍趋势。究竟采取何种方式提供免费学前教育,则取决于各国的经济发展状况。目前,西方发达国家多是将两种途径相结合:一种是

---

① 李召存,姜勇,史亚军,等.国际学前教育公共经费投入方式的比较研究[J].全球教育展望,2009(11).

将学前一年纳入免费教育，另一种是为处境不利的 3—5 岁儿童提供免费教育。此外，为保证面向弱势群体的学前教育行动能够获得政府公共财政的持续支持，许多国家和地区通过立法和颁布相关规定来明确国家和地区对行动计划的投入。如，美国联邦政府 1981 年出台的《开端计划法》规定联邦政府当年对该项目的拨款为 10.7 亿美元，随着该法的多次修订，拨款额也不断加大。2003 年的修订案要求 2004—2008 年中，联邦政府应在每个财政年度保证对该项目有 68.7 亿美元左右的拨款。

2. 建立资金管理体系

为了保障资金使用的有效性和科学性，各国在建立资金管理体系的同时，采取多种措施进行监管，管理模式分为两类：一类是中央直接管理模式，即中央设立专门的项目管理机构，不通过地方政府，直接对负责项目执行的基层组织进行管理，以避免地方政府将专项资金挪作他用。另一类则由地方政府管理，中央监控。

3. "投机构"的效果优于"投家庭"

在公共资金分担学前教育成本方面，公共财政分担学前教育成本是选择供方投入即"投机构"，还是选择需方投入即"投家庭"，往往受国家政治、经济和历史文化传统及保教体制的影响。OECD 的经验显示，"投机构"在目前被认为比"投家庭"更能带来稳定的教育质量和高入园率。另外，采用教育券方式"直接投家庭，间接投机构"是不少国家和地区公共财政支持学前教育的普遍做法，也是舆论宣传较多的做法。但大量国际研究表明，教育券的效果不容乐观。再有，在财政投入学前教育模式确定之后，采用哪种方式进行投入也值得深入研究。

学前教育不公平的社会表现、产生机制及其解决的可能途径[①]

随着中国经济体制改革的逐步深入,社会异质性的发展超过了同质性的存在,社会越来越分化为不同的阶层,且阶层与阶层之间的距离与鸿沟越来越大。社会不公平的现象越来越突出[②],其中教育不公平日益受到人们的关注。从社会学的视野出发,关注学前教育中的不公平现象,并试图厘清以下问题,即学前教育不公平现象的社会属性、社会表现与社会机制,以及走向学前教育公平的可能途径。

一、学前教育不公平的社会属性

与"平等"不同,"公平"是一种质的规定性,属于规范性概念,是对用正义原则对教育资源进行分配的过程与结果的价值判断。从社会变迁的角度出发,不公平从来不是一种当下问题,而是一个历史问题;从社会差异的角度出发,不公平不仅是一个区域性问题,也是一个总体性问题;从社会政策的角度出发,不公平往往与社会宏观结构、政治民主程度紧密相关。

1. 不公平是一种历史性现象

在当下社会中,学前教育中的不公平现象已经非常突出,既有东西部、

---

① 本文已由王海英发表于《学前教育研究》2011年第8期。
② 徐梦秋.公平的类别与公平中的比例[J].中国社会科学,2001(1).

城乡幼儿在接受学前教育时所表现出来的起点上的不公平，也有同一地区内部表现在不同阶层、家庭背景的过程不公平与结果不公平。这些不公平从其形成来看必然是特定历史阶段与文化脉络的伴随物，与特定时代的社会生产力发展状况、时代精神以及大众的文化觉醒程度密切相连。正是因为其产生的历史阶段性与历史特殊性，在直面学前教育中的诸多不公平问题时，我们不能用一种当下的思维来对待有历史积淀的问题，而必须将其放置到历史语境以及一个长时段的历史脉络中去，追问其诞生的源头、演化与裂变，才能深刻地认识其产生的根源。

2. 不公平具有地域差异性

教育公平是一种普世的价值诉求，但在不同的国家、一个国家的不同地区，公平诉求的层面与内容是不同的，具有地域差异性。我国当下学前教育中的不公平就具有较大的中国特色，既与教育资源总量不足有关，又关乎地方投入的不均衡，表现出一种复杂的地区差异性与分化性。譬如在西部欠发达地区以及农村，幼儿基本的受教育权还没有得到满足，还有大量的孩子因为交不起学费而上不起幼儿园。而在东部发达地区，学前教育的不公平越来越表现为一种教育过程的不公平，即课程内容、师幼互动、幼儿园教育质量等方面的不公平。

3. 不公平是一种复杂性现象

公平问题关乎社会生活的方方面面，单从任何一个方面出发来探讨都不可能揭示其真相。在学前教育领域，不公平由来已久，是一个从宏观到微观的系统问题。从某种意义上来说，学前教育现实中所存在的不公平都是某种经济关系的表现，教育的不公平程度与受教育者所处的社会经济阶层之间出现了越来越明显的对应现象，处境不利阶层的幼儿成为教育不公平的最大受害者。此外，学前教育不公平不仅包括作为受教育者的幼儿的不公平，也包括作为教育者的教师的不公平，后者中处于不利状态的教育者目前在整个教师系统中处于一种十分劣势和边缘的地位,他们在社会生活中的不公平处境在很大程度上影响了幼儿受教育权的公平获得。

二、学前教育不公平的社会表现

学前教育的不公平深深地扎根于学前教育系统内和学前教育系统外。从学前教育与教育、社会的关系来看,学前教育处于一种双重边缘化、极其不公平的状态中,无法与义务教育、高中教育、职业教育相比。学前教育机构的地位和待遇更无法与社会经济、公共卫生等部门相提并论。

1. 表层:"量"的不平等

(1) 地方政府投入经费的不平等。

政府对幼儿教育的态度反映在其财政安排上。2004年,北京市幼教专项经费为300万元,河南省为30万元,吉林省为20万元。① 可见,不同地区的地方政府在财力上有较大的差异,其投入学前教育的经费总量有着明显的地区差异。又如2003—2007年,张家港市政府为学前教育共投入了2亿4千1百多万元,②而同为县级市的山东利津县每年投入的经费仅为50万元。从总量来看,两地不可同日而语。不同于义务教育的强制性要求,许多地方政府在承担幼儿教育责任时往往不够积极,这种不积极在转型期尤其明显。以生均成本为例,比较发达地区与欠发达地区地方政府教育经费投入的差距,高等学校为3.9倍,中学为7.3倍,小学为8.8倍。③ 可见,越往基础教育阶段,差距越大,学前教育阶段的差距甚至达到几十倍。还有一些地方政府对市场经济盲目乐观,认为学前教育的最好归宿就是市场化,他们或以财政困难为由,或以推进公平为由,将有限的政府投入缩减到最小限度。

---

① 教育部.教育部2004年幼儿教育专项督导总结报告[OL].教育部网站,2010年8月浏览.
② 张家港市教育局.强化责任激活机制,促进幼儿教育健康和谐发展[J].学前教育研究,2007(1).
③ 谈松华."短缺教育"条件下的教育资源供给与配置:公平与效率[J].教育研究,2001(8).

(2) 城乡学前教育发展的巨大不平衡。

在学前教育发展上,我国采取的是地方负责的原则,中央并没有专门的幼儿教育经费,各地地方政府较多地将有限的学前教育经费投入到城市幼儿园的发展中,而且是数量极少的由政府或教育部门举办的幼儿园。这些幼儿园原本条件就很好,再加上每年有政府的投入,幼儿园的发展进入了良性循环的状态。而与此相反,农村幼儿园多为集体投资,教育经费主要靠收费解决,缺少稳定的经费来源,加之经济发展的地区不平衡,有些地方每学期所收经费极其有限,致使幼儿园的发展每况愈下,进入了恶性循环。更为不公平的是,有些附属于中心小学的幼儿园甚至成了小学的"校办厂",幼儿园的收费大部分被用来补贴小学教师的福利,从而使农村幼儿园的发展举步维艰,教师流失现象严重,保教质量越来越差。

(3) 教师身份工资的不平等。

与中小学教师相比,幼儿教师一直是一个"另类",他们拥有教师的称号,却享受不到教师法的保护,享受不到作为教师的很多权利。在幼儿教师群体内部,由于身份编制的不同,同工不同酬的现象也大量存在,严重影响了在聘教师的工作积极性。此外,大量的集体园、民办园和村办园教师几乎都是清一色的非公办教师,在编教师的数量极其有限。据统计,2000年全国共有幼儿教师 14.4 万人,其中公办教师占 29.6%,集体园教师占 31.1%,民办园教师占 16.7%,其他园教师占 22.6%。[①] 大量非公办教师的存在使得幼儿教师很难享受到作为教师的权利,体验到人民教师的光荣与神圣。据山东省调查,2001 年全省有 6.8 万农村户口的幼儿教师,工资 300 元以上的占 29.29%,200—300 元的占 20.22%,100—200 元的占 35.47%,100 元以下的占 15.02%,尚有 1 万余名农村户口教师月工资不足

---

① 王化敏.关于幼儿教育事业发展状况的调查报告[J].早期教育,2003(5).

百元,①足见农村幼儿教师待遇之极低。

2. 深层:"质"的不公平

量的差异只是教育不公平的外在层面,最深层的不公平是无法用数量关系来衡量的,它潜隐在人类意识的深处,会深深影响教师的职业选择、工作责任心以及幼儿的受教育过程。从科尔曼的公平理论来看,资源配置的公平只是一种起点的公平,真正的公平还应包括过程的公平,即课程内容的公平和教育结果的公平。学前教育的不公平由此不仅仅是一个数量意义上的资源占有和分配问题,也是一个关乎教育内容、师幼互动和课程选择的问题,甚至是一个关乎儿童的日常生活组织方式、教师语言表述风格和学校适应的问题。②

有研究者采用随机抽样的方式对上海市12个区13所公办幼儿园家长进行问卷调查,发现学前教育公有资源的分配存在不公平现象,优质教育资源基本被社会强势群体占有,他们的家庭收入和受教育程度高,而且户口大多在本地,享受着高质量的公有学前教育资源;③而一些弱势群体的家庭收入低,受教育水平低,享有的社会资源有限,没有能力为孩子选择优质幼儿园,而且主观上也没有去为孩子争取优质教育服务。④ 可见,家庭的社会经济地位在很大程度上决定了幼儿就读园所的水平,社会分层与教育分层之间的对应性早在学前教育阶段便已开始。这种对应意味着优势阶层家庭的幼儿不仅可享受到数量意义上的优质社会资源,而且可以享受到质量意义上的高素质师资、发展适宜性的课程、深度参与活动等稀缺

---

① 王化敏.关于幼儿教育事业发展状况的调查报告[J].早期教育,2003(5).
② [美]安妮特·拉鲁.不平等的童年[M].张旭,译.北京:北京大学出版社,2010:239.
③ 徐雨虹,陈淑华.从公有学前教育资源占有者的构成看学前教育的公平性[J].幼儿教育(教育科学版),2007(4).
④ 李湘萍.义务教育阶段择校行为与教育机会分布公平性研究——基于中国18个城市居民家庭教育选择支出的实证分析[J].教育研究,2008(3).

的文化资源。就读于不同质量水平的幼儿园,使幼儿获得的是完全不一样的教育起点、教育过程和教育结果。综合而言,幼儿教育中的不公平最终是以幼儿的发展为代价的,这种现象进一步验证了教育的筛选功能,这种筛选早在幼儿园阶段就已开始,它会长远地影响孩子的一生。

三、学前教育不公平的社会机制

学前教育中的不公平远非一种独立现象,而是一种伴生现象,它是社会不公平的直接后果。学前教育中的诸多不公平并不是一日形成的,它既来源于自然的差异,更来源于社会的差异,尤其是制度安排、资源配置与政策的差异。

1. 制度与政策层面

(1) 政策设计中的城市偏向。

我国自新中国成立以来采用苏联学者发明的"原始积累"方法,通过掠夺乡村剩余来补助城市的发展,反映在教育中,就是通过普遍征收教育费附加,将从乡村获得的财富集中投放到城市教育发展中,而乡村则实行"人民教育人民办",通过集体集资的方式募集教育经费。我国当下学前教育发展中普遍存在的城乡之间的各种不公平就是这一政策的直接后果。

政策设计中的非均衡取向使得东西部、城乡之间在自然条件、经济发展上的不均衡进一步转化成社会资源、社会资本上的不均衡。与此同时,对政策一无所知的城乡百姓心安理得地建立起了不同的自我认同与社会认同,以为农村人与城里人的差距在于自然的因素而非制度的设计。当人们将人为的制度设计所造成的学前教育发展上的不公平默认为自然条件差异下的不公平时,就会较多地去考虑不公平现象的合理性一面,而不会诘问不公平现象的合法性困境与合法性危机。①

---

① 姚洋.中国经济高速增长的由来(之二)[N].南方周末,2008-09-18.

(2)"效率优先,兼顾公平"的社会选择。

改革开放初期,我国主张的是"不争论,发展才是硬道理""允许一部分人先富起来"。20世纪90年代后期又提出了"效率优先,兼顾公平"的原则,明确了公平不能"优先"的态度。在这一原则的导向下,新的解释模式逐渐形成,新的行动方案也粉墨登场。因为有这一原则,地方政府就可以将有限的教育经费投入到公办优质幼儿园中,因为这样可以迅速提升窗口形象,提高政绩;因为有这一原则,一些财政比较困难的地方政府才会选择将公办幼儿园整体卖掉,用这笔经费来发展地方的基础性设施,补充义务教育的财力不足;因为有这一原则,中心小学才会心安理得地将附属幼儿园的收费用于小学老师的福利支出。在以上各级政府的所作所为中,"效率优先,兼顾公平"已经演变成为"效率优先,不顾公平"。尤其需要注意的是,所有这些行动方案所造成的不公平后果都是由弱势阶层来承担的,他们成了社会进步的理所当然的牺牲品,政策的导向使他们原本就危机重重的受教育状态更充满了不确定性。

(3)低重心的分权制学前教育投资体制。

我国现行的学前教育公共投资体制属于低重心的分权型体制,即国家把学前教育公共投资的责任几乎完全推给了地方,由地方政府根据自己的财政状况来决定对学前教育的投入。这致使学前教育阶段公共投资的责任被层层下放,直达县、乡(镇)、村等基层地方政府,省和中央的财政支持非常稀少。学前教育公共投资格局财政分割的纵向性太强,缺少横向意义上的互补与转移支付,致使学前教育不得不过于依赖地方财政,最终使得各地经济发展的不平衡直接演变为学前教育发展上的不平衡。这种不平衡不仅存在于东西部、城乡之间,也存在于同一省份的不同县市之间。中央政府的"放权"原本是一种行政进步,但在现实操作中,"放权"演变成了某种意义上的"弃责",尤其在作为公益事业的学前教育上弃责更是明显。

由于中央没有特定的资金用于调控地方学前教育的健康发展,致使中央制定出来的学前教育政策到了地方总要打很多折扣,其执行有效力远不及地方政府自己制定的地方政策。

2. 观念层面

任何实践行动总是基于一定的观念支撑,显而易见,政府还没有在观念上意识到学前教育领域的不公平对社会公平、教育公平的反作用和破坏力,还没有把学前教育公平看成一件重要的事情来抓。除此之外,学前教育研究者自身知识储备的不足、研究方式的悬空,也在一定程度上使得学前教育的重要性难以为政府所接受。

(1) 政府对幼儿教育由来已久的忽视。

追溯中国公共学前教育机构诞生的历史,可以发现,在我国1903年颁布的第一个学制中,作为学前教育机构的蒙养院就处于一种"虚线"的位置,1912年的壬戌学制也没从根本上改变学前教育的非制度化身份,在此后的1922年、1949年的学制中,学前教育虽被正式纳入了学制系统,但由于某种历史形成的思维惯性,人们在观念和行动上总不自觉地将学前教育置于"加括号"的位置。在教育系统的大家庭中,幼儿教育处于一种尴尬而又另类的生存状态,或被看成是贵族化的教育,或被视为带孩子的职业;而在基础教育的大家庭中,幼儿教育名义上被视为基础教育的奠基阶段,实际上被置于一种可有可无的附属性位置。当政府还不能深刻地认识到学前教育的根基性,不能认识到幼儿教育对于幼儿一生的奠基意义以及对一个国家的人才战略意义时,政府一定会选择不作为的。

(2) 专业研究者自身的缺陷。

从全国范围来看,从事学前教育研究的人不可谓不多,但显而易见,对学前教育不公平的研究还极其不深入。一些研究者把自己设想为解放者,简单地对不公平现象进行批判、质疑,用主张代替分析,用激情的呼吁代替理性的思考；一些研究者执着于探究公平的理论根源、社会机制，而疏于现实的旨趣；一些研究者对学前教育中的不公平现实置若罔闻，仿佛事不关己。此外，从我国已有研究来看，大多数研究倾向于将早期教育与服务当作一个整体来对待，从早期教育与服务对儿童发展的重要性来讨论政府干预的必要性，研究报告倾向于理论的论证，而非具体措施的设计，即使有措施的设计也不符合政府公共经济学的决策要求，学术思维、学术研究成果与政府的行政思维、行政决策方式之间有较大的距离。

此外，不可否认的是，学前教育研究者自身或多或少地有着精英的立场与精英化的思维模式。相比学前教育中不公平代价的承担者而言，研究者自身处于一种"可以逃离"的位置，没有一种来自底层生活的真切体验，很难形成一种真正的底层视角。正如布迪厄所言，人是场域作用的产物，人的心智结构与其所处的社会结构之间具有某种对应性，个体的心智图式是根据群体的社会结构慢慢调整定型的。① 研究者所置身的大学氛围从某种程度上拉远了研究者与不公平现象的距离，对于学前教育研究者而言，打破集体无意识，走向整体性反思也许是一种迫切的需求。

四、走向学前教育公平的可能途径

教育公平并非要取消教育差别，因为"差别"是教育生活中的基本现实。基于这样一个前提，任何指向教育公平的政策选择都将是有限的，都必然是根据一定社会经济发展水平和时代特点做出的选择。②

1. 政府可以作为的方面

在鲍尔看来，任何政策都是对价值观进行的权威性配置和合法化操纵，是对法定意图的合法化表达。政府的行为既可能催生一个尽可能公平

---

① [法]皮埃尔·布迪厄，[美]华康德.实践与反思——反思社会学导引[M].李猛，等，译.北京：中央编译出版社，1998：12.
② 谈松华."短缺教育"条件下的教育资源供给与配置：公平与效率[J].教育研究，2001(8).

的学前教育,也可能摧毁一个本来相对公平的学前教育。在已经将教育公平作为最重要的社会公平的当下社会,政府的决策、导向由此更具示范意义和矫正作用。

(1) 建构横纵联通的幼儿教育管理体系与财政投资体系。

中国当下的学前教育管理体系和财政投资体系都处于非常脆弱的纵向分割状态,各人自扫门前雪,贫富不均、地区分化比较明显。中央政府在这里所担当的角色比较尴尬,既不能充当西方自由主义国家所奉行的"守夜人"角色,也不能像北欧福利国家那样做一个全能政府,对当前学前教育事业发展出现的问题,常有解决之心而无解决之力。中央、地方相互博弈下的分权制行政体制使"事权与财权"的关系更加紧密,名义上各地教育部门归属教育部管辖,有一个上通下达的教育行政管理体制,但实际上这种纵向联系是非常脆弱的,各地教育部门并非对教育部负责,而要首先对当地人民政府负责。横向幼教经费的缺失使得中央和地方之间的关系显得极其勉强。

从行政分权的角度来看,中央的有限退出能够提高地方决策的自主性和积极性,实现地方经济的快速腾飞,但幼儿教育是一种公益性事业,需要国家财政的宏观调控,是不能完全用经济思维和行政思维来加以类比的。如果将发展学前教育的责任完全放给地方政府,不公平的现状只会越来越突显,最终危及和谐社会的社会基础。考虑到当下国家的财力,纵横联通的财政投资体系是可以逐步建立起来的,中央可以选择一些经济非常困难的地区做试点,从保底开始做起;对于经济不平衡但整体较发达的省份,则可以在政策导向上鼓励省内县市之间的横向联通,通过省内转移支付制度来缩小省内城乡之间和园际之间的差距,如将公办园收取的赞助费按比例提成,集中起来实施二次分配,投放到薄弱地区的薄弱幼儿园。此外,还可以鼓励各级地方政府预留一部分资金,用于资助需要帮助的幼儿,采用排富原则发放幼儿教育券、实行教育费减免等制度。①

(2) 区分教育效率与经济效率。

"效率优先、兼顾公平"是特定条件下的选择,从快速提高国家的综合竞争力来看,有其积极的意义。但遗憾的是,许多地方政府将"效率优先、兼顾公平"转化成了"效率优先、不顾公平",崇尚经济至上主义,盲目追求数量的逐年攀升。实际上,"教育效率"根本不同于"经济效率",前者是指教育对于个人发展和国家发展的贡献率,以人才素质这一质的指标来衡量,而后者则以经济效益这个量的指标来评价,两者遵循着不同的逻辑。因此,"效率优先、兼顾公平"这一原则不能直接延伸到教育领域。

教育公平与教育效率不是主次关系,更不是对立关系,而是两个相互联系、同等重要的教育目标。对教育来说,没有公平的效率是不道德的,没有效率的公平是低水平的,教育公平与教育效率的并重和统一具有内在的逻辑合理性与价值合理性。在教育政策的价值选择上,我们由此应该兼顾公平与效率,遵循平等、差异、补偿的原则,努力推进地区与地区之间的公平与共享。

(3) 明确政府和市场的责任边界。

在促进学前教育公平的过程中,政府与市场扮演着不同的角色,发挥着不同的作用。政府要关注的是底线的、底层的公平,不要因为政府行为加剧结构性失衡与短缺。很明显,政府行为会对基层政府或民众起一种示范导向作用,从而在观念上进一步强化人们对学前教育的价值取向。实践反复证明,政府的公共教育政策既肩负着将国家教育理念与教育意志变为教育实践的使命,也承担着将先进的教育理念加以传播并使其深入人心的职责。

---

① 蔡迎旗,冯晓霞.论我国幼儿教育政策的公平取向及其实现[J].教育与经济,2004(2).

目前，不少地方政府在发展学前教育的过程中，盲信市场的力量，将学前教育完全推向市场，以为市场可以完成政府无力履行的责任。这种做法是对市场力量的一种误解。从西方的经验来看，市场始终是有缺陷的。萨缪尔森甚至认为，"市场既无心脏，也无头脑，它没有良心，也不会思考，没有什么顾忌"①，将作为公益事业的学前教育交给市场绝对是一种短视行为。因为市场是逐利的，它不仅不能解决学前教育中的不公平问题，缓解政府的财政压力，可能还会伤及政府治理的社会基础，造成政府统治合法性的丧失。不过同样需要注意的是，市场也并非妖魔，市场有其独特的推动力，如果合理地利用市场的竞争机制，弥补公共资金的短缺也未尝不是合理的选择，因此关键在于合理地明确政府和市场在促进学前教育公平中的责任和边界，实现两者的有机结合。

2. 学前教育界可以作为的方面

学前教育中的诸多不公平危及的首先是作为幼儿教育工作者的从业人员，虽然从事幼儿教育的人具有不同的专业分工，但都拥有共同的职业追求与专业信仰，都希望幼儿教育成为受人尊重的专业，希望我们的孩子能够拥有公平的受教育机会。其中高校研究者的责任更是任重道远，面对学前教育中的诸多不公平现象，研究者们需要的不是沉默或集体无意识，而应勇于担当时代赋予的责任。

当然这种勇气与智慧的表现不是诉诸激情或仅成为"愤青"，它需要的是一种睿智的担当，将地方政府重视学前教育的正面典型昭示天下，形成一种示范效应和一种社会正气。如何才能让政府真正地关注到学前教育界的相关研究，搭建一个互动对话的平台，也是需要研究界用心付出的。如果学前教育公平的实现不得不继续依赖地方政府，那么地方政府本身的

---

① [美]保罗.A.萨缪尔森,威廉.D.诺德豪斯.经济学[M].高鸿业,等译.北京:中国发展出版社,1992:78.

学前教育观就显得非常重要。日常经验告诉我们,之所以喜欢一个人,是因为对她或他有一定的了解,在相互陌生的两个人之间是不可能产生任何火花的。研究界与政府之间的相互隔膜,研究者对已有研究的孤芳自赏都在某种程度上阻碍了这种相互了解。如何开启一个全新的互动性关系,需要地方政府与研究者之间的相互敞亮,这种成功对话的案例不是没有出现过,只不过它还没有成为一种常态性惯例。也许我们可以从发达国家早期教育与服务的发展中得到启示。在这些国家,幼儿教育经历了从最初的慈善定位、儿童发展定位,再到今天的社会福利和儿童发展的融合定位,反映了这些国家和政府对早期教育与社会发展之间关系的动态认识。推动这种动态认识的正是这些国家的研究者对早期教育与服务的不断深入研究,正是这些国家与政府对相关研究成果的重视与应用。我国大学与研究机构的研究者们应向国外研究者们学习,走出封闭的书斋,多主动利用自己的专业知识与研究成果去影响政府的决策,另一方面,我国各级政府应进一步加大专家智囊团在决策中的地位与作用,建立政府与专家之间沟通和交流的机制,提高自身决策的科学性与合理性。

学前教育政府责任[①]有效履行的前提：观念的觉醒

近年来，各级政府高度重视发展学前教育，在各级政府学前教育政策中常常提及"明确政府职责""发挥政府的主导作用""地方各级政府是发展学前教育的责任主体"等等，学前教育政府责任已经成为极具理论和实践价值的重要议题。然而，在实践中仍然存在政府责任缺位的现象，比如政府责任对象偏倾、政府责任范围窄化、政府责任转嫁等等。我们认为，观念觉醒是政府切实履行学前教育政府责任的重要前提。

"责任"概念包括三层意蕴。首先，责任是指分内之事，即有义务作为或不作为；其次，是指一定的行为主体必须对自身行为负责，即承担行为责任；其三，是指违背义务的行为要受到相应的追究和制裁。而政府责任从广义层面而言，意即"政府责任意味着政府组织及其公职人员履行其在整个社会中的职能和义务"；狭义而论，"政府责任意味着政府机构及其工作人员违反法律规定的义务，违法行使职权时，所承担的否定性法律后果"。[②]

---

① "学前教育政府责任"是指我国国家行政机构即中央人民政府和地方各级人民政府所应履行的发展学前教育的职能和义务。
② 张成福.责任政府论[J].中国人民大学学报，2002(2).

因此，严格而论，对于学前教育来说，政府不仅应履行发展学前教育的职能和义务，而且还应对因政府责任缺位而产生的诸多问题，承担作为公共利益的代表以及公共权力的行使者的不可推卸的责任。

美国行政伦理学者特里.L.库珀在其论著《行政伦理学：实现行政责任的途径》中从行政伦理学的角度提出了行政机构及其人员负责任行为的四个构成要素：①个体道德品性，包括伦理决策技巧、精神品质、德行以及职业价值观；②组织结构或组织制度，包括职责明确、协作安排、异议渠道以及参与程序；③组织文化，具体包括范例、行为守则、信条；④社会期待，包括公众参与以及法律和政策等。政府责任有效履行应该具备哪些条件？我们认为，库珀提出的"负责任行为的四大要素观"值得借鉴。个体道德品性要素是内部因素，主要是指责任主体的观念。组织结构或组织制度、组织文化及社会期待是外部因素，侧重制度建设和公众监督。

观念是指主体对客观事物的认识和觉悟，是人类支配行为的主观意识。马克思说："观念的东西不外是移入人的头脑并在人的头脑中改造过的物质的东西而已。观念不仅反映客观对象，同时还能够改造客观对象，具有能动性。"人类的行为都是受行为执行者的观念支配的，观念正确与否直接影响行为的结果。不同的领域，有不同类型的观念，一般有政治观念，比如科学发展观；经济观念，比如发展市场经济；道德观念，个体内在评判是非曲直、善恶的内在标尺；法制观念，遵法守法，一切以法律为准绳等。

个体对学龄前儿童及其教育的基本认识和觉悟就是个体所具有的学前教育观念。学前教育观念在很大程度上影响着学前教育发展的力度和深度。21世纪之初的幼儿园改制风潮就是受学前教育市场化观念影响所致。这种观念认为，学前教育不属于义务教育，政府没有必要进行投入，推向市场是合理之举。近两年来，政府对学前教育有了新的认识，观念发生了转变，"学前教育是终身学习的开端，是国民教育体系的重要组成部分，是重要的社会公益事业。办好学前教育,关系亿万儿童的健康成长,关系千家万户的切身利益,关系国家和民族的未来"①。在这种观念影响下,中央到地方各级政府重视学前教育,"学前三年行动计划""学前教育发展改革意见""学前教育示范区""学前教育先进街道"等具体行动源源不断。政府主导、明确责任、加大投入等词语成为当前学前教育发展的关键词。要使政府积极承担发展学前教育的责任,有效履行责任承诺,"学前教育不重要"之类的观念需要改变,"儿童阶段意义重大""学前教育具有重大价值"等观念需要确立。

一、形成儿童意识

1. 儿童意识与儿童观

儿童意识是指公众对儿童作为处在特殊年龄阶段的人的价值的认识与体悟。儿童观是成人如何看待和对待儿童的观点的总和,它涉及儿童的能力与特点、地位与权利、儿童期的意义、儿童生长发展的形式和成因、教育同儿童发展之间的关系等诸多问题。在数千年的人类文明长河中,儿童经历了一个被遮蔽、被发现、被承认、被颂扬的过程。儿童意识与儿童观两者是紧密联系的,没有正确的儿童观就不可能形成"儿童意识",甚至可以说,正确的儿童观是儿童意识的精神内核。

在西方,文艺复兴之前,儿童一直被"忽视",其存在的价值和权利未被承认,儿童没有独立的人格,是缩小的成人。中世纪盛行的是"儿童原罪",正如法国历史学家菲力普·阿里叶在《童年的世纪》一书中指出的"中世纪的西方社会完全不知道何谓'童年',没有'婴孩的情怀',也无法意识到童年有足以将儿童与成人、甚至青年人区隔开来的特殊性质"②。文艺复兴时期儿童观得以启蒙,让·雅克·卢梭"发现"了儿童,儿童是有他特有的

---

① 《国务院关于当前发展学前教育的若干意见》(国发〔2010〕41号)。
② 李娟娟.西方儿童观的发展[N].光明日报,2011-07-12.

看法、想法和感情的,儿童是真正意义的人,具有独立的存在价值。1900年,瑞典教育家爱伦·凯预言:"20世纪将是儿童的世纪。"约翰·杜威倡导"儿童中心",心理学界对儿童进行了大量的研究,心理学家霍尔曾说"儿童是成人之父"。人类学家泰勒认为"儿童是未来的人的父亲","儿童"渐渐地呈现出来。在中国,儿童观大体经历了传统的"子子"成人附属物的儿童观及"传宗接代"的工具论儿童观,"五四"新文化运动时期,鲁迅先生提出了"儿童本位论"。新中国成立后,儿童的本体价值、独立地位逐渐得到昭显和承认。

近年来,儿童的价值渐趋得到尊重,哈佛大学儿童发展研究中心主任、美国国家研究院脑科学与儿童发展研究委员会主席杰克·肖可夫(Jack Shonkoff)在莫斯科世界幼儿保育和教育大会上强调:儿童的早期发展状况会影响到一个国家未来劳动者的素质和效率、国民的生活质量以及社会的公平、稳定与发展。投资早期教育就是投资于国家的未来。

儿童观有学术理论形态、大众意识形态以及社会主导形态三种。研究者认为,目前儿童本位的儿童观已经在学术理论形态上得到确立,但在大众意识形态上仍是一个盲点,公众对于儿童的认识和态度还存在很多问题。尤其是社会主导形态的儿童观,它一般是一定社会中居统治和支配地位的人们所秉持的儿童观,往往以法律、政令、规章等形式加以正式确认,能对儿童及儿童教育产生直接的巨大的影响。儿童意识需要融入公众意识,使其成为一个大众意识形态的普世观念。儿童意识要使政府接受、认可、生根且发芽,使其成为社会主导形态的基本共识。

2. 儿童意识应融入公众意识

公众泛指与一个组织或团体具有某种直接或间接相关的个人、群体和组织,他们对组织的目标、存续和发展具有或多或少、现实或潜在的利益关系或影响力。社会心理学认为,公众不是散在的个体,而是具有某种"合群意识"的群体,个体之间必有某种共同倾向,如共同目的、共同需求、共同兴趣、共同意识、共同态度或共同的文化心理等,把他们联系在一起。公众意识①是公共关系学中的一个重要概念,意指公关活动中的行为主体应当具有的一种以公众研究为主,公众利益至上,一切以公众为出发点的思想,即一切公关活动均应根据公众的需要来制定、策划的原则。②

早在1959年联合国大会颁布的《儿童权利宣言》中就明确了各国儿童应当享有的各项基本权利。1989年联合国大会通过了具有法律效力的《儿童权利公约》,获得193个国家的支持,是世界上最广为接受的公约之一。《儿童权利公约》阐明了儿童最大利益原则:"以儿童最大利益为目标是公约中的首要考虑。凡涉及儿童的一切事务和行为,都应首先考虑以儿童最大利益为出发点等。"然而,迄今为止儿童意识尚未真正渗入公众信念之中,五花八门的反儿童、反规律的理念和行为铺天盖地,虐待儿童、伤害儿童事件时有发生。在一部分公众观念中,儿童依然是其附属物,他们有权安排儿童的生活,但是这种生活往往与儿童健康成长的规律相悖。

怎样才能使儿童意识成为公众的意识进而融入公众意识呢?首先,需要政府的支持。正如《全民教育全球监测报告(2007年)》所认为的,"要给予儿童高级别的政治支持是根本,将幼儿保育和教育具体纳入政府主要资源文件,如国家预算、部门计划或减贫计划",通过进一步加大对发展学前教育的政策倾斜,使公众感受到国家对儿童及学前教育事业的高度重视,以政策引导的形式增强并引领儿童意识。其次,从专业学术层面来说,"要构建有质量的幼儿园课程进行学术引导,使从业者在实践中理解什么是让

---

① 在表述时,本文有时也会提及"公众的意识"这一说法,严格来讲,这两个概念是有区别的:公众意识强调组织或团体因共同的利益或价值观而紧密相连。公众的意识主要是指社会大众的基本认识态度和行为倾向,对学前教育而言,具体指涉的是广大民众对儿童及学前教育的基本认识、态度和行为倾向。只有产生了比较一致的"公众的意识"才能形成"公众意识"。
② 何春晖.热点报道的公众意识[J].杭州大学学报(哲学社会科学版),1997(1).

儿童做有兴趣、有意义和适合需要的事；怎样才能促使儿童在学习过程中得到多方面的经验；如何帮助儿童投入、专注地活动，获得良好的情绪体验等，从而加深对儿童独特性和基本需求的体悟"①。第三，充分发挥公众舆论作用，褒扬积极的做法，贬斥反儿童意识的行为，借助舆论引导良好行为的发展。

3. 观念决定政府责任

切斯特·巴纳德(Chester Barnard)在《行政的功能》一书中提出"由系列的价值观和原则组成各种各样的'情意丛'(constellations)"②。他将这些"情意丛"描述为控制个人行为的私密的、不成文的"法"。观念也可以认为是影响政府责任和行为的"秘密的、不成文的法"。

儿童意识要融入公众意识离不开社会中最具决策权和管理权的集团——政府。需要政府在政治上关注，在政策设计上倾斜，营造政府及全社会重视儿童，重视学前教育的氛围。政府心中有没有儿童，有没有儿童意识是极其重要的。倘若政府没有儿童意识，就不可能引导公众接受并内化儿童意识，更勿论会履行发展学前教育的责任。既往学前教育事业发展的种种事实表明，政府的学前教育观念影响甚至决定了政府是否履责，是主动履责还是被动履责。值得一提的是，"在中国现有的政策决策过程中，领导人的政策偏好和价值取向在政策选择上仍然发挥着重要的影响，一些重要的政策研究机构仍然依附于特定的领导人或在行政隶属上依附于特定的重要决策部门"③。因此，政府特别是政府主政者的观念、政治决心和支持格外重要。霍华德·贝克尔(Howard Becker)提出了"等级信任"的概

---

① 张斌,虞永平.让"儿童意识"融入公众意识[J].幼儿教育(教育科学),2011(9).
② Barnard,C. I. The Functions of the Executive[M]. Cambridge, Mass: Harvard University Press,1964:262.
③ 徐湘林.寻求渐进政治改革的理性——理论、路径与政策过程[M].北京:中国物资出版社, 2009:58.

念,他认为"在一个社会化程度较好的体制成员来看,高层领导的描述应被视为组织运行可获得的最为可信的描述"①。在美国,奥巴马政府特别设立总统直接领导的专门领导机构——总统早期学习委员会,其主要职责之一就是提高全社会尤其是政府官员对学前教育重要意义与价值的认识。

对于幼儿园改制,一位教育行政人员回忆说:

"当时全省基础教育系统各级各类管理人员根本无力左右局面,由于反对卖幼儿园,教育厅一位领导被当时的省领导点名批评,全省的幼儿教育在争取政府支持、争取政策保障方面遭受挫折。"

在这种观念主导下才会出现"不换脑子,就换位子""谁不卖幼儿园,谁就是不服从大局"的行政命令。在基层政府,也不乏类似的观念。有一位领导在全区教育会议上说:"按中国人的习惯是午饭吃饱,晚饭吃好,早饭可以不吃,幼儿园就好比是早饭。"在这位领导的观念中,学前教育是不重要的,是可吃亦可不吃的早饭,可以想象其治下的学前教育是怎样一种发展状态。

有人认为,经济因素是政府履行学前教育责任的决定因素。固然经济状况的优劣会在一定程度上影响政府履责,但经济绝对不是决定因素,也绝不能"等经济发展起来,再搞学前教育"。某个经济实力名列全国前茅的省份,按理说其具备较好的经济基础,学前教育应该发展得很好,然而事实却不然:

该省学前教育存在的问题:"学生多,校舍少;民办多,公办少;幼儿多,教师少;教得多,玩得少。"全省1,183个乡镇中,有398个乡镇没有建成乡镇中心幼儿园,占乡镇总数的33.64%。大多数行政村没有幼儿园,农村"入园难"问题严重。学前教育公办教育资源相对紧缺,公办幼儿园比例偏低。不少公办幼儿园甚至为了赚钱,宁可把幼儿园承包出去收租金。据统

---

① [美]特里.L.库珀.行政伦理学——实现行政责任的途径[M].张秀琴,译.北京:中国人民大学出版社,2001:22.

计,全省教育部门办幼儿园,5年内减少了441所,集体办幼儿园数量下降了1,000多所。全省还存在5,000所无证办学的幼儿园。现在全省对学前教育的投入仅占教育经费的0.9%,低于全国平均数1.2%,因为投入少,现在学前教育基本是靠幼儿家庭"埋单"。民间办园靠收费,这样要么推高收费,要么条件很差。

一个泱泱经济大省,为什么对学前教育的投入却如此的吝啬?个中缘由,"不是不能,而是不为也"。观念使然! 与此形成鲜明反差的是陕西吴起县,该县于2010年实行幼儿园到高中免费教育。正如该县县委书记所说:"'免费教育'能否推广是一个理念问题,公共财政支出是一个'蛋糕如何分'的问题,我们只不过是将'蛋糕'优先向教育切块分配。"吴起县县政府的理念是"事多先为教育办,有钱先给教育花"。确实如此,以该县2009年财政支出情况为例:地方财政16亿元,延安市上收4亿元,可支配财力约12亿元。其中教育投入2.8亿元,占地方财政支出23.7%。余下的财政支出包括三农3.6亿元、卫生1.4亿元、交通道路1亿元、城乡基础设施建设2.5亿元。①

当然,学前教育的健康长效发展的确需要政府持续的、稳定的财政投入作为保障,"但问题的关键是:经济增长的影响,在很大程度上取决于经济增长的成果如何使用";"一个贫穷的经济可能只拥有较少的钱用于医疗保健和教育,但与富国相比,它也只需要较少的钱就能提供富国要花多得多的钱才能提供的服务";"通过适当的社会服务项目,尽管收入低,生活质量还是可以迅速提高的"。②

---

① 陕西吴起县"全民免费教育"引发的思考[OL].http://news.xinhuanet.com/2010-07/12/c_12324870.htm.
② [印]阿玛蒂亚·森.以自由看待发展[M].任赜,等译.北京:中国人民大学出版社,2002:36,38,39.转引自祁型雨.利益表达与整合——教育政策的决策模式研究[M].北京:人民出版社,2006:222.

2008年中央教育科学研究所的一项研究结果表明：有15%的教育管理者不明白公益性是学前教育的基本性质之一，学前教育行政与业务管理者中有75%的人对此不理解，更为严重的是县、镇政府和街道办事处、职成教和社会力量办学部门、民政和工商部门、企事业单位和部队等幼儿园举办单位、负责幼儿园审批注册的部门和相关管理者中有90%对学前教育公益性认识模糊。① 如果政府儿童意识孱弱，那学前教育就会从"战略地位"蜕变为"略占地位"。在变革面前，在利益重组之际，在对各类教育进行主次抉择之时，学前教育很可能又会深陷"被选择掉""被改革掉"的危机。只有政府尤其是主政者"打心眼里重视学前教育"，学前教育才能在其主政理念中有所体现，才可能将其作为政府议事日程的一个重要组成部分，才能从重要的民生工程的高度来看待。这需要社会的广泛宣传，需要一个融入儿童意识的公众意识的社会氛围，让儿童意识成为公众自觉自愿的日常思维，成为政府及主政者自觉自愿的日常性的观念。

二、内化责任意识

行政学研究极其重视"责任"，正如弗雷德里克·莫舍曾经说："在公共行政部门和私人部门的所有词汇中，责任一词最为重要。"② 当然，莫舍关心的不是责任这一词汇，而是关心责任意识、责任感在公共行政中所起到的关键作用。虽然由于政府体制不同，行政权的范围和运用方式呈现出非常复杂的情况，行政机关的职权比较复杂，但是责任却是不同政府体制下行政权的行使范围和运用方式共同的地方。"强化政府责任要通过提高制度的有效性来推动政府部门及其官员树立自觉的责任意识，以公共精神来完成公共事务。"③

---

① 冯晓霞,等.世界幼教发展趋势：国家财政支持幼儿教育[J].学前教育研究,2007(5).
② [美]特里.L.库珀.行政伦理学——实现行政责任的途径[M].张秀琴,译.北京：中国人民大学出版社,2001:62.
③ 杨雪冬.责任政府：一个分析框架[J].公共管理学报,2005(1).

1. 责任意识与责任政府

何谓责任意识？在责任心理学看来，责任主要包括两层含义："其一，在无特定指涉的情境下，责任作为一种内化了的思维方式和行为规范，是个体一般性的意识准备状态；其二，一旦涉及具体的行为、事件及其结果时，责任便成为一种个体对自己或他人行为做出的价值判断体系，而价值判断还将引发相应的情感体验和内部动机并诱发相应行为。"① 前者反映了责任的静态特征，后者则反映了责任的动态过程；前者是后者的基础，后者则是前者的具体体现。概言之，责任意识是一种内化了的思维方式和判断体系，并且能诱发相应的行为，具有内在性和稳定性的特征。

2006年3月14日第十届全国人民代表大会第四次会议通过的《中华人民共和国国民经济和社会发展第十一个五年规划纲要》指出，"要按照精简、统一、效能的原则和决策、执行、监督相协调的要求，建立决策科学、权责对等、分工合理、执行顺畅、监督有力的行政管理体制，加快建设服务政府、责任政府、法治政府"。责任政府的特点是政府积极履行政府责任，政府及其行政官员有极强的责任意识。责任政府是一个以责任为本位的政府，强调"责任本位，权责一致"的基本原则。政府在获得权力的同时，还应有强烈的责任意识。20世纪行政权发展的两大变化特征之一是："行政权是权力与职责的结合与统一。一定行政权力的采取是以一定行政职责的完成为前提的，权力行使不合法要承担法律责任。不行使权力而失职也要承担法律责任。"②

对学前教育而言，责任意识是政府积极履行责任的前提。责任是"基于一定义务而产生的合理负担"。在实践中责任意识一方面体现为政府在发展学前教育方面所应为或不应为的行为程度、范围，有责任感；另一方

---

① 况志华,叶浩生.责任心理学[M].上海:上海教育出版社,2008:14-15.
② 王成栋.政府责任论[M].北京:中国政法大学出版社,1999:37.

面,则是指政府须对应为而不为或应不为而为所承担的否定性后果。现代行政之所谓"积极行政"的特征使责任政府发生了许多新的变化,其中最主要的变化是现代政府不仅要求承担传统意义上的消极责任,而且还要承担"积极责任",而这种积极责任从严格意义上来说并非是法律责任,而是道义上的或政治上的责任。①

对于幼儿园改制,部分政府丧失了责任意识,推卸了责任。近两年来,也有个别地方政府将市场化、民营化的方式普遍运用于学前教育,比如在政策设计时把政府主导变成政府引导,公办民办并举变成民办为主。学前教育是准公共产品,具有公益性,这决定了主要应由政府主导提供公共服务,而非市场化运作。

2. 责任意识的延展:主动责任而非被动责任

当前政府责任方式存在一些问题,表现为主动责任或主观责任少,被动责任或客观责任多。政府履责主要是"合乎责任而非出于责任"。

张定淮认为:"现代责任政府具有很多种表现形式和丰富的内涵,它建立在制度责任和伦理责任相结合的基础之上,是一种制度责任和伦理责任的高度统一,是制度规范和道德内化的综合体现。"②政府承担的责任不仅是制度所规定的责任,还包括伦理层面的责任。所谓制度层面的政府责任,是"政府组织及其公职人员履行其在整个社会中的职能和义务,即法律和社会所要求的义务"。制度层面的政府责任具有广阔的社会内容和意义,其内涵包括:①政府责任是一种义务。权利和义务永远是对等的,政府承担行政责任的过程,就是一个承担为国民尽义务的过程。②政府责任是一种任务。行政管理在承担义务的基础上,还必须通过认真履行自己的义务和职责的方式,对国家权力主体负责。③政府责任是一种监督、控制和

---

① 王成栋.政府责任论[M].北京:中国政法大学出版社,1999:37.
② 张定淮,涂春光.论责任政府及其重建机制[J].中国行政管理,2003(12).

制裁行为。所谓伦理层面的政府责任,是指政府对其职责和公共利益的体认,是基于一种价值判断。[1]

行政伦理理论认为,责任常常表现为一种社会关系的规范,调整着处在某种社会关系中的人的行为,具有客观性;同时也表现为行为人的行为自觉,具有主观性。责任是人的主观自觉与客观规范的统一,因而有主观责任与客观责任之分。所谓主观责任是指"忠诚、良心以及认同,它是行政人员本身对责任的感受。主观责任强调行政人员之所以去做某事,乃是源于内在的趋力,即行政人员伦理的自主性"[2]。特里.L.库珀认为,所有的客观责任都包括对某人或某集体负责,也包括对某一任务、下属员工人事管理和某一目标负责。前者是职责,后者是义务。"客观责任与外部强加的可能事物相关;而主观责任则与那些我们自己认为应该为之负责的事物相关。客观责任源于法律、组织机构、社会对行政人员的角色期待,但主观责任却根植于我们自己对忠诚、良知、认同的信仰。"[3]

政府履行责任主要有主动履责和被动履责两种。主动履责是内心自愿的,有"儿童意识"的支撑,政府责任履行具有稳定性。被动履责是指并非心甘情愿地发展学前教育事业,而是迫于政绩考核或制度上的压力而采取的不得已的行为。被动履责往往潜藏着动荡性和摇摆性。正如特里.L.库珀所言,"有时候主观责任将为公共利益服务的义务推到了前台,另一些时候却把它完全遮蔽了"。

有一个省关于"学前教育模范区建设指标"送审稿中提到:

"大力发展公办幼儿园。坚持政府为主举办学前教育,政府举办的幼

---

[1] 张定淮,涂春光.论责任政府及其重建机制[J].中国行政管理,2003(12).
[2] 刘婧,兰兰.现行行政责任机制的缺陷与改进[J].湖北社会科学,2004(7).
[3] [美]特里.L.库珀.行政伦理学——实现行政责任的途径[M].张秀琴,译.北京:中国人民大学出版社,2001:63,67.

儿园占幼儿园总数的60%以上,农村公办幼儿园占农村幼儿园总数的80%以上。"

"公办幼儿园中事业编制教师达60%以上。"

"经费投入增幅较大。坚持政府为主,多渠道加大经费投入。财政性学前教育经费在同级财政性教育经费中达8%以上。"

但在省政府定审稿中,上述四个具体指标均被删除。他们认为,"国家的文件中没有这些具体的指标,我们也不要提这些指标"。他们的行政逻辑是国家文件没有要求,我们自然也没有必要给自己增加麻烦。事实上,这些指标都是学前教育发展的核心指标。假如,以送审稿中相关指标来高标准建设模范区,将会促使该地区学前教育内涵得到很大的发展;假如,这些指标能够被不折不扣地执行,将能充分体现政府主导的意义,才能说明政府真正主动地履行了责任。

一位教育行政人员说:"从政府的角度来说,政府重视了,给的钱比过去也多多了,但是你要从内心自愿地对幼教有多少关爱,愿意用多少钱来发展这个事业,兴办公办园和加强教师队伍建设还不够。我们为一些幼儿园争取经费,真的,要不断打报告,确实比以前重视了,但是领导眼里关注的仍是'几朵金花'①。学前教育事业的发展不仅仅是教办园,其他部门办园、民办园也要关心。"

如果政府能"从内心自愿地"关爱学前教育,"愿意用多少钱来发展这个事业",那学前教育的发展将会是长效的、常态化的。这种"内心自愿"的前提是他们心中有"儿童意识"。"内心自愿"实质上体现的是政府的主观责任。而被动责任常常表现为"问题"导向的,比如,南平郑民生恶性杀害小学生、广东教师杀害小学生、甘肃幼儿园校车事故等事件之后,幼儿园的

---

① "几朵金花"是指当地几所颇有名气的教办园,政府对他们偏爱有加。

安保一夜之间提档升级,不少地方不惜重金购买"长鼻子"校车。不出问题,没有行动,一出问题,措施连连。这就是典型的理查德森所称的反应性的"消防队"式的政府被动履责形式。当然,不仅仅是上述安全事件,被动履责的变体还有运动式的、跃进式的学前发展方式等等。

三、深化公共服务意识

2002年11月8日,中国共产党第十六次全国代表大会第一次把公共服务归为政府四大基本职能之一。公共服务职能的确立是政府对权力与责任新的认识,公共服务的主体是政府,服务的对象是人民,其核心理念是政府在拥有人民所授予的权力的同时承担相应的责任。从委托—代理理论的视角来看,政府就是受托人即代理人的角色。政府存在的合法性之一是为公众提供公共品,这源自公众的委托。公众把权力委托给政府,因而政府获得的是一种公权力,而公权力则以维护公益为目的,它与责任相对应。正如卢梭所言,"建立于社会契约基础上的政府是一种'公共人格',其活动的意志是一种'公意',这种'公意'反映了全体人民的共同利益"①。

1. 公共服务供给不足

所谓公共服务主要是指"由法律授权的政府和非政府公共组织以及有关工商企业在纯粹公共物品、混合型公共物品以及特殊私人物品的生产和供给中所承担的责任"②。对于公共物品而言,政府主要直接承担着生产和(或)提供该类产品的服务,并且这一类服务产品的公共需求构成了政府公共服务的基本职责。学前教育是准公共产品,具有正外部效应,是国家教育事业的重要组成部分,具有公益性、教育性和福利性的性质。接受学前教育是公众受教育权的具体体现,政府是这一权力实现的代理人,天然承担了向公众提供学前教育公共服务的责任。"无论从法理的推演还是从

---

① [法]卢梭.社会契约论[M].何兆武,译.北京:商务印书馆,1996:135.
② 马庆钰.公共服务的几个基本理论问题[J].中共中央党校学报,2005(2).

现实的可行性上看,国家在公共服务的安排中均扮演着'总导演'的角色,担负着'总负责'的重任,国家在其中的角色、地位、责任均是其他任何主体无法替代的。"①

以登哈特夫妇为代表的新公共服务理论认为,政府的主要使命在于为公民服务,政府行政的着力点既不是老公共行政所强调的"划桨",也不是新公共管理所信奉的"掌舵",而是更好地承担起服务于社会公共利益的职责。恰如著名公共政策专家詹姆斯·安德森所言,"政府的任务是服务和增进公共利益"②。

然而,政府公共服务供给严重不足。"学前教育福利性和公益性正在消失或基本消失、非营利性没有得到保证、补偿功能没有很好地发挥、学前教育地位没有得到保证"③,财政投入不足,教师地位待遇欠保障,"入园难""入园贵"问题突出,学前教育市场化严重,民办幼儿园占幼儿园总数的比例由2001年的39.8%增至2010年的68%。可以说,学前教育公共服务的大半壁江山都由市场提供。政府对公办幼儿园财政投入本身就不足,更难以顾及民办幼儿园。研究者认为这些是一种显性的政府服务供给不足的现象。

2. "购买"还是"规避":"购买公共服务"的危机

当前,不少地方提出"探索以政府购买服务的方式发展学前教育"。囿于我国现阶段社会经济发展水平,完全由政府举办公办园是不现实的,适当采用购买服务的方式把发展普惠性民办幼儿园作为一种补充性的措施是必要的、可行的。但研究者认为,在配套制度设计不完善的环境中这很

---

① 曹剑光.公共服务的制度基础——走向公共服务法治化的思考[M].北京:社会科学文献出版社,2010:131.
② [美]詹姆斯·安德森.公共决策[M].唐亮,译.北京:华夏出版社,1990:222.
③ 中国学前教育发展战略研究课题组.中国学前教育发展战略研究[M].北京:教育科学出版社,2010:7-9.

可能演变为一种变相的服务"退场",是一种隐性的服务缺失。

首先,购买服务这一政策取向来自西方为实现"小政府、大社会"而创新的一种政府服务形式,它运行的前提是有健全完善的非营利组织系统。有资料显示,"中国目前大概有 300 多万个社会组织,只有 44 万个在民政部门注册"①。可见,我国目前社会组织规范性较弱,自我发展空间较小,相对于强大的国家和市场而言,社会组织还处于弱势地位,自治和自我管理能力不足,难以有效承接经济组织在改革中剥离出来的以及国家相对退出后留下的社会管理职能。其次,政府购买服务的前提是在政府和市场两者之间,政府在某些特定领域直接提供的公共服务过多,或者有些服务采用市场机制配置相比政府提供更有效,这些公共服务可以让渡给第三部门或市场来执行,政府从直接提供转为间接提供,购买公共服务也仅是方式之一。然而我国学前教育实际情况不是政府直接提供公共服务过多或者是政府越位承担了本应由市场提供的服务内容,而是政府学前教育公共服务供给严重不足。政府应该加大直接提供公共服务的程度,而非寄希望于采用购买公共服务的方式。第三,政府可能以购买服务的名义,正大光明地隐性不作为,规避责任。政府会出现出于"自身利益"的寻租行为。政府和私人投资者作为共同的"理性人",他们之间极可能会产生公共服务责任缺失与相互推诿责任的问题。比如,如果民办园不能真正从传统的营利取向转向为普惠性非营利取向,购买很容易扭曲而成为部分民办园从政府钱袋里捞钱的合理借口。因此,政府在教育领域尤其是学前教育领域应慎行购买服务。"政府购买服务作为推动民办园提

---

① 据北京大学政府管理学院教授王浦劬在所做的《中国政府向社会组织购买公共服务研究》中指出,我国政府购买社会组织服务还存在着内部化、购买标准不清晰等问题。另据《中华工商时报》2011 年 8 月 2 日刊发的《政府购买 NGO 服务:看上去很美》一文介绍,2010 年 8 月,清华大学创新与社会责任研究中心主任邓国胜教授公布了"汶川地震捐款八成入政府财政账户"的研究报告中显示,公募基金会、慈善会、红十字会筹集到的捐款太多,自己消化不了,只能请政府帮忙去落实,这表明中国今天还处在"NGO 购买政府服务"的尴尬阶段,一些地方政府甚至还在与 NGO"争食",需要利用民间慈善资源来弥补公共财政投入的不足。

供普惠性服务的重要手段,也只能是政府政策工具箱中的备选工具之一,它不能成为政府发展学前教育的主导工具,更不能成为唯一工具。"①

权力总是趋向于无限地扩张,而权力扩张的最大受害者是人权。政府对学前教育更多的是以一种给予甚至"施舍"的姿态出现而不是服务的心态,权力思维重,服务意识淡薄。法国的政治学者莱昂·狄骥说得好:"一旦人们认识到统治者由于其所享有的权利而必须承担相应的义务,并且认识到权力的行使必须与义务的履行相辅相成,公务概念的含义就显而易见了。""如果政府的权力已经走向衰弱的话,它的义务仍旧保留了下来。每一个时代的群众都认识到,掌权者不能合法地要求服从,除非他们以履行某些职责作为回报,并且只能在他们履行这些职责的范围内要求人们服从。社会的各个阶级之所以前后接替着丧失了政治权力,是因为他们已经不再提供作为其存在条件的社会服务。"②这段话再次申明了责任与权力是统一的,政府所拥有的权力是人民委托授予的,承担责任并对人民以服务的态度,这是政府权力合法性的前提,也是"公务概念"应有之意。正如1985年5月,邓小平同志在全国教育工作会议上指出的"什么叫领导,领导就是服务",也正是胡锦涛同志2003年初强调的"权为民所用,情为民所系,利为民所谋"的意义所指。

---

① 王海英."政府购买服务"需走出哪些误区[N].中国教育报,2011-12-09.
② [法]莱昂,狄骥.公法的变迁:法律与国家[M].郑戈,译.沈阳:辽海出版社,春风文艺出版社,1999:345.

Chapter Three

第三章
发展学前教育的政策分析

FAZHAN
XUE QIAN
JIAOYU
DE
ZHENGCE
FENXI

学前教育立法：必要性、基本问题及政策建议

教育立法是实现依法治教、依法兴教的规则基础。教育立法能够有效地规约并从法律层面解决教育发展中面临的诸多问题。当前我国学前教育尚未真正纳入法制化的轨道，学前教育事业的健康发展亟须通过立法来保障，社会公众对制定《学前教育法》的诉求也越来越强烈，从某种意义上讲，学前教育立法已经成为一个"公众论题"①。

一、学前教育立法的必要性

1. 学前教育发展面临的诸多问题，亟须通过立法来规约并解决

在社会转型过程中，我国学前教育面临诸如学前教育的法律地位不明确、管理体制和投入体制不顺、政府责任不明、教师身份和地位模糊等问题，严重制约了学前教育的健康发展。我国目前没有独立的学前教育法，而现有的国家性教育法律中涉及学前教育的相应规定已不能适用于学前教育事业发展中出现的新关系和新问题。

从国际范围来看，通过制定和颁布相关的法律与政策为学前教育事业发展提供保障，以此来加强和改善本国或地区学前教育的质量，是国际上

---

① "公众论题"是借鉴米尔斯在《社会学的想象力》一书中所提出的说法。与"公众论题"相对的是"环境中的个人困扰"。学前教育立法问题已经是一个"社会结构中的公众论题"。

普遍的做法。① 美国白宫早于1970年和1981年两次做出决定,把发展托幼事业作为国家最迫切的需要之一,并先后通过了《儿童保育法》(1979年)(Child Care Act)、《儿童早期教育与发展法》(1990年)(Early Childhood Education and Development Act)、《提前开始法》(1994年,又译为《提前开端计划》)(Head Start Act)、《儿童保育与发展固定拨款法》(1990年通过,并于1995年做了修订)(Child Care and Development Block Grant Act)及《不让一个儿童落后法》(No Child Left Behind Act)等。此外,美国联邦各州也开始制定自己相应的有关学前教育的法规。英国政府相继制定并颁布了如《儿童法》(1989、2004年)、"国家儿童照料战略"(1998年)、《每个儿童都重要》绿皮书(2003年)以及《儿童保育十年战略》(2004年)、《儿童保育法》(2006年)等法律法规,有效地保障了本国学前教育事业的发展。德国、法国、日本、韩国和印度等也都早在20世纪70—80年代就制定了专门的学前教育法律。我国的香港和台湾地区也在20世纪70—80年代制定了专门的学前教育有关规定。

2. 教育法律法规体系不完善

我国教育法的基本架构包括宪法、教育法律、教育行政法规、地方性教育法规、教育规章以及教育条约和协定。其中,由国家最高权力机关或专门的立法机关制定的教育规范性文件,称教育法律,其又分为教育基本法律和教育单行法律(也称部门法)。《中华人民共和国教育法》是教育基本法,《义务教育法》以及本文所涉《学前教育法》等属于教育单行法律,《幼儿园工作规程》属于教育行政法规。

在国家规定的四个学制阶段中,唯独学前教育未立法。改革开放三十几年来,教育立法工作逐步展开,《学位条例》(1980年2月)、《义务教育

---

① 庞丽娟,韦彦.学前教育立法——一个重大而现实的课题[J].学前教育研究,2001(1).

法》(1986年4月通过,2006年6月修订)、《教师法》(1993年10月)、《职业教育法》(1996年5月)、《高等教育法》(1998年8月)、《民办教育促进法》(2002年12月)等先后出台。然而,作为《中华人民共和国教育法》(1995年3月)第二章第十七条明文规定的国家教育体制四环中的首要环节的学前教育,至今没有专门的法律。《学前教育法》无疑应该是我国教育法律法规体系中不可或缺的组成部分。加紧研制并颁布《学前教育法》,是完善我国教育法律法规体系的需要,是早日实现1993年《中国教育改革和发展纲要》所提出的"加快教育法制建设,建立和完善执法监督系统,逐步走上依法治教的轨道。争取到世纪末(20世纪末),初步建立起教育法律、法规体系的框架"①目标的必然要求。

3. 现有的学前教育法规的法律效力较弱,相关政策文件权威性不强

"学前教育的发展需要一些短期的政策,但从根本上说,更需要影响范围广泛的、长效的法律和法规。"②近年来,我国政府对此也做出了积极努力,比如《国家中长期教育改革和发展规划纲要(2010—2020年)》的颁布实施。据统计,到2007年止,"有关幼儿教育的重要文献以政策性文件和法规为主,数量为83项,占总数的74.11%;其次为领导人报告、讲话和题词,数量为11项,占总数的9.82%;第三是其他有关文件和法律(包括宪法的4次修订,以及未成年人保护法的1次修订),数量为9项,占总数的8.04%"③。可见,涉及学前教育的法规文件数量较多,法律极少,而法律的权威性、稳定性要比一般政策性文件和法规要强。一方面,我国学前教育立法层次偏低,其最高层次仅处于教育法律体系中的第四层级,和《义务教育法》《高等教育法》《职业教育法》等均有一定的差距,较低的法制地位不能

---

① 《中国教育改革和发展纲要》(中共中央、国务院1993年2月13日发布)。
② 虞永平.学前教育发展应处理好几对基本关系[J].人民教育,2008(11).
③ 王玲艳.建国以来我国幼儿教育重要文献关注的若干重大话题分析[J].学前教育研究,2008(3).

很好地保障学前教育的发展。比如,《幼儿园管理条例》《幼儿园工作规程》等法规,缺乏法律的权威性,无法有针对性地有效解决学前教育发展面临的一系列新问题。另一方面,我国现有的学前教育法律法规表现出零散、不系统的特点,除《幼儿园工作规程》《幼儿园管理条例》外,涉及学前教育的法律法规大量散见在其他法律法规中,难以形成有效的法律合力。

4. 学前教育功能的实现需要立法来保障

学前教育的主要功能包括:对幼儿实施全面发展的教育,促进幼儿身心和谐良好发展;为幼儿进入小学做好准备,为幼儿一生的发展打好基础;解放劳动力,减轻家长教养孩子的负担;对处境不利幼儿给予教育补偿。"教育立法是促进教育功能实现的一种手段,它把根据教育规律确定的教育工作规律上升为一般的强制性规则,以此调节教育法律关系,避免教育工作的随意性以及其他人为因素对教育的干扰,从而为教育功能的实现创造一个相对稳定的环境。"[①]学前教育功能的实现需要一个制度化的、稳定性的外部环境,需要切实把握学前教育的基本规律,通过立法等举措予以保障。

二、学前教育立法应关注的基本问题

立法的目的是解决某个或某些问题,调整社会关系。美国著名的政策科学学者金通对政策制定过程提出了"三源流"的观点,首先提及的是"问题流"。[②] 现实情况转化为问题,问题被进行选择进而成为政策制定的议程(立法也同样如此)。学前教育立法首先要明确期望通过立法解决学前

---

① 劳凯声.中国教育法制评论(第7辑)[M].北京:教育科学出版社,2009:104.
② 金通的"问题流"试图解释为什么某些问题受到决策者的注意,而另外一些却被忽略了。对此,他认为,"主要取决于官员了解实际情况的方法,更重要的是,取决于这些实际情况是怎样被定义为问题的"。他提出了了解实际情况的三种方法:方法一是一种情况的存在与否及重要程度,可以用一系列指数来反映;方法二是一些重大事件或危机事件能够导致某个或某些问题受到关注;方法三是从现行项目中获得的反馈。金通的这一观点值得我们借鉴。

教育领域的哪些问题,哪些问题应该上升到法律的层面。教育立法必须由教育活动本身来决定并能够反映教育规律,要提升立法的教育内生性特点。因此,学前教育立法一方面要基于当前社会经济和文化发展的现实,另一方面尤其要关注学前教育内生性特点,切实把握发展学前教育的规律,直面学前教育发展中的基本问题,通过立法规约并解决相关问题。我们认为,学前教育立法应该关注并体现以下几个具有学前教育内生性的基本问题。

1. 基本问题之一:立法明确学前教育的性质和地位

《中华人民共和国教育法》第二章第十七条明确规定,"国家实行学前教育、初等教育、中等教育、高等教育的学校教育制度"。学前教育是社会主义教育事业的重要组成部分,是国家学校制度的基础阶段,是基础教育的有机组成部分。学前教育是"准公共产品",具有公共性、公益性和福利性。"在公共教育权力配置和转换过程中,实现教育的公共性是制度变革最基本的价值基础。"①

然而目前学前教育发展中却存在去教育性、去公共性的现象。比如深圳的公办园转企事件,教育性消逝了,却滋长了生产性;比如有的地方大面积转、租、售幼儿园,公共性消弭了,却助长了营利性。这些现象的实质都是对学前教育基本性质的颠覆。因此,在学前教育立法中必须明确界定学前教育的性质和地位,以法规定公共性、公益性等特质。

2. 基本问题之二:立法保卫儿童的权利

日本有《儿童福利法》,我国台湾地区 2002 年颁布了"儿童及少年福利法",这些法律和有关规定与学前教育法律和有关规定形成了合力,有效地保障了儿童的权利。1989 年第 44 届联合国大会第 25 号决议通过了《儿童

---

① 劳凯声.中国教育法制评论(第 7 辑)[M].北京:教育科学出版社,2009:103.

权利公约》,强调"每个儿童均有固有的生命权、受教育权"等权利。20余年过去了,目前我国儿童权益保障机制仍较为薄弱,儿童的基本权益不能得到很好的保障,甚至有可能被损害。生命权是儿童最基本的权利,然而恶意伤害儿童事件屡见不鲜,校车事故频发,儿童最基本的生命权受到威胁。事实上,接受早期教育,接受不断改善和发展的早期教育,享有优质的早期教育也是儿童权利的具体体现。然而"目前仍将有大约20%—40%的幼儿不能接受学前一年的教育,45%—65%的幼儿不能接受学前三年的教育"①。因此,必须以立法的形式保卫儿童的权利,尤其是生命权和受教育权。

3. 基本问题之三:立法强化政府发展学前教育的责任

发展学前教育是政府的责任,准确地讲是"大政府"的责任,而非个别职能部门的责任。立法应对政府、市场、学校三者的关系进行规定,明确政府责任的边界,清晰界定"政府主导"的范围和程度。英、美等国近年来的立法都强调政府发展学前教育的责任。比如英国政府强化中央政府对学前教育事业发展的领导职能,凸显地方政府在学前教育发展中的地位与责任,进一步明确各相关部门的职责与权力,推进部门间的协作与整合。②2006年英国颁布的《儿童保育法》在第1—13条进一步明确了地方当局在学前教育管理方面的总体职能和具体职责,指出地方当局要在改善学前儿童教育与保育,促进每一个儿童健康成长,减少儿童在接受保育、教育、健康等服务上的不平等等方面承担起责任。

4. 基本问题之四:立法促进学前教育资源配置合理化

资源配置合理与否直接关乎学前教育发展的公平性和效率性。学前教育资源合理配置问题尚未真正纳入法制化的轨道,存在诸多不合理的现

---

① 中国学前教育发展战略研究课题组.中国学前教育发展战略研究[M].北京:教育科学出版社,2010:17.
② 庞丽娟,刘小蕊.英国学前教育管理体制改革政策及其立法[J].学前教育研究,2008(1).

象,学前教育在城乡间、区域间发展很不均衡,学前教育公平远未实现。绝大多数教育资源都投放在发展较好的城市幼儿园,农村幼儿园较难享有丰富的资源,发展举步维艰;绝大多数教育资源都配置在基础雄厚的公办幼儿园,民办幼儿园难以共享有限的资源,纷纷冲破"幼儿园不以营利为目的"政策约束。就财政投入而言,据统计,"只有约占总数30%的公办幼儿园能够获得政府的财政经费支持,将近40%的幼儿享受不到国家的这种福利"①。学前教育资源本已十分有限,倘若不对有限的资源进行合理规划,不实现资源配置法治化,那么学前教育的公平性以及高效发展将难以体现和实现。

5. 基本问题之五:立法保障学前教育财政投入法制化、制度化和常态化

财政投入是促进学前教育发展的一个重要保障,没有可靠、稳定的投入保障就不可能有学前教育事业稳定、长效的发展。"只有使财政投入法制化,才能在更高层次上形成良好和稳定的幼儿教育财政投入体制"。近年来,美国学前教育发展的一个明显特点是以法律规定用于学前教育事业各方面发展的政府拨款逐渐增加,且增加幅度不断攀升。可以说,立法保障财政投入是美国学前教育规模不断扩大、质量稳步提升的重要原因之一。以《不让一个儿童落后法》为例②,其对"阅读优先"项目及"早期阅读优先"项目的拨款额度均进行了具体规定。2002财政年度用于"阅读优先"项目的联邦拨款为9亿美元,用于"早期阅读优先"项目的拨款为7 500万美元,此后规定连续5年(2003—2007)联邦政府每年对这两个项目的拨款数额均应与上述额度相当。据统计,实际投入该项目的经费高达10.75亿美元。

我国学前教育经费严重匮乏,缺乏事业发展的基本经费保障。首先,

---

① 中国学前教育发展战略研究课题组.中国学前教育发展战略研究[M].北京:教育科学出版社,2010:7.
② 沙莉,庞丽娟,刘小蕊.通过强化政府在学前事业发展中的责任——美国的经验及其对我国的启示[J].学前教育研究,2007(2).

在全国教育经费总量中,学前教育经费所占的比例过小,仅占1.2%—1.3%,且十年徘徊不前。一项调查显示,世界上14个主要国家和地区1995年学前教育经费占总教育经费的平均数为3.8%,而我国仅为1.4%。① 其次,长期以来中央财政没有专项经费用于学前教育,相应地,各省、市、县也少有或没有学前教育的专项经费。"各地幼儿教育经费的有和无,多与少全凭地方政府的意愿……各地预算内学前教育经费带有很强的随意性和不稳定性。"②因此,在学前教育立法中应当明确涉及以下几点③:第一,我国中央政府应在总量上保障对学前教育事业发展的投入,并切实加大各级政府教育财政性拨款中学前教育经费的比例。第二,中央财政以及相应的各省、市、县财政中应保证学前教育的专项经费。第三,应确立农村和城市以及东、中、西部地区不同的学前教育投入体制。城市实行政府投入、社会支持及家长分担教育成本的投入体制,农村则实行以政府投入为主的体制。第四,将我国学前教育投入政策以法律的形式加以确认,以保证财政经费的落实与有效使用。

6. 基本问题之六：立法理顺各级政府学前教育管理体制

我国当前"坚持实行地方负责、分级管理和有关部门分工负责的幼儿教育管理体制",但该规定操作性较弱,"中央及省级政府的统筹管理作用发挥不足,'分级管理'的原则落实不力"。管理体制不明晰,各级政府学前教育管理机构不健全的问题突出。④ 立法应明确学前教育的管理体制与机构,中央、省、地、市应设立学前教育专门机构,县级应有专门机构或专职干部,明确教育质量评价、视导和监管等有关规定,并将政府的上述宏观调

---

① 庞丽娟.关于尽快制定《学前教育法》的议案[Z].2006.
② 蔡迎旗.幼儿教育财政投入与政策[M].北京:教育科学出版社,2007.
③ 庞丽娟.关于尽快制定《学前教育法》的议案[Z].2006.
④ 中国学前教育发展战略研究课题组.中国学前教育发展战略研究[M].北京:教育科学出版社,2010:20.

控职能及其相应机构、人员的设置以法律形式加以明确。通过立法"确保学前教育的管理真正纳入整个政府的视野。避免教育行政部门单打独斗和低效奔波,确保政府各部门真正各司其职,共同促进幼儿教育事业的发展,真正落实国务院1987年就提出的多部门协调共管的期望"①。

7. 基本问题之七②:立法捍卫教师的身份,保障教师待遇

当前师资建设存在诸多困难与问题,主要体现在教师身份不落实、待遇差,特别是体制改革后的企事业单位办园和农村幼儿园的教师身份不明,社会保障无着落,《教师法》规定的幼儿教师的基本权利、待遇无从保障,致使幼儿教师的职业吸引力大大降低,队伍极不稳定。特别是占我国幼儿教师总数80%的广大农村幼儿教师,长期以来没有明确的教师身份,工资、医疗与保险等社会保障和培训等一系列问题长期得不到解决,严重地影响了农村幼儿教师队伍的稳定与质量的提高。这些问题都需要通过立法的形式,以明确的法律条文来捍卫教师的身份,保障教师待遇。美国的学前教育也曾面临教师队伍建设与专业发展的挑战,但通过联邦政府的宏观干预与相关立法,特别是通过法律对幼儿教师资质、教师来源、专业发展与培训、职责与权利、福利待遇、法律责任、联邦拨款等多方面做了明确规定,幼儿教师队伍的整体素质正在稳步提高,对美国学前教育事业的健康发展产生了直接的促进作用。我国政府应根据我国国情制定相关法律,对学前教育教师的身份与地位、聘任与考核要求,教师权利与工资、待遇以及医疗保险、职称和培训等做出明确规定。

三、学前教育立法相关政策建议

1. 重视立法价值选择,充分体现学前教育内在价值

法的价值是作为客体的法对一定主体需要的满足状况,以及由此所产

---

① 虞永平.我为江苏幼教献计策:对江苏学前教育未来十年发展的建议[J].早期教育,2010(6).
② 该问题部分内容借鉴了庞丽娟.关于尽快制定《学前教育法》的议案[Z].2006.

生的法对主体的从属关系。立法价值就是在立法过程中,"立法主体通过立法活动所要追求实现的道德准则和利益"①。教育立法是国家机关依照法定职权并通过法定程序创制教育法律和其他规范性文件的活动,其实质是教育法所要促进的价值法律化的过程。"立法过程中面临多种价值选择,必须对立法过程中显现出来的多种价值进行权衡、取舍、整合,建构一套合理的价值体系以保障教育法的合理性。"②埃得加·博登海默认为,"任何值得被称之为法律制度的制度,必须关注某些超越特定社会结构和经济结构相对性的基本价值"③。学前教育立法过程中也会面临多种价值的选择:学前教育立法的基本价值是什么?哪些价值与法所要保障的价值以及法本身的价值是一致的?在学前教育立法中应该体现哪些价值?立法价值选择的问题,是一个不容忽视的内在问题。学前教育立法价值选择必须以实现学前教育的教育性、公益性和福利性为基本价值,要遵循教育立法的价值内生性原则,换言之,"教育立法应当能够最大限度地贴近教育领域的各个层次、各个方面,准确地反映教育法律关系的各种要素,真切地体现来自教育的各种价值需求,并根据客观条件的可能性加以协调"④。要把根据学前教育发展规律确定的工作规律上升为一般的强制性规则,否则即使是再强有力的执法机构和措施也不能保证法律能被有效实施,即使出台了《学前教育法》也难以促进学前教育事业的健康发展。日本陆续颁布了《儿童福利法》,我国台湾地区1981年颁布了"幼稚教育法",并进行了多次修订,2003年颁布了"儿童及少年福利法"。

---

① 李林.试论立法价值及其选择[J].天津社会科学,1996(3).
② 劳凯声.中国教育法制评论(第7辑)[M].北京:教育科学出版社,2009:100.
③ 埃得加·博登海默.法理学法律哲学与法律效力[M].北京:中国政法大学出版社.转引自劳凯声.中国教育法制评论(第7辑)[M].北京:教育科学出版社,2009:105.
④ 劳凯声.中国教育法制评论(第7辑)[M].北京:教育科学出版社,2009:104.

2. 完善法律配套，建立健全学前教育法规政策体系

西方发达国家的经验表明，稳定、完善的法规和政策体系是确保学前教育持续发展的关键。总体来看，"目前我国教育领域配套法规滞后的现象较为严重，体系不完善。比如《义务教育法实施细则》拖了整整六年时间才出台；《教师法》的配套法规《教师职务条例》长期不见踪迹"①。为避免上述问题的延续，在学前教育立法的基础上，应考虑逐步完善以学前教育法为核心的学前教育法规政策体系，比如"学前教育机构准入政策、学前教育教师准入政策、学前教育成本核算和扶持政策、新增学前教育机构的资源整合政策、学前教育质量评估政策"②等等。我国台湾地区在"幼稚教育法"的基础上，针对教育公平这一特定主题颁布了专门的有关规定，2007年出台了"儿童教育及照顾法草案"，着重关注学前教育公平问题，将学前教育公平纳入相关规定保障的范围，使学前教育公平法治化。

3. 鼓励地方立法，强化学前教育立法系统性与针对性

《立法法》(2000年3月)第六十三条规定，省、自治区、直辖市人大及其常委会根据本行政区域的具体情况和实际需要，在不与宪法、法律、行政法规相抵触的前提下，可以制定地方性法规。地方性法规的制定有利于弥补现行立法的不足，具有相应的执行性和可操作性。地方立法针对性强，能有效解决区域性的具体问题，也有利于增强执法力度和立法的系统性。目前不少省(市)已开展学前教育立法工作。江苏省早在1986年就颁布了《江苏省幼儿教育暂行条例》，2011年8月公布了《江苏省学前教育条例》（征求意见稿）。北京市于2001年6月通过《北京市学前教育条例》。安徽省于2009年12月通过了《合肥市学前教育管理条例》。青岛、广州等市已制定了《学前教育条例》。上海、山东等省市也即将完成学前教育立法工

---

① 袁兆春，等.教育改革与发展：我国教育法体系的完善[M].济南：山东人民出版社，2009：5-6.
② 虞永平.我为江苏幼教献计策：对江苏学前教育未来十年发展的建议[J].早期教育，2010(6).

作。从国际视野看,以美国俄克拉荷马州为例,该州有 90% 以上的 4 岁儿童接受学前教育,同时该州也是全美能够为所有 4 岁学龄前儿童提供自愿参加的全免费公共学前教育的三个州之一。该州极其重视学前教育立法,先后于 1990 年和 1998 年通过了两部学前教育法。1990 年俄克拉荷马州议会通过的一项教育改革法案,旨在使所有贫困家庭的 4 岁儿童都能够接受公立学区内的幼儿园教育。1998 年 5 月由该州州长签署了一部重要法案,该法授权俄克拉荷马州所有公立学区通过获得州政府资助的途径开展面向 4 岁儿童的免费学前教育。学前教育地方立法与国家层面的立法相得益彰,有利于形成学前教育法律体系。

4. 及时进行修订,增强问题意识和法律效力

对法进行修订、调整也是立法的一个部分。不同的时期,公众的基本诉求、各种利益群体的利益关系、各项官方的法律关系必然会出现或多或少的改变。原有的法律法规必须进行调整,以协调各种关系和行为,满足公众诉求。纵观各国或地区的学前教育立法,一个鲜明的特点是重视法律的连续性,及时修订调整原有法律法规。比如,美国的《儿童保育与发展固定拨款法》1990 年通过,1995 年就做了修订;比如,为适应实际需要,《江苏省学前教育条例》(征求意见稿)中增加了对政府责任、质量保障、经费投入、农村学前教育、留守幼儿教育等方面的法律规定。因此,需要根据不同时期的不同特点和实际需要,对法律法规进行必要的修订,充分发挥法律法规应有的法律效力,以适应新时期学前教育发展的需要。

学前教育立法将有力地推动我国学前教育法治化的进程,有效地促进学前教育事业健康发展。学前教育立法是大势所趋,众望所盼。同时,我们也应清醒地认识到,学前教育立法是一个系统工程,有很多方面的工作需要统筹规划,协调调整;学前教育立法也是一个专业性很强的工作,诸如立法机制、立法价值选择等问题仍有待系统的研究。

学前教育的科学发展与均衡发展[①]

一、如何理解学前教育的科学发展

胡锦涛同志在党的十七大报告中指出,科学发展观,第一要义是发展,核心是以人为本,基本要求是全面协调可持续,根本方法是统筹兼顾。报告中还指出,必须坚持统筹兼顾,要正确认识和妥善处理中国特色社会主义事业中的重大关系,统筹城乡发展、区域发展、经济社会发展、人与自然和谐发展、国内发展和对外开放,统筹中央和地方,统筹个人利益和集体利益、局部利益和整体利益、当前利益和长远利益的关系,充分调动各方面积极性。报告提出,要始终把实现好、维护好、发展好最广大人民的根本利益作为党和国家一切工作的出发点和落脚点。党的十七大的精神是指导我们发展社会主义事业的重要指针,也是不断发展和巩固我国学前教育事业的重要指针。胡锦涛同志在十七大报告中要求"重视学前教育"。我们认为,重视学前教育就应该以科学发展观的理念和方法来发展学前教育,通过发展学前教育,推进我国的人才强国战略,通过发展学前教育,满足广大人民群众的根本利益,促进社会和谐。

学前教育是一项重要的社会事业,是我国人才强国战略工程的重要组

[①] 本文已由虞永平发表在《人民教育》2008 年第 11 期上。

成部分和起始阶段。因此,对学前教育的投入是一项为儿童和人类造福的投入;对学前教育的投入,就是对人生的投入。人的素质的养成,是从生命降生的那一刻开始的。学前教育不只影响人的幼年,对学前教育的投入不只关系到幼儿阶段的发展,而且对整个人生都有积极的影响,因而对学前教育的投入将是具有长期产出的长效投入。对学前教育的投入,就是对民生的投入。中国是人口大国,学前教育是涉及近亿个家庭的一件大事。在基本解决了温饱问题之后的中国,子女教育是民众最大的民生事项之一。学前教育是一项真正意义上的民生工程。因此,关注教育就是关注民生。对学前教育的投入,就是对未来的投入。我们的社会能否持续稳定的发展,我们的国家是否具有竞争力,这一切都取决于我们的综合实力,取决于人才的质量,取决于包括学前教育在内的整个教育体系的水平。一个不关注学前教育的民族不会有真正的竞争力。从这个意义上说,对学前教育的投入就是对未来社会生产力的投入。对人的教育是从幼年开始的,现代科学研究表明,人类早期积极刺激的缺乏,甚至某些重要的营养成分的缺乏,将会给人带来不可逆转的影响。因此,应该在人生的早年及早地接受适宜的教育,让儿童尽早接受积极的影响。因此,对学前教育的投入也是对民族和未来社会坚固的"长城"的投入。

在我国,由于社会经济发展的历史和现实原因,学前教育的发展存在着地区间、城乡间、不同性质的机构间、不同阶层间的不均衡现象,学前教育在收益面、教育物质条件、师资等方面存在着很大的差别。这种差别涉及广大人民群众和无数年幼儿童的根本利益,也是关系到社会公平正义的重大问题。逐步缩小这些差别,是实现社会均衡发展的重要内容和途径,也是构建和谐社会的重要内容和途径。逐步缩小这些差异,也是政府重要的职责和使命。如何让广大人民群众共享改革开放的成果？如何通过积极稳妥的政策重构学前教育的投入体系,使学前教育真正得到科学的、可持续的发展？这些是当前各级政府应该深入思考的问题。

二、学前教育应该协调和统筹哪些基本关系

学前教育是一项复杂的事业,涉及众多的层次、类型,涉及众多的利益群体,涉及众多的机构和组织。要在科学发展观的指导下,实现学前教育的可持续发展和均衡发展,必须协调和统筹涉及学前教育的一些基本关系。我们认为,在学前教育的发展中应着重关注以下几个基本关系。

1. 入园率与教育质量的关系

入园率与教育质量关系的本质是受教育权的机会与过程之间的公平问题。入园意味着获得了受教育机会。入园率是衡量学前教育的重要指标,但不是唯一的指标,也不是本质的指标。在我国的一些城市和经济发达地区,今天真正代表学前教育发展水平的不是入园率个位数上的差异,而应是学前教育质量的差异。在基本普及幼儿园教育之后,应该关注的是教师的专业素质,关注学前教育的品质。在今天的幼儿园,小学化现象还存在,压抑幼儿身心发展的因素还存在,让幼儿学习成人认为重要的但对幼儿来说毫无意义的内容的现象还存在,让幼儿端坐静听、剥夺幼儿动手操作的机会的现象还存在,将幼儿以后要学习的东西过早前移至幼儿园阶段的现象还存在。因此,今天的学前教育除了入园率,还应关注甚至更应关注的是质量和品质。而影响学前教育质量和品质的关键因素是师资,影响师资的关键因素是对学前教育的投入。

2. 房舍设备与师资的关系

房舍设备是学前教育发展的基础条件。房舍设备只要宽畅、安全、舒适就可以,不必过于奢华。80多年前,陈鹤琴和陶行知均批评学前教育中的"外国病"和"富贵病",但遗憾的是这些病至今没有痊愈。实事求是地说,我国一些经济发达地区甚至是一些乡镇幼儿园的房舍比欧洲发达国家幼儿园的房舍还要好,但我们不能据此认为我们的学前教育的品质也跟发

达国家一样高。衡量学前教育品质的核心因素是师资。政府在基础设施投入基本完成以后,是否能加大对师资的投入,包括增加编制、制定教师补助和奖励政策、加大对教师专业培训的投入等等,是否能让教师感到职业的安定和职业的社会关注,是否能让教师有不断进取、不断完善自己的动力和条件,是影响学前教育质量的最核心的因素。

3. 公办幼儿园与非公办园的关系

公办园是有财政投入的幼儿园,相应地,非公办幼儿园是没有财政投入的幼儿园。在我国,无论是公办园还是非公办园,都在为百姓服务,都在为政府分忧,都应该得到政府和社会的关心和帮助。公办幼儿园是政府长期投入的幼儿园,其园舍、设备及师资条件与非公办幼儿园相比一定有明显的优势。但从全国范围来看,并不是每个幼儿都能进入公办幼儿园,在有些地方,大部分幼儿园是非公办的。政府是否只能向公办园投入？非公办园里的孩子也是纳税人的子女,他们也有权利享有政府财政的支持。非公办园质量不提高,我国学前教育的质量就永远不会真正全面提高。因此,必须在保证学前教育事业健康、可持续发展的基础上考虑政府投入方式的改革。我国一些地方实行的教育券制度,让政府财政直接给家庭以支持,让幼儿将政府的支持带入不同性质的幼儿园,这在实现不同性质幼儿园之间均衡发展的方面具有积极的意义。

4. 学前教育政策与法律的关系

不同的地区有不同的学前教育政策,不同的学前教育政策或促进或抑制了学前教育的发展。学前教育的发展需要一些短期的政策,但从根本上说,更需要影响广泛的、长效的法律和法规。这是因为,学前教育法律、法规能保证整个国家学前教育的发展,能促进各级政府真正将发展学前教育纳入自己的职责范围,能催生更多的有利于学前教育发展的政策和措施。因此,加快学前教育立法的步伐是发展学前教育的必然之举。在国家法律、法规的指导下，不同地区可以根据本地的实际，制定切实有效的政策，推进学前教育品质的提高，使民众能不断提升对学前教育的满意度。坚持依法行教，能真正促进学前教育投入的制度化、持续化和合理化。

三、如何实现学前教育的均衡发展

要实现学前教育的均衡发展，必须关注以下两个基本原则。

1. 坚持给予的原则

首先，给予学前教育事业投入是政府的重要职责。学前教育作为社会公共事业，没有政府的投入，不可能真正健康地、可持续地发展。从西方社会发展的轨迹可以发现，社会越发达，政府对学前教育的投入就越大。江苏省张家港市近十年的社会发展水平与对学前教育的投入是对应的，不断增加的教师编制，不断出现的政府投入建设的幼儿园，让广大人民群众真正感受到了政府的作用和改革开放的成果，也进一步促进了学前教育的均衡发展和可持续发展。其次，事实上已经存在的学前教育发展不均衡的现象不能依靠剥夺来解决，而应以给予来改变。依靠剥夺来实现所谓的均衡，学前教育就会受到毁灭性的打击。这是因为，我国的学前教育总体上说，发展基础还很薄弱，学前教育投入的力度还不大，投入的制度化程度还不高。只有在保证现有投入的基础上加大投入、改善投入，学前教育才能确保有一个基本的发展基础，并实现可持续的发展。因此，任何通过减少对现有公办园的投入来实现所谓公平的做法是无视学前教育发展现实的平均主义机械论的表现。事实上，任何通过剥夺实现所谓学前教育公平的地方，往往会出现事业滑坡，既毁坏了公办园的发展平台，也不能让非公办园得到真正的利益。就政府的投入而言，公办园有了，非公办园才会有；公办园没有了，非公办园更不可能有。我们认为，只有在保证公办园、关怀非公办园的基础上，才能实现各种学前教育机构的共同发展。笔者曾在《关于示范性幼儿园建设和发展的思考》一文中说过："政府对公办园的投入是具有延伸性、扩展性的,也就是只要一些幼儿园得到了投入,条件接近的幼儿园也有得到投入的可能。正是从这个意义上说,这种投入也有一定的公平性。当然,这种投入也是具有辐射性作用的,表面上投在一个幼儿园,由于幼儿园示范作用的发挥,有可能对其他幼儿园产生影响。"

南京市实施的"农村幼儿教育发展'扶持计划'",以科学发展观为指导,以提高农村幼教普及率和幼儿保育教育质量为目标,以加大投入、激活机制为保障,全面提升了农村幼教整体水平,促进了农村幼教与城市幼教,幼儿教育与各类教育统筹、协调、全面、可持续发展。该计划设立了农村幼儿教育发展"扶持计划"专项奖励资金,每年财政拨款450万—600万元,奖励在幼儿园建设和发展中达到政府标准的15—20个乡镇,考察范围涉及乡村的办学点。奖励标准为:5万人口以上的乡镇(街道)为30万元,4万—5万人口的乡镇(街道)25万元,4万人口以下的乡镇(街道)20万元。该计划让政府财政进乡村,让最基层的农民群众享受改革开放的成果,通过政府的支持,改善包括乡村办学点在内的各种幼儿教育机构的品质。

2. 坚持利益与义务对称的原则

政府对学前教育的投入,应该也必须有产出。学前教育的产出就是学前教育机构的义务。对于长期接受政府投入的公办幼儿园来说,在不断提高保教质量,不断满足学前儿童和家长的需求的同时,应主动发挥示范作用。公办幼儿园很多为当地的示范幼儿园,示范幼儿园的制度设计是具有中国特色的幼儿教育管理制度的创新。在当前,如何使公办幼儿园切实起到示范和辐射的作用,是公办幼儿园建设的一个重要问题。我们认为,具有示范的水平是示范性幼儿园的基本条件,努力起示范和辐射作用是公办幼儿园的基本职责。公办幼儿园应该从所处的社区环境出发,积极地为其他幼儿园服务,为社区幼儿教育水平的提高做出贡献。公办幼儿园的建设,需要付出,需要努力,也能获得社会的回报。只有这样,公办幼儿园才能不断得到政府和公众的信任,才能获得更多的投入。公办幼儿园必须对民众和政府负责。除了公办幼儿园,还有大量非公办幼儿园也在为社会服务,为政府分忧解难。他们的付出只从民众那里获得了很有限的回报,这些回报常常不能保证他们的持续发展(那些提供给高端家庭以高端服务的或牟取暴利的幼儿园除外),他们经常无力留住优秀的教师,他们的房舍设备经常有一些隐患而又无力去解决,他们的师资特别需要培养但又缺乏经费,给这些幼儿园一些必要的帮助,对于民众而言是功德无量的,对于这些幼儿园而言是公平合理的,对于学前教育的均衡发展而言是行之有效的,对于这些幼儿园更好地履行促进学前教育儿童发展这一核心使命而言是雪中送炭的。其实,也只有这样,政府才能真正有效地加强对非公办幼儿园的管理。因此,我们迫切需要研究和制定对非公办幼儿园的扶持制度或投入制度。只有这样,学前教育才能从整体上得到和谐、均衡的发展。

从特权福利到公民权利

——解读《国务院关于当前发展学前教育的若干意见》中的普惠性原则①

《国务院关于当前发展学前教育的若干意见》（国发〔2010〕41号）（以下简称《若干意见》）明确指出，"发展学前教育，必须坚持公益性和普惠性，努力构建覆盖城乡、布局合理的学前教育公共服务体系，保障适龄儿童接受基本的、有质量的学前教育"，强调要"大力发展公办幼儿园，提供'广覆盖、保基本'的学前教育公共服务"，同时"鼓励社会力量以多种形式举办幼儿园"，要"积极扶持民办幼儿园特别是面向大众、收费较低的普惠性民办幼儿园发展"。《若干意见》没有对什么是普惠性学前教育做出明确界定，但是通观全文，一些核心词汇反复出现，从某种意义上诠释了普惠性的核心内涵，如"广覆盖、保基本""面向大众、收费较低"等。聚焦"普惠性"这一创新概念，追溯其出台背景，厘清其核心内涵、可能的社会功能和具体的实施策略，可以深刻领会《若干意见》精神，坚持学前教育的普惠性原则。

一、坚持学前教育普惠性原则的原因

《若干意见》对学前教育普惠性的强调不是偶然的，是我国从新中国成立初期强调政治建设到改革开放后强调经济建设，再到当下致力于社会建

---

① 本文已由王海英发表在《幼儿教育（教育科学）》，2011年第1、2期上。

设的必然结果。在一系列因素的共同作用下,在 2010 年这个特殊的时间节点上,《若干意见》旗帜鲜明地提出"发展学前教育,必须坚持公益性和普惠性"。

1. 国家福利制度的改革

国家福利制度改革是从强调弱势补偿到追求公共福利。社会福利制度是包括基本的医疗、教育等内容的社会保障制度,是一个国家政治经济与社会制度等综合作用的结果。[①] 一个国家实行的福利制度既受到当前主要社会思潮的影响,又与传统文化、政治理念和制度、经济结构、政策安排等密切相关。我国的福利制度经历了一个从扶危救困到道义性关怀,再到关注公共福利的转变过程。无论是扶危救困还是道义性关怀,本质上都是一种消极福利观,惠及的是遭受磨难的特殊群体。而对大多数老百姓而言,由于社会保障制度不健全,个体不得不通过各种方式实行自我保护。如果说扶危救困和道义性关怀更多的是一般性道德要求下的补缺型的保障模式,那么作为公民权利的社会福利制度则是一种政治道德下的普惠型保障模式。在维护公民权利的政治理念下,所有社会成员都拥有了政治上和道德上的平等地位,促使社会福利改变了以往的慈善救济性质,从慈善救济演变为制度福利。

当下,我国经济生活已发生了较大变化,改革开放 30 多年的巨大成果为社会福利制度从补缺型转向适度普惠型提供了物质基础。1978 年我国的国民生产总值(GDP)为 3,624 亿元,2006 年突破 20 万亿元,增长了约 55 倍。[②] 然而,以社会保障总支出占 GDP 的比重作为衡量指标,国际上发达国家大多在 30% 以上,中等发达国家在 20% 左右,而我国 2004 年的比

[①] 熊跃根.国家力量、社会结构与文化传统:中国、日本和韩国福利范式的理论探索与比较分析[J].江苏社会科学,2007(24).

[②] 刘旭东.论内需主导型经济的社会基础[J].长白学刊,2010(1).

重为3.5%,2007年不到5%。由于总体水平较低,所以社会各方面的福利都处于较低层次,在教育上尤其如此。2006年我国教育财政支出占GDP的比重仅为2.27%,而世界平均水平在1995年时就达到了5.5%。从学前教育来看,经济合作与发展组织(OECD)国家的学前教育支出占GDP的比重平均为0.5%,而我国则一直徘徊在0.06%左右。这一比重比巴西(0.3%)、墨西哥(0.7%)、印度(0.1%)、俄罗斯(0.5%)等人口大国都低。如此有限的经费投入很难使我国的学前教育惠及更多人群。更糟糕的是,有限的教育投入中,大多数又被特权阶层享用了。这种财政投入方式使我国的学前教育投入历来被人称为锦上添花式的特权福利。

从促进社会公正、保障公民权利的角度看,我国的福利制度亟待重新设计,亟待从补缺型发展为普惠型,从特权福利发展为公共福利,以保证每个公民公平享有改革开放带来的发展成果。基于此,政府必须承担起更多的福利责任。从本质上说,公共福利是国家向享有公民权的国家公民支付的一种"社会红利"①,全体公民具有平等的共享权。因此,在发展学前教育上,坚持普惠性既是对以往财政投入方式的纠偏,也是落实科学发展观、建设社会主义和谐社会的必然选择。

2. 义务教育均衡化改革的推动

强调坚持学前教育的普惠性,既与国家福利制度改革的大背景有关,也与学前教育置身的小场域——教育自身的发展状况有关。1986年我国开始实施义务教育,经过20余年的推广普及,义务教育已深入人心。从2006年开始,我国进一步推动义务教育免费化、均衡化,力求使每个学生都能公平地接受均等的义务教育。学前教育是义务教育的准备阶段,幼儿能否接受有质量的学前教育直接影响到其在义务教育阶段的学业表现与

---

① 吴忠民.从平均到公正:中国社会政策的演进[J].社会学研究,2004(1).

行为习惯。更重要的是,很多研究表明,除了入学准备外,高质量的学前教育对儿童的一生都有影响,对其成年后的社会成功大有裨益。

2010年颁布的《国家中长期教育改革和发展规划纲要(2010—2020年)》(以下简称《教育规划纲要》)明确指出,要"形成惠及全民的公平教育。坚持教育的公益性和普惠性,保障公民依法享有接受良好教育的机会"。这种普惠性的教育观不仅影响义务教育领域的相关政策制定,也为坚持学前教育的普惠性提供了政策依据。

3. 学前教育日益成为事关民生的重大问题

自20世纪末以来,随着国企改革和行政事业单位改革,我国公办幼儿园的数量急剧减少。最近几年,"入园难""入园贵"问题屡见报端,学前教育成为事关民生的重大社会问题。2010年,幼儿园安全事故频发,无辜的孩子成为社会冲突的替罪羊。幼儿园、学前教育不断被推上政策制定的前台,成为政府必须直面解决的重要问题。在《教育规划纲要》面向社会征求意见期间,广大学前教育工作者、家长纷纷建言献策,使有关学前教育的意见与建议始终排在网络民意调查的最前面。空前聚焦的社会舆论和网络民意使学前教育的普惠性变得日益迫切。为了顺应民意,解决学前教育面临的根本问题,继《教育规划纲要》后出台的《若干意见》最终明确了必须坚持学前教育普惠性的原则。

二、学前教育普惠性的主要内涵

坚持学前教育的普惠性,是政府顺应民意的明智选择。从字面上看,"普惠性"强调的是普遍惠及、人人享有,核心属性是高包容性、非竞争性、非排他性。所谓高包容性是指学前教育的经费投入不仅惠及特权儿童、弱势儿童、残障儿童,更包括其他所有儿童。普惠性不是一种有偏向的福利观,而是一种均等的福利观,尊重的是全体公民的权利,不受身份、阶层、经济条件等影响。所谓非竞争性是指学前教育作为公共福利制度的一部分,公民无须通过竞争就能获得享有权,无论这种竞争是以权力资本、经济资本还是文化资本的方式呈现的。所谓非排他性是指所有儿童都能享受学前教育的益处。从这些核心属性看,普惠性学前教育是我国福利制度从补缺型走向普惠型的自然延伸。

学前教育普惠性的内涵非常丰富,主要包括三个层面:一是指受惠面的普遍化、扩大化,依据的标准是公民权利而非身份地位;二是指幼儿教育作为公共产品之一,由政府承担施惠方的责任;三是指普惠性学前教育的核心目标是普及学前教育,提升学前教育质量。《若干意见》中用了一些词汇对普惠性做了补充说明,如"广覆盖、保基本""面向大众、收费较低""覆盖城乡、布局合理""基本的、有质量的""方便就近、灵活多样、多种层次"等等。这些补充说明有助于我们更好地把握学前教育普惠性的核心内涵。

《若干意见》共有四处提及"普惠性",其中有两处是与"民办幼儿园"组合在一起的。这似乎让人有点困惑:"普惠性民办幼儿园"何以可能? 如果以上所说的普惠性学前教育的核心属性是建立在民办幼儿园的基础上的,那我们有足够的理由担心普惠性何以可能。因为在我国的福利制度改革中,政府一直扮演着重要的施惠方角色。普惠性民办幼儿园的表述很容易使人联想到市场、营利等与普惠性格格不入的地方,尤其是在市场自身还不够规范、民办幼儿园社会声望欠佳的情况下。众所周知,公共福利的最大特点是其公共产品和生活必需品的属性,群众生活离不开,私人又无生产动机,因此主要依赖国家提供,政府成为主要的施惠方。应该说,《若干意见》中提出的坚持学前教育普惠性是国家保障社会公平、干预社会经济生活的结果,是一项重要的社会政策。如果目前政府尚无完全承担的能力,那可以从适度普惠做起,借助社会各方力量共同完成学前教育普惠性、公益性的目标。事实上,对于学前教育普惠性,《若干意见》隐含了这样的评价标准,即政府与社会力量、民办幼儿园共同提供的普惠性学前教育必须既是"基本的",又是"有质量的"。

三、学前教育普惠性的社会功能

《若干意见》明确提出的"发展学前教育,必须坚持公益性和普惠性"是我国第一次在政府文件中对"学前教育为什么人服务"、如何举办"让人民满意的学前教育"进行准确地界定,也是对我国多年来学前教育的城市偏向性、特权福利性的纠偏,明确地表述了政府在发展学前教育上的保底性角色与责任。这也是我国政府在政策取向上的重大转型,是政府致力于社会建设、关注社会民生在学前教育领域的具体表现。坚持学前教育普惠性,其意义便在于能够推动社会公平,阻断贫困代际循环。

1. 通过教育公平推动社会公平

在我国的社会政策领域,无论是新中国成立初期还是改革开放后,实行的政策都是有所偏向的。长期的政策偏向在一定程度上导致我国城乡之间、东西部地区之间的差距越来越大。当下,如何促进社会公平成为政府关注的核心议题。教育公平是社会公平的重要表现之一。普惠性学前教育的提出是政府解决教育不公平的重要举措之一。弱势群体的问题不解决,很容易造成弱势群体与强势群体的对立与冲突,进而影响社会的稳定与发展。当前我国存在的"入园难"其实不是一个总体性现象,而是一个阶层化的现象,即处于社会上层的精英人士对优质幼儿园的诉求无法全部得到解决,处于社会底层的普通百姓对符合标准又收费较低的幼儿园的刚性需求也有待满足。要促进教育公平,政府需要走保底路线。精英人士对高端幼儿园的弹性需求可以交给市场去解决,底层百姓对标准幼儿园的刚性需求则必须由政府来满足。无论在哪个国家,一个公平公正的政府首先要做的是捍卫弱者的基本权益,至于政府如何去捍卫弱者的权益,是由政府完全买单,还是动员社会力量一起参与,这是政府的策略选择问题,而是否保护了弱者的权益则是政府的行动原则问题,这两者是有根本性区别的。从目前我国的整体教育情况看,学前教育确实欠缺公平,亟须政府有所作为。

2. 救助弱者以阻断贫困代际循环

教育在促进社会流动、瓦解贫困代际循环方面能够发挥特有的作用,尤其在我国社会结构还未定型,社会流动空间仍然较大的情况下,更是如此。当下,在学前教育中处于弱势地位的儿童并非自然意义上的弱势儿童,其弱势地位是由社会导致的。可以说,这与我国沿袭多年的城市偏向、东部偏向的社会政策有很大关联。为了打破这种社会力量对弱势儿童的结构性约束,政府必须通过政策调控和外力干预适时介入,使处于社会弱势地位的儿童能享受到基本的、有质量的学前教育,实现贫困代际循环的局部突围。"普惠性"一词内生着对公平公正社会的积极诉求,是关注民生的政府的应然选择。学前教育只有惠及底层,惠及众生,才能在最大意义上发挥学前教育为儿童一生奠基、增进家庭幸福、促进社会和谐的作用。

四、坚持学前教育普惠性的策略

学前教育是国民教育的第一阶段,也是十分重要的社会公益事业。发展学前教育事关千家万户的切身利益,是保障和改善民生的重要举措。[①] 2009 年,我国的学前三年毛入园率还只有 51%。为了更好地满足广大人民群众对学前教育的迫切需求,解决好"入园难"问题,推动普惠性学前教育的实现,我们必须认真做好以下几个方面的工作。

1. 明确政府的公共福利责任主体角色

《若干意见》明确指出,发展学前教育必须坚持公益性与普惠性。这就要求政府发挥公共福利责任主体的作用,通过提供公共产品来调节社会公平,维护公民的基本权利。在此前有关学前教育的社会政策中,政府总是

---

① 摘自刘延东 2010 年 12 月 1 日在全国学前教育工作电视电话会议上的讲话。《幼儿教育(教育教学)》2011 年第 1、2 期合刊全文刊发了该讲话。

最后一个出场,承担了有限的社会福利责任。

在西方,关于公共福利到底该来源于国家还是来源于社会,或者由两者混合提供,一直都存在争论。一般而言,"福利国家"的政策模式和发展战略强调国家以社会保障和公共财政的手段来确保公民的基本生活①,而"福利社会"则主张通过非政府组织、社区、家庭和志愿者或者通过市场机制来满足人们的福利需求②。在吉登斯看来,在发展公共福利上,政府要采取的既不是"左"的完全福利国家的路线,也不是"右"的完全福利社会的路线,而应当走第三条道路。他倡导一种积极的福利观,认为公民个人和政府以外的其他机构都应当为公共福利做贡献。③ 我国学者也根据中国的国情强调混合福利的可行性,认为福利需求多样性必然要求福利主体多元化,国家与社会在促进社会福利中必须扮演不同角色,发挥不同作用。④ 除了明晰公共福利的供给主体外,在公共福利的供给方式上也存在着争论。此前,在学前教育上,公共福利具有某种特权偏向性、弱势偏向性。普惠性学前教育的提出强调的是人人享有,以需求群体为供给对象,而不是以特定身份、社会状态作为供给对象的区分标准。⑤

2. 举办公民可自由选择的普惠性幼儿园

我国目前的学前教育资源存在着数量不足、资源不均、公办园与民办园差距过大的问题。要实现普惠性学前教育,必须转变办园观念,坚持以服务群众为宗旨,因地制宜,从实际出发,提供方便就近、灵活多样、多种层

---

① Beveridge W H.Social Insurance and Allied Services[M].London:HMSO,1942.
② Rose R,Shiratori R.(eds.).The Welfare State East and West[M].New York and Oxford:Oxford University Press,1986.
③ 吉登斯·安东尼.第三条道路:社会民主主义的复兴[M].郑戈,译.北京:北京大学出版社,2003:121.
④ 彭华民,等.嵌入社会框架的社会福利模式:理论与政策反思[J].社会,2006(6).
⑤ 吴忠民.从平均到公正:中国社会政策的演进[J].社会学研究,2004(1).

次的学前教育服务,建设数量充足、条件达标、收费合理、面向区域内所有适龄儿童的普惠性幼儿园,让群众有更大的选择空间。就公办幼儿园的建设而言,有必要多建一些标准化的公办幼儿园,而不是豪华奢侈的公办幼儿园。对于愿意提供普惠性服务的民办幼儿园,则要给予一定的支持。例如,宁波市鄞州区采取扶持与监管并重原则,积极引导民办幼儿园提供普惠性服务,鼓励有资质的社会力量举办面向大众、收费较低、管理规范的民办幼儿园,确保人民群众享受高质量的学前教育服务。公办幼儿园的标准化、民办幼儿园的普惠性在某种意义上会弱化现有的公办园与民办园之间的较大差距,扫清横亘在公办园与民办园之间的等级壁垒与制度差距,让群众在缴费大致相当的情况下自由选择公办或民办幼儿园。

3. 财政投入要向农村等弱势地区倾斜

实现普惠性学前教育的关键在政府投入。对于农村地区、西部地区的地方政府而言,财政有限是其不得不面对的现实问题。因此,要想使人人都能享有普惠性学前教育,中央政府必须在财政投入上有所倾斜,设立西部、农村地区的学前教育发展基金和专项计划,着力扩大农村普惠性学前教育资源,提高学前教育普及率。

此外,《若干意见》还强调将扶贫助学范围从低保家庭学前儿童向低保临界家庭学前儿童延伸。在解决城区幼儿"入园难"问题上,《若干意见》较多强调了加强小区配套幼儿园建设。地方政府可以要求新建小区的幼儿园建成后,无偿交付当地教育行政部门,举办公办幼儿园,优先满足小区居民子女的入园需求。在一些小区配套幼儿园有限的地方,可以考虑采用增加现有公办幼儿园在园幼儿学位的方法来扩大普惠性公办幼儿园的受惠面。

我国当下社会正经历着急剧的社会转型,转型容易带来一系列的政策动荡和利益冲突。如果政府正视民生问题,普惠性学前教育就不会只是一个存放在文件中的概念,而是会演变成政府的一系列政策规范。我国今后的发展重心正从经济发展转轨到社会建设,从利益博弈跨越到价值博弈,社会的公平、公正将作为核心价值取代效率杠杆。我们相信,通过全面协调社会关系,重建社会秩序,普惠性学前教育将会真正实现。

我国幼儿教育券政策分析

——基于台湾、香港、淄博、南京四地的分析

目前我国大陆学前教育事业发展中政府力量缺失,幼儿教育经费低下,幼儿入园率总体较低,幼儿教育市场混乱,这一系列问题都召唤着政府重新审视与定位自身职责,建立完善的学前教育发展制度,承担发展学前教育的公共责任。幼儿教育券政策是地方政府酝酿、发展当地学前教育的措施之一,主张政府对幼儿教育专项拨款,通过补助幼儿家长进而对幼儿机构提供支持。我国台湾、香港、山东淄博、江苏南京等地已分别实施幼儿教育券政策,并已取得了一定的成效。本文在把握教育券思想的基础上,尝试深入分析各地幼儿教育券政策,期待为政府更好地发展幼儿教育提供建议。

一、教育券制度的由来、内涵及其类型

美国著名的新自由主义经济学家米尔顿·弗里德曼于 1955 年在《政府在教育中的作用》中正式提出教育券制度,针对当时美国公共教育中由于政府垄断公共教育而导致的公立学校系统质量效率低下的状况,要求把市场竞争机制和家长自由选择机制引入学校系统,以提高美国公共教育的质量。弗里德曼认为,政府对公立学校理所当然的财政支持,造成政府对公共教育的干预过多甚至形成垄断,公立学校缺乏竞争机制而导致效率和

质量下降。所以,弗里德曼设想通过教育券改变公共教育提供者的一元化状况,改变政府公共财政直接资助公立学校的教育投入的方式,赋予学生及家长选择学校的权利,促进校际间的质量竞争和政府职能的转变。

教育券制度,即政府把原来直接投入公立学校的教育经费按照生均单位成本折算后,以面额固定的有价证券(即教育券)的形式直接发给学生或家庭,学生凭教育券自由选择政府所认可的学校就读,教育券可以抵冲全部或部分学费,学校凭券到政府部门换取教育经费。在教育券制度中,家长可以在任何一个愿意接受他子女的学校使用教育券,不论是私立的,还是公立的,也不论是否是在他们居住的地区、城市或州。通过教育券,政府可以实现对教育的有效投入,把竞争引入公立学校体系,在教育券的流动中实现优胜劣汰,遏制教育中的垄断和官僚主义。①

弗里德曼的教育券理论深刻影响了美国乃至世界各国公共教育的改革。但在丰富的教育改革实践中,弗里德曼最早提出的教育券理论和制度模式并未在美国境内实施,只于1980年在智利得到实施。美国和其他国家、地区的教育券制度在实施时大都对改革的制度安排做了调整。1964年,英国经济学家皮科尔与怀斯曼对弗里德曼的教育券模式做了著名的修正,主张应将教育券与学生家长的收入联系在一起,为那些低收入家庭的学生发放面值更高的教育券。教育券制度的目标不再完全是效率、质量和市场化,而是在注重教育质量的同时更多地强调教育公平,其中具有代表性的是哥伦比亚的詹克斯模式,他提出低收入者可以另得到一份补偿性教育券。

因此,从迄今为止的教育券的理论和实践中,我们可以区分出更加注重"效率与质量"的"无排富性"的教育券模式(以美国弗里德曼的模式为

---

① 刘复兴.教育券制度的政治学分析[J].教育发展研究,2003(9).

代表)和更加注重"教育公平"的关注弱势群体的"排富性"教育券模式(以哥伦比亚的詹克斯模式为代表)。两种模式各有不同的目标侧重、不同的制度安排和不同的实施条件。"无排富性"教育券模式的成功要依赖于面向所有受教育者、与教育成本相符合的全额资助、面向所有学校和政府对学校较少的干预,"排富性"教育券模式的成功则依赖于有限度的资助和政府对学校的更多干预。但两种模式都不同范围和程度地存在着学校之间的竞争机制和家长自由选择学校的机制,只是前者在竞争和选择的范围方面在理论上是无限制的,而后者则是有限制的。①

另外,根据资金来源不同,教育券可以分为两大类:一是私人资金资助教育券,最常见的是奖学金性质,由那些公民组织、慈善团体等提供(例如美国 CSF 儿童奖学基金教育券),对这类教育券争议很少。二是公共资金资助教育券,由政府资助,对这类教育券争议很多。

二、教育券制度在我国学前教育领域的实践

1. 台湾幼儿教育券政策

1998 年,台湾的台北市和高雄市相继宣布实施幼儿教育券政策。两市幼儿教育券的发放对象是"满五岁,就读于该市立案之私立幼稚园、托儿所或儿童托育中心附设托儿部"的儿童;发放金额是每名儿童每学期 5,000 元台币;发放方式是由立案私立幼稚园及托儿所于学期中统一造册检其缴费收据向市政府办理请款,核定发拨请幼托园所转发幼童家长。2000 年,台湾省发放《发放幼儿教育券实施方案》,发放对象覆盖了全台湾省满五足岁、入园的所有儿童,发放金额、发放方式与台北、高雄两市相同。②

2. 香港学券计划

2006 年 10 月,香港特别行政区行政长官曾荫权发表施政报告时,指

---

① 冯晓霞.努力促进幼儿教育的民主化[J].学前教育研究,2002(2).
② 邱志鹏,巫永森.台湾幼儿教育券政策之历史研究[J].儿童福利期刊,2001(2).

出为了减轻家长财政负担,政府将于 2007/2008 学年开始,以"学券"形式为 3 岁至 6 岁儿童的家长提供学费资助。学生只要符合香港居民身份,并选择全年学费不超过 24,000 港元的半日制或 48,000 港元的全日制之非牟利幼儿园就读,便可获得资助。每名学生全年的资助额最高为 13,000 港元,占半日制非牟利幼儿园的 50%以上,占全日制非牟利幼儿园的近 30%。在每名学生的教育券中有 3,000 港元用以资助教师进修,有利于提高教学质量,保证教育过程和教育结果的公平。另一方面,香港政府要求凡是参加学前教育"学券计划"的非牟利幼稚园以及参加三年过渡安排的私立独立幼稚园,必须接受质量评核,只有达到指定标准的本地非牟利幼稚园,才可以继续参加学前教育"学券计划"。

3. 山东淄博临淄区幼儿教育券政策

2006 年,山东淄博临淄辛店街道党工委、辛店街道办事处发行《关于在学前、义务教育阶段实行"教育券"的意见》的文件,并于 10 月正式实施幼儿教育券政策。该政策的发放对象是"拥有辛店街道户籍,就读于辛店街道注册的公办幼儿园"的幼儿;发放金额由每名幼儿每年的 260 元提高至 300 元;所需经费由街道办财政筹措解决;发放方式由财政和教育等部门统一盖章,通过村居发到幼儿家长手中,家长持本辖区户口本领取,幼儿园负责回收"幼儿教育券",并到财政部门兑现资金。

2008 年,临淄金岭镇也颁布了《金岭回族镇人民政府关于学龄前教育阶段实行"幼儿教育券"的实施意见》。该政策的发放对象与辛店街道稍有区别,它面向"本镇村民且户籍在本镇村,就读于金岭镇注册的公办或民办幼儿园"的学前幼儿,且其家庭需积极响应计划生育政策,严格遵守计划生育管理规定。该文件的发放金额、发放方式与辛店相同。

4. 江苏南京幼儿助学券政策

2008 年 8 月,南京市发布了《对家庭经济困难的在园幼儿实行"助学券"制度（试行）》的通知，并于9月份正式发放幼儿助学券。该政策的发放对象是"在南京市幼儿园（含民办）就读的家庭经济困难"幼儿；发放金额是每名幼儿每年1,600元的"助学券"补助，即每月160元；助学券的资金由市、区两级财政拨款；发放程序由家长带齐证件填写"助学券"申请表，幼儿园汇总资料向区县教育局、财政局申报，再由区教育局上交至市教育局。家长申请通过后，直接减免相关费用，教育局再拨款补贴幼儿园。

2011年8月，南京市在原先"助学券"政策的基础上发布了《南京市幼儿助学券发放工作实施办法》。发放对象扩充为"具有南京市户口符合计划生育政策，当年8月31日前年满3—6周岁，在具备兑现幼儿助学券资格幼儿园就读"的幼儿；发放金额提高至每名幼儿每年2,000元，即每学期1,000元，但规定了最多只可享受三年的幼儿助学券补助；发放程序与2008年一致。

三、我国教育券政策的理论分析

教育券思想的核心内涵是"小政府、大市场"，主张减少政府对教育的干预程度，发挥市场自由选择机制；同时，关注公平与效率，在市场竞争的基础上，关注教育资源的公平分配，补助低收入家庭。下面从教育券思想的内涵出发分析我国的幼儿教育券政策。

1. 从"小政府"角度的分析

教育券思想中体现了"小政府"的思想内涵——"政府出资资助教育，但不干预教育"。它主张政府将原来发放给学校的教育经费，转而以"券"的形式直接发给家长，家长凭券选择学校，学校再凭所收的教育券到政府兑换同等金额的经费。政府的功能是发放教育经费，确定受惠的家庭、学校，制定学校间相互竞争的规则，不参与教育市场竞争的过程，充分发挥市场自由选择的功能。

在我国四地幼儿教育券政策实施的过程中，台湾幼儿教育券是"由立案私立幼稚园及托儿所于学期中统一造册检其缴费收据向市政府办理请款,核定发拨请幼托园所转发幼童家长"。香港的"学券"发放也是以幼儿园为单位进行的。山东临淄的发放方式是"由财政和教育等部门统一盖章,通过村居发到幼儿家长手中,家长持本辖区户口本领取,幼儿园负责回收'幼儿教育券',并到财政部门兑现资金"。南京是由"由家长带齐证件填写'助学券'申请表,幼儿园汇总资料向区县教育局、财政局申报,再由区教育局上交至市教育局。家长申请通过后,直接减免相关费用,教育局再拨款补贴幼儿园"。

由此可见,我国幼儿教育券政策的实施过程在某种程度上体现了"大政府"的作风。政府将部分幼儿教育经费用于"教育券",并以学校、村居为主体进行教育券的登记、申领,家长只需带齐证件并填写相应申请表。其中,政府发放教育经费,确定受惠的家庭和幼儿园,并引导各类幼儿园向合理的方向发展,政府起着非常重要的积极作用。

2. 从"大市场"角度的分析

在教育券思想中,弗里德曼从经济学角度呼吁给教育松绑,让自由竞争的市场机制提高教育效率,促进教育机会均等。他主张将原先由政府所掌握和支配的社会资源,转变为由受教育者可支配的"货币选票",使受教育者充分享有教育自由的权利和个性化发展的空间,实现教育从公共产品向私人产品的转变,形成具有竞争力的教育市场,达到高效率的教育供给。

从我国各地幼儿教育券政策的表述中可看出,家长在政策实施过程中仅仅是一个"受惠者"和"被牵引者",家长具有享受权而非教育选择权和决定权,这与教育券思想中"家长可支配的'选票'"理念背道而驰。家长在无选择权的情况下,无法创造自由的市场竞争环境,无法享受个性化的教育。"市场"在公共产品的属性下无生存之地。

3. 从"公平与效率"角度的分析

教育券思想中关注"公平"的思想体现在关注教育财政资源的公平配置,关注家长的教育选择权,关注学生的受教育机会,关注所有学校的发展;关注"效率"的思想体现在重视发挥市场调控的作用,调整教育的政府垄断状态,打破垄断性的资源配置方式,给所有符合标准的教育机构竞争、发展的机会,在竞争中优胜劣汰,提高教育效率。

第一,我国台湾、香港、淄博临淄区辛店和金岭以及南京后期的幼儿教育券政策的发放对象是"所有合法幼儿园中就读的儿童",说明政府关注教育的起点公平,重视幼儿的受教育机会。南京早期的教育券"面向全市经济困难家庭在园幼儿",说明政府重视弱势群体的受教育权,希望从政府层面给每个幼儿提供最基本的教育,缩小贫富差距,实现教育公平。

第二,在各地的幼儿教育券政策中,台湾的幼儿教育券面向"该市立案之私立幼稚园、托儿所或儿童托育中心附设托儿部";香港的政策面向"指定标准的本地非牟利幼稚园";淄博临淄两地的政策各有不同,辛店是面向"当地注册的公办幼儿园",金岭面向"当地注册的公办、民办幼儿园";南京的幼儿教育券政策是面向"符合南京市办园条件的所有幼儿园"。在对办学主体的选择中,辛店的幼儿教育券政策只面向"公办幼儿园",在调查中我们获知,目前辛店的幼儿园皆为"公办",故条例中如此阐述。而我国台湾、香港、南京、金岭四地对办学主体的限制无排公排私之分,只有"合法非法"之分,说明政府重视教育质量,关注到学校的发展,希望不符合标准的幼儿园尽快整改,加入合格的行列。

第三,教育券思想重视市场调控,希望借由市场之手提高教育质量。从各地的幼儿教育券政策中可看出,该政策是由政府制定、策划、执行,政府对当地政策的主导力较强,市场的作用较弱,对于教育效率的提高影响甚微。在各政策中,教育机构间的竞争只存在于"合法"与"非法"幼儿园间,而"合法"的幼儿园内部间并无竞争,家长可选择任意一所合法幼儿园享受教育券,并未给符合标准的幼儿园竞争、发展的机会。

四、幼儿教育券政策的启示

幼儿教育券政策能够解决幼教事业发展过程中政府力量缺失、经费投入不足、幼儿入园率低下、幼教市场混乱等问题。但由于该政策有其局限性,为充分保障幼儿的发展权,各地方政府应实施相应的、更能提高幼儿教育质量的政策;国家应充分发挥地方政府在发展幼儿教育中的作用,鼓励"地方先行",提倡有条件的地区实施免费的幼儿教育。

1. 该政策能解决幼教事业发展过程中出现的一些问题

(1) 能引领政府专项投入发展幼儿教育,合理分配资源。

目前,我国幼儿教育总体经费投入不足,仅占国家GDP的0.06%,远远落后于OECD国家平均比例的0.5%;在有限在政府投入中,投入比例严重失调,近70%的幼儿教育经费用于城市和县镇的教育部门和政府办园,大量农村及普通公办园所和集体性质、私人性质的幼儿园得到的财政支持寥寥无几。

幼儿教育券政策主张政府投资补助幼儿或幼儿家长,有利于政府设立幼儿教育专项经费,保证政府对幼儿教育的直接投入,同时通过扩大幼儿教育券的发放范围,合理分配教育财政资源。辛店街道的幼儿教育券政策由街道办财政拨款,每年投入20万元左右;南京市的幼儿助学券政策由南京市教育局、区教育局每年专项投入700多万元,此类款项专为幼儿教育支出,有利于各级政府部门加强对幼儿教育的投入,逐步发展幼儿教育。

(2) 能提升幼儿入园率,实践教育机会均等。

《儿童权利公约》指出,在教育机会均等的基础上,儿童享有受教育的权利。儿童的受教育权包括受教育机会权、受教育条件权和公正评价权。① 受教育机会权是儿童受教育权实现的前提。在教育部发展规划司《中国教育事业发展统计简况》中,2005 年我国学前一年幼儿入园率为 72.7％。学前三年幼儿入园率仅为 41％,与世界 9 个大国相比较,我国幼儿教育的毛入园率远远落后于墨西哥和巴西 25—35 个百分点。

幼儿教育券是政府发放给家长的有价兑换券,可"以券抵学费",减轻家长的经济负担,提高幼儿受教育机会权。在对辛店街道的幼儿教育券政策评估中发现,83.1％的家长因为教育券的发放,将幼儿送到可以抵扣教育券的注册幼儿园。南京的幼儿助学券政策也解决了大量贫困家庭的入园负担,提升了幼儿入园率。从各地幼儿教育券政策的经验来看,该政策使更多幼儿拥有了接受正规幼儿教育的机会,实践了幼儿的受教育权。同时,幼儿教育券可大幅度提高农村幼儿入园率,缓和城乡幼儿教育差距,实现教育机会均等,体现教育公平。

(3) 能规范幼儿教育市场,提高幼儿教育整体质量。

从 2005 年教育部发展规划司《中国教育事业发展统计简况》中可以看出,我国幼儿教育发展格局正发生变化,集体办园和其他部门办园大大减少,教育部门和社会力量办园增长幅度大,且社会力量办园将进一步发展,成为主要的办学形式。② 据统计资料显示,2007 年民办幼儿园已达 77,616 所,所占比例已由 2000 年的 25％迅速攀升至 2007 年的 60％,民办园中的幼儿总数占全国总幼儿数的 37％。由于国家尚未制定相应的社会力量办园标准,机构举办者唯利是图、教师素质参差不齐、工资较低引发的职业倦怠等现象,导致幼儿机构教育质量普遍较低。

幼儿教育券政策通过规定"券"的使用范围,使大量未符合标准的幼儿

---

① 杨成铭.受教育权的促进和保护[M].北京:中国法制出版社,2004:17.
② 王化敏.2005 年我国幼儿教育事业发展情况分析[J].早期教育,2006(10).

园自动淘汰,有利于规范幼儿教育市场,提升幼儿教育的整体质量。临淄区规定,家长只有选择注册的幼儿园所,才可兑换教育券。政府在赋予家长选择权的同时,限定了受惠园所的标准,将市场竞争机制、危机意识引入幼儿园管理,有利于规范不同机构的办园行为。辛店街道幼儿教育券政策将人事管理制度引入幼儿教育券中,使教师工资与幼儿园所收回的"券"成一定比例,大大提高了教师的工资水平,调动了教师的工作积极性和主动性,有利于提升幼儿教育质量。

2. 为充分保障幼儿的发展权,各地政府应加大举措发展幼儿教育

从我国4个地区幼教券的实施情况中发现,该政策可以提高幼儿入园率,引导家长选择高质量的幼儿园,加强幼教市场的合理化、规范化,提高当地幼儿教育的整体水平。但从研究中发现,幼儿教育券政策对提高每名幼儿接受教育的质量效率较弱,很多人反映幼儿教育质量与幼教券的发放没有太大关系。在我国特殊的教育行政背景下,幼教券政策无法达到其理想的状态——即政府将所有的教育经费转化为教育券,发挥家长的教育选择权,自然淘汰不合标准的幼教机构,无法实现弗里德曼的"小政府、大市场"的幼教券模式。在目前幼儿教育的生态体制下,幼儿教育券政策的实施成效主要是保障幼儿的受教育机会权,规范幼教市场。

《儿童权利公约》中提出,所有儿童都享有发展的权利,都享有促进其身体、心理、精神、道德和社会发展的生活条件。发展权是与生存权相并列的、儿童最重要的两个权利。享有受教育机会是儿童发展权实现的前提,但不是最终目的。幼儿教育券政策可以提高儿童的受教育机会,未必能提高每名幼儿受教育的质量,未必能满足儿童的发展权。为了保障每名幼儿的发展权,政府要超越"幼教券"政策本身,立足于"儿童发展"的战略思想,辅之以能直接提高幼儿教育质量的措施,全面发展幼儿教育。南京市将"幼儿助学券"政策与"扶持计划""千农计划"相配套,从贫困家庭、农村幼儿教育、集体幼儿园三方面着手，切实促进了当地幼儿教育的发展。

幼儿教育券政策能够解决我国幼儿教育事业发展中的一些问题，改善幼儿教育整体质量，但在"儿童发展"思想的指导下，它难以实现每名幼儿的发展权。各地政府需要在充分发挥幼儿教育券成效的基础上，积极制定各项促进当地幼儿教育事业全面发展的举措，为儿童发展创造更多的机会。

3. 国家应充分发挥地方政府在幼儿教育中的作用，鼓励"地方先行"

2003年国务院颁发的《关于幼儿教育改革与发展的指导意见》（以下简称《意见》）指出，幼儿园的管理实行地方负责、分级管理和各有关部门分工负责的原则。国家负责制定幼儿教育的法规、方针、政策及发展规划；各省、县、街道（镇）人民政府承担本行政区域幼儿教育工作，包括举办园所、筹措经费、改善办园条件等多种工作。该《意见》将发展幼儿教育、承担幼儿教育的主体下放到各镇（街道）政府，由地方政府保证对幼儿教育的财政投入。

在这个特殊的教育背景下，各地发展幼教的举措不尽相同，但都是鼓励"地方先行"。如无锡某街道直接给幼儿家长发放"政府助学金"的制度，杭州的"幼儿助学金"制度。"幼儿教育券"政策也属于地方政府的举措之一。临淄、镇海的幼儿教育券政策是镇（街道）政府全额拨款，区政府、区教育局负责该政策的推广，由最初在一个镇（街道）的试行，扩展至两个镇（街道），再发展至全区，形成了良好的试行、监督、推广体系，期待逐步形成由镇政府→区政府→市政府→省政府的政策推广体系，进一步推广幼儿教育券政策的经验。

在幼儿教育领域，国家是规则的制定者、裁判者，地方政府是发展幼儿教育的主力军。在"一切按原则办事"的指导下，地方政府对发展幼儿教育的尺度难以拿捏，投入过多，怕违反了原则，只能兢兢业业一切照原则办。国家在制定规则的过程中，可鼓励"地方先行"，鼓励各地方政府根据当地的经济水平加大幼儿教育投入，甚至部分地区可尝试免费的幼儿教育。

各省人民政府学前教育政策分析报告

《国家教育改革和发展中长期规划（2010—2020年）》《国务院关于当前发展学前教育若干意见》发布以后，各省区市人民政府都加强了对学前教育的组织和领导，相继出台了一系列政策和措施，加大发展学前教育的力度，努力推进学前教育的发展。在我们重点研究的19个省的文件中，涉及内容有一定的差异，但基本都关注到未来几年学前教育的发展目标、发展模式、指导思想、财政投入、教师队伍等基本问题。

一、学前教育发展目标

国家提出，预计到2020年，基本普及学前教育，3—6岁儿童入园率达70%。为了达到这个目标，各省区、市都设定了自己的发展目标。总体上看，各省区市的目标有明显的区域性。越是沿海的地区，普及程度越高，江苏、浙江、天津、福建等将3—6岁儿童的入园率设定在90%以上。中部地区较多设定在80%左右，西部地区一般在70%以下。如吉林省预计到2020年，全省学前三年毛入园率达到71%以上，普及学前一年教育，基本普及学前两年教育，有条件的地方普及学前三年教育。江西省学前一年、二年、三年毛入园率分别达到95%、82%、72%，普及学前一年教育，基本普及学前两年教育，有条件的市、县（区）普及学前三年教育。贵州省预计到2020年底，全省学前三年入园率达到70%以上。福建省预计至2020

年,较高水平地发展学前教育,全省学前三年入园率达96%。

从目前的发展目标分析,东部地区人口密度大,发展目标设定相对较高,大多在90%以上,西部地区人口相对稀少,虽然个别省区市的入园率定在70%以下,但从全国总体情况看,预计到2020年,基本普及学前教育的目标一定能达到,全国平均入园率超过70%甚至75%是完全有可能的。

二、政府对学前教育的投入

根据《国务院关于当前发展学前教育若干意见》的精神,大多数省区、市都努力做到"各级政府将学前教育经费列入财政预算,新增教育经费向学前教育倾斜,学前教育经费在同级财政性教育经费中逐年提高"。重庆、江苏、湖北、黑龙江等省(市)都提出将学前教育经费列入财政预算,或增加学前教育专项经费,新增教育经费向学前教育倾斜,学前教育经费在同级财政性教育经费中逐年提高。广东还提出地方教育附加和教育费附加要安排一定比例用于幼儿园建设。在学前教育经费尤其是新增学前教育经费的使用上,有些省份提出新增学前教育经费优先用于支持农村学前教育。一些省份提出了新增学前教育经费要扶持困难家庭,使更多的孩子能接受学前教育。还有一些省份提出新增学前教育经费用于改善教师待遇等。大部分省都提出根据本地学前教育发展的实际和财政状况,研究制定公办幼儿园生均经费标准和生均财政拨款标准,保障公办幼儿园的经费投入,保证公办幼儿园教职工工资足额发放。值得注意的是,多省提出制定优惠政策,鼓励、扶持和规范社会力量办园和捐资助园。在学前教育经费管理方面,多省提出学前教育经费要专款专用,任何单位和部门不得截留、挤占和挪用。

总体上看,各地都加强了对学前教育的投入,对学前教育投入比例有了原则性的规定,对学前教育经费使用的范围、方向也做了一些较为明确的规定。但与学前教育的发展目标比,学前教育经费投入的要求都过于原则和笼统，难以衡量。将学前教育经费经常性、制度性和稳定性列入财政预算是确保学前教育投入的关键，学前教育经费不能满足于项目性、建设性的专项经费。

三、教师资格与教师待遇

教师的水准直接影响学前教育的质量，确定教师准入制度和标准是有质量地普及学前教育的基本前提。在省级人民政府关于发展学前教育的文件中，对幼儿园师资的问题都给予了关注。重庆等省市提出严格幼儿教师资格准入制度。对于建立保教人员持证上岗制度，天津市提出，具有大专及以上学历的专任幼儿教师比例达到85%，教师和保育员全部实现持证上岗。青海省提出，全省幼儿教师学历合格率达到80%以上，幼儿园园长、教师岗位培训合格率达到80%以上。黑龙江省提出90%以上的教师、保育员和保健人员实现持证上岗，继续教育培训率达到100%。河南省也提出幼儿教师中具有专科学历的比例达到95%以上。福建省提出学前教育教师学历合格率达到95%以上，师资队伍整体素质普遍提升。总体上看，各省市对幼儿园教师的资质要求较为具体，幼儿园教师的专业水准将得到新的提高，这将有力促进学前教育质量的提高。

依法落实幼儿园教师的地位和待遇，是稳定教师队伍和提高教育质量的主要保证。政府在确保教师地位和待遇方面具有决定性的影响。多省市的文件都提出要研究制定幼儿园教师编制、职称和待遇等政策。河北省提出贯彻落实《中华人民共和国教师法》，提高幼儿教师地位，维护幼儿教师权益，保障幼儿教师待遇，公办幼儿园教职工工资由政府全额保障，纳入事业单位社会保障序列。黑龙江省提出切实维护幼儿教师权益，完善落实幼儿园教职工工资保障办法、专业技术职称（职务）评聘机制和社会保障政策。江苏省提出教师、保育员、保健人员等各类人员全部持证上岗，公办幼儿园教师的工资福利待遇由政府提供保障，确保国家各项工资福利待遇政策落实到位。在多省市的文件中都关注了有关幼儿园教师职称评定的政策,这对于幼儿园教师地位和待遇的落实具有重要的意义。

在有关省市的文件中,提出优先考虑或照顾长期在农村和边远地区从事学前教育工作的教师,强调对长期在农村基层和艰苦偏远地区工作的公办幼儿园教师,在绩效工资核定与发放中要实行倾斜政策,如河南省提出重视农村幼儿教师骨干队伍建设。对长期在农村和艰苦地区工作的公办幼儿园教师,在工资待遇、职务评审等方面实行倾斜政策。对优秀幼儿园园长、教师进行表彰奖励。

值得注意的是各地对民办幼儿园教师待遇的关注。民办幼儿教育占了我国学前教育的半壁江山,如何稳定民办幼儿园教师的队伍,提升教师的素质,从而提高学前教育的质量,是当前学前教育的主要课题。河北省提出民办幼儿园教职工工资待遇及社会保险由举办者依法保障,有条件的地区财政予以补贴。江苏省提出公办幼儿园编外聘用教师和民办幼儿园工作人员的工资福利待遇,依据幼儿园和聘用人员双方约定执行,其工资水平要高于当地企业最低工资标准,其社保经费由幼儿园和个人按比例承担,县(市、区)、乡镇人民政府、街道办事处给予一定比例的补助。

四、幼儿园的规划

如何规划幼儿园的布局,既关系到"入园难"问题的解决,也关系到广大幼儿和家长的时间成本;规划布局既反映了政府对幼儿教育纳入整个社会事业发展规划的认识,也体现了政府对幼儿教育特殊性和规律性的认识。在各省市的文件中,部分省市已经开始重视幼儿教育规划问题,已经将幼儿教育规划当作城乡建设规划的重要组成部分之一。青海省强调科学规划幼儿园(班)布局,州(地、市)、县政府及其职能部门要结合本地区经济社会发展的总体目标和发展规划,以方便幼儿就近入园为原则进行合理规划。江苏省强调原则上每1万人左右建一所幼儿园,适龄儿童逐步实现就近入园。河南省提出必须坚持因地制宜，从实际出发，为幼儿和家长提供方便就近、灵活多样、多种层次的学前教育服务。黑龙江省也提出因地制宜，提供方便就近、灵活多样的学前教育服务。吉林省也提出保障适龄儿童就近入园接受学前教育。四川省提出必须坚持因地制宜，从实际出发，为幼儿和家长提供方便就近、灵活多样、多种层次的学前教育服务。

很遗憾的是，对幼儿教育事业的规划，尤其是对幼儿园的布局规划还没有引起足够的重视，就近入园并没有真正被大部分省市所关注。这也是当前幼儿园布局不合理的根源所在，更是幼儿园规模过大、过于集中的原因所在。

五、学前教育体制

根据《中共中央关于教育体制改革的决定》，我国的基础教育实行地方负责、分级管理、县为基础的发展模式，作为基础教育主要组成部分的学前教育也是采用这种模式，但在不同的地区，这种基本模式又有一定的变式。在省、市、县及乡镇之间学前教育的责任分配呈现多样化的趋势。重庆实行市级统筹、区县（自治县）负责、分级管理的体制。天津则实行市级统筹、区县负责、分级管理、有关部门分工合作的学前教育管理体制，完善和落实市和区县两级学前教育联席会议制度，定期召开联席会议，通报有关情况，研究发展政策，协调解决学前教育改革与发展的热点、难点问题。天津市的发展方针是形成政府主导、多元并举、优质协调、充满活力的学前教育公共服务体系。陕西省实行"省定标准、以奖代补，市级统筹、布局规划，以县为主、分工负责"的学前教育管理体制。江西省建立以县为主、县乡共建的学前教育管理体制。江苏省建立县级统筹、县乡（镇、街道）共建的管理机制，全省所有学前教育机构，不论所有制、投资主体、隶属关系，均由所在地教育行政部门统一规划、统一准入、统一监管。河南省建立省、省辖市统筹，以县（市、区）为主，县、乡镇两级共管的学前教育管理体制。广东省则建立学前教育以县为主，县、乡镇（街道）分级负责，教育部门归口管理的体制。

从管理体制上看，县为基础的特征没有根本改变，但省、市级乡镇不同程度地参与了学前教育的改革和发展，不同程度地承担了发展学前教育的责任。特别是近年来，中央财政也加入到发展学前教育的行列，投入500亿元支持中西部发展学前教育，这是学前教育体制的重大转变。我们相信，随着学前教育实践的不断发展，学前教育管理体制机制的创新将呈现新的面貌。

学前教育三年行动计划怎么编①

学前教育三年行动计划的科学编制，应公益性与普惠性高举、数量与质量并重，重点落实目标任务、落实政府责任、落实政策措施，要始终着眼于区域内放大优化学前教育资源，改善提高办学条件，充实加强保教人员，整体提高保教质量，以有效缓解"入园难"问题。

为贯彻落实全国学前教育电视电话会议精神和《国务院关于当前发展学前教育的若干意见》，各地围绕当前和今后一个时期发展学前教育的目标和任务，正在起草制订或修改完善学前教育三年行动计划。如何认真扎实、科学合理、抓紧做好学前教育三年行动计划的编制工作，以下几个问题应引起编制者以及有关方面的高度重视。

1. 要提高认识，端正态度

各地要把科学编制学前教育三年行动计划当作一件责任重大、使命光荣的大事来抓，要立足当前，着眼长远，标本兼治；要突出针对性和可操作性，对于发展学前教育所面临的现实困难和突出问题，要有解决之策；对于学前教育体制机制的改革，要有明确的路径；对于三年内基本缓解"入园难"问题，要有路线图和时间表。

---

① 本文已经由刘明远发表于《中国教育报》，2011年2月11日．

三年行动计划的编制，必须贯穿这样一根主线：广覆盖、保基本、有质量，即加快发展学前教育，既要解决一些地方重视不够、不愿投入的问题，也要防止不顾条件、大干快上，采取运动式方法提高入园率，忽视质量和安全。要牢固树立科学发展理念，努力做到速度与质量、规模与内涵相统一，积极稳妥、有序推进。

2. 深入调查研究，摸清真实情况

无论是省、市，还是县（市、区）教育行政部门，务必要深入实地调查研究，准确掌握本地学前教育的基本状况和存在的突出问题，工作一定要做细、做实和做到位。

"真实情况"主要体现在两个方面：一是当前本区域内学前教育的客观现状，诸如学前一年、两年、三年的毛入园率，公办园、民办园的所占比例，师资的本、专科学历比，每1万人口（常住）中的在园幼儿数等；二是结合本区域经济社会发展状况和适龄人口分布、变化趋势，科学测算出入园需求和供需缺口，并应充分考虑到外来人口（或外出）子女的入园（离园）数量，尽量减少数据的误差，避免上下统计口径的不一致。

3. 注重顶层设计，加大政策创新力度

三年行动计划的编制，一定要解放思想，大胆探索；要紧紧抓住群众反映强烈的突出问题，针对办园体制、投入体制、管理体制、用人机制和工作机制中存在的主要障碍，拿出切实可行的解决办法和有效措施。当前，要着力在以下几个方面取得突破性的进展。

一是明确政府职责，完善学前教育体制机制，构建学前教育的公共服务体系。行动计划中要努力回答政府职责到底是什么，"政府主导"如何细化；办园体制、管理体制、投入体制如何改革完善；公共服务体系的具体内容、实施途径与空间有哪些，如何去界定。

二是探索政府举办和鼓励社会力量办园的措施和制度，如何以多种形式扩大学前教育资源,如何大力发展公办幼儿园、积极扶持民办幼儿园;城市、农村、街道、乡镇、企事业等单位如何有效参与;政府购买服务、减免租金、减免税费、以奖代补、派驻公办教师等方式如何有效实现。

三是改革农村学前教育投入和管理体制,妥善解决好"保安全、保工资、保运转"的问题。探索如何适应工业化、城镇化发展的大趋势,解决好流动人口随迁子女和留守儿童接受学前教育的问题。

四是加强幼儿教师培养培训,解决师资的数量和质量问题。如何协调不同所有制幼儿园教师的待遇问题,避免形成和累积新的矛盾;如何积极稳妥地解决幼儿师资的资格准入、编制核定、待遇落实以及诸如职称评定、评优评奖等方面的诸多问题,都需要因地制宜、实事求是地拿出具体办法和应对策略。

4. 重视内涵发展,努力提高质量

要统筹兼顾,整体推进,千万不能以牺牲学前教育的质量来满足其数量,"一刀切""齐步走"都是要不得的。要进一步规范幼儿园的保教工作,坚决防止幼儿园学科化、小学化的倾向。要强化督查,严格问责,确保每一个幼儿健康快乐地成长。

要建立健全科学合理的幼儿园教育质量的评价机制。对幼儿园的课程方案、一周(一日)活动计划、教师(学生)用书、学习(游戏)活动等要加强引领、指导和规范;对幼儿的保健、保育工作,幼儿园的食品卫生和营养工作,安全保卫防范等措施,均应提出明确具体的要求,标本兼治,落到实处、务求实效。

5. 加强领导,健全管理机制

各地要想方设法,千方百计,建立健全切实有效的领导和协调机制,如建立学前教育联席会议制度,统一协调教育、发改、财政、编办、人社、卫生、计生、建设、土地、规划、公安、物价等相关部门,从而形成合力与共识,全面

推进学前教育事业又好又快地发展。

各县(市、区)的学前教育三年行动计划的编制,千万不能只是教育部门一家"自说自话"、唱"独角戏",应由上述各部门"协同作战"。三年行动计划至少要经县(市、区)教育、发改、财政、人社、编办五家的会签,由当地政府正式上报上一级政府职能部门统一汇总,以强化行动计划的严肃性和权威性。

市、县（区）学前教育三年行动计划分析报告

——以 31 个省区市为例

为贯彻落实党的十七届五中全会、全国教育工作会议精神和《国家中长期教育改革和发展规划纲要（2010—2020 年）》（以下简称《中长期纲要》），国务院出台了《国务院关于当前发展学前教育的若干意见》（以下简称《若干意见》），其中明确要求各省（区、市）以县为单位编制实施学前教育三年行动计划，意在重点解决当前存在的"入园难"、满足适龄儿童入园需求等问题。研究者收集了 31 个省、直辖市、自治区的 100 多个市、县（区）的学前教育三年行动计划作为研究对象，从学前教育发展目标、政府对学前教育的投入、办园体制保障措施、学前教育管理机制四个方面试图对这些文本进行分析。其中除江苏制订了五年行动计划以外，其余各省、自治区、直辖市均制订的是三年行动计划。

一、学前教育发展目标

《中长期纲要》明确指出了到 2020 年要基本普及学前教育。从各省、市、县（区）制订的三年行动计划文本中可看出，各地均将其纳入了发展目标，其中入园率目标在一定程度上可以反映出基本普及学前教育的含义，不同区域在入园率目标设定上呈现出一定的区域性特征。

以东部地区 10 个省份(直辖市)①的部分城市而言,其呈现的主要发展特征是:入园率的目标设定普遍较高。如表 3-1 所示,东部地区大部分城市原有基础水平较高,入园率目标设定普遍在原有基础上稳中有升,平均水平超过 90%。部分地区在制订三年行动计划时,不仅仅是关注学前教育普及率的问题,还强调有质量地普及学前教育。如山东省淄博市在三年行动计划中就认为"群众对学前教育资源的需求不断增加,优质学前教育资源相对短缺",说明这些地区已经不满足于基本普及学前教育,而将目标放在高水平有质量地普及学前教育。在东部地区,也有个别地区发展水平偏低,这些地区基于自身状况,制定了相应的发展目标,如海南省三亚市的三年行动计划文本中将"普及率不高"放在了"存在的问题"的首位。三亚市的行动计划文本中提出"目前,我市学前三年毛入园率为 62%(全省为 36.7%,全国为 50.9%),与《中国妇女儿童发展纲要》中提出的毛入园率 85% 还有一定差距",于是其 2013 年学前三年入园率的目标设定在 85%,具有一定的可行性。

表 3-1 东部地区非省会城市学前教育发展目标对比

省份	市、县(区)	截至 2010 年底学前三年入园率	截至 2013 年学前三年入园率目标	是否提及基本普及学前教育	是否提及学前教育的社会满意度
福建省	莆田市	92.24%	93%	是	否
广东省	佛山市	99.15%	99%以上	是	否
河北省	南宫市	89%	98%	是	否
山东省	淄博市	96.7%	98%	否	是
浙江省	台州市	98.2%	98%以上	是	否
海南省	三亚市	62%	85%	是	否

西部地区②在发展目标的制定上,较原先基础状况提升较为明显。以

---

① 北京、天津、河北、上海、江苏、浙江、福建、山东、广东和海南。
② 重庆、四川、贵州、云南、广西、陕西、甘肃、青海、宁夏、西藏、新疆和内蒙古。

西部地区甘肃省、贵州省、陕西省、宁夏回族自治区的非省会城市为例(见表3-2),可以看出三年行动计划出台前,学前三年入园率普遍水平较低,与2010年教育部所统计的全国入园率56.6%持平或者低于这一水平。而在这些地区的三年行动计划文本中,入园率目标设定显著高于原有水平,上升幅度在15%—30%之间,例如甘肃省金昌市截至2010年的三年入园率为50%,到2013年目标设定达到80%。这对于存量本身就不足的西部地区而言是一个不小的挑战,也凸显出加快普及学前教育仍然是西部地区当前面临的首要任务。中央财政为发展中西部学前教育分5年下拨的500亿元资金,对于西部地区学前教育的普及状况将会起到一定的推进作用。

但值得注意的是,在快速提升学前教育普及率的同时,不能仅仅关注数量的增长,还需要兼顾质量的提升,确保普及的效果。

表3-2 西部地区非省会城市学前教育发展目标对比

省份	市、县(区)	截至2010年底学前三年入园率	截至2013年学前三年入园率目标	是否提及基本普及学前教育	是否提及学前教育的社会满意度
甘肃省	金昌市	50%	80%	是	否
宁夏回族自治区	固原市	22%	55%以上	是	否
贵州省	六盘水市	40%	56.2%	否	否
陕西省	商洛市	60%	75%	是	否

中部地区省内各市、县(区)的入园率目标差异较大见(表3-3)。以安徽为例,省内的差异十分明显,靠近东部地区的市、县(区)入园率的目标与东部的江苏等地相近,安徽省的芜湖市、合肥市学前入园率目标平均都在80%以上;但是部分经济相对落后的地区,入园率的目标甚至低于西部地区,如安徽省的亳州市2013年的入园率目标为61%。

表 3-3　安徽省学前教育发展目标对比

地域性	市、县(区)	截至 2013 年学前三年入园率目标	是否提及基本普及学前教育	是否提及学前教育的社会满意度
与东部地区接近的市、县(区)	芜湖市	81%	是	是
	合肥市	89%	是	否
与其他中部地区接近的城市	亳州市	61%	是	是
	安庆市	60%	是	否

二、政府对学前教育的投入

《若干意见》中提出"各级政府要将学前教育经费列入财政预算"。财政预算是具有法律效力的文件,出现在预算中的文本没有经过法定程序不得篡改,这对于保障学前教育经费的稳定性和制度性具有重要意义。各市、县(区)均将这一意见纳入到三年行动计划文本中,各级政府分别强调了要将学前教育经费列入同级财政预算。除此之外,一些地区还考虑设定了生均公用经费标准。例如,广西鹿寨县提出"到 2013 年,学前教育生均公用经费达我县小学生公用经费的 1/3 左右,用于学前教育发展的县财政性教育经费占同级财政性教育经费的 10% 以上"。宁夏吴忠市利通区也提出"市财政要按照自治区生均 200 元的标准核拨公办幼儿园生均公用经费"。

此外,《若干意见》提出关于建立合理的成本分担机制,部分地区的三年行动计划考虑了以政府为主、家庭为辅的分担机制,例如,河北省保定市提出以政府和集体投入为主、幼儿园收费为辅、社会投资捐资为补充,幼儿园来自于家庭的收费仅作为辅助。

《若干意见》提出"中央财政设立专项经费,支持中西部农村地区、少数民族地区和边疆地区发展学前教育和学前双语教育"。对于西部地区而言,部分地区地方财政能力有限,中央资金无疑将成为推动当地学前教育发展的核心力量,例如,甘肃省临夏市提出"计划新建、改扩建的公办幼儿园将以国家投入为主,并纳入政府实施的民生工程,在人力、物力和财力上给予保障"。然而地方财政如何与中央资金共同协作发挥合力,中央资金如何变扶持性为引导性,最终实现西部地区学前教育的良性发展,将是未来这些地区面临的挑战。

教师是决定学前教育发展的核心。就目前看来,多个地区的投入主要是用于公办园的建设和改造,部分地区在投入方面也开始逐步强调教师工资待遇等问题,例如,江苏省苏州市相城区就提出要"加大幼儿园人员经费投入。按照学前教育事业发展需要合理配置人员,保障人员经费,确保幼儿园保教队伍规范稳定"。这有助于吸引优秀师资,稳定教师队伍,最终有助于提升学前教育整体质量。

各地都加强了对学前教育的投入,对学前教育投入的比例有了原则性的规定,对学前教育经费使用的范围、方向也做了一些较为明确的规定。但与学前教育的发展目标比,学前教育经费投入的要求都过于原则和笼统,难以衡量。且许多经费投入属于专项性投入,如何保障学前教育投入经常性、制度性和稳定性是未来各地考虑的关键。

三、办园体制保障措施

《若干意见》指出,办园体制"必须坚持政府主导,社会参与,公办民办并举,落实各级政府责任,充分调动各方面积极性"。各地区三年行动计划大多以"政府主导,社会参与,公办民办并举"作为发展学前教育的基本办园格局,但是在具体保障措施上,各市、县(区)由于基本情况不同以及对学前教育的性质认识不同,所制定出的保障措施侧重点各不相同。表3-4呈现了不同市、县(区)的具体保障措施侧重点。黑龙江省佳木斯市在发展公办园上主要强调的是农村为重点,并且强调了农村幼儿园的独立法人地位,这样保证了农村学前教育的有序优质发展。浙江省上虞市将重点放在了扩大农村优质学前教育资源上,提出了"优先建设,加快发展"。在社会参与的形式上,主要以购买服务、以奖代补等方式为主,部分地区在社会力量的引入上还有一些地方做法,例如,河南省新乡市提出"加大引进优质学前教育资源的力度,支持鼓励社会团体、民间非营利组织、村民委员会以及公民个人举办普惠性幼儿园"。各地区针对办园体制的各项举措差异性明显,对政策的解读不一样,侧重点也不同,就目前的情况而言,大部分地区仍然坚持了政府主导,体现了各地政府对解决入园难问题的重视。

表3-4 具体保障措施

市、县(区)		佳木斯市	新乡市	上虞市
具体保障措施的特征	大力发展公办园	科学规划学前教育发展布局,积极争取国家、省专项资金和扶持政策,实施以农村为重点的学前教育推进项目,大力发展公办幼儿园	新建、改扩建公办幼儿园。各级政府要加大投入建设公办幼儿园,实施公办幼儿园新建、改扩建工程	实施乡镇(街道)中心幼儿园提升工程
	鼓励社会力量以多种形式办园	通过购买服务、减免租金、以奖代补、派驻公办教师等方式,引导和支持民办幼儿园提供面向大众、收费较低的普惠性服务	积极扶持民办幼儿园。各级人民政府要掌握本辖区民办幼儿园基本状况,加大引进优质学前教育资源的力度,支持鼓励社会团体、民间非营利组织、村民委员会以及公民个人举办普惠性幼儿园	扶持、规范民办幼儿园发展。采取政府购买服务、以奖代补等方式,引导和支持民办幼儿园提供面向大众、收费合理的普惠性服务
	建设小区配套幼儿园	与若干意见表述基本相同	不具备配套幼儿园建设条件的城市(镇)住宅小区,开发商应上缴幼儿园异地建设费,用于公办幼儿园的新建或改扩建项目	完善城镇住宅小区配套幼儿园建设和管理

续表

市、县(区)		佳木斯市	新乡市	上虞市
具体保障措施的特征	努力扩大农村学前教育资源	政府举办的乡镇中心幼儿园管理方式应参照乡镇中心校,落实独立法人地位,由县(市)区教育行政部门直接管理	(放在保障措施第二位)鼓励村集体或个人举办村级幼儿园	加快农村幼儿园标准化建设。各乡镇(街道)要把农村学前教育纳入政府公共服务范畴,按照新农村公共服务设施必备条件统一规划,优先建设,加快发展

四、学前教育管理体制

依据《若干意见》的要求,从横向管理体制来看,各级政府需要健全教育部门主管、有关部门分工负责的工作机制,形成推动学前教育发展的合力。大部分地区都按照这一要求制定了学前教育的工作机制,部分地区将不同部门的工作要点进行细化列举,例如,编制部门要安排公办园教师的编制、财政部门要保障教育经费的落实等等。责任具体到部门,有助于行动计划得以切实的落实。从纵向的管理体制来看,主要是哪一级政府要加强对学前教育的统筹协调。根据《中共中央关于教育体制改革的决定》,我国的基础教育实行地方负责、分级管理、县为基础的发展模式。作为基础教育主要组成部分的学前教育也是采用这种模式。但是从三年行动计划文本来看,这种模式也有相应的变化,部分城市强调乡、镇(街道)在发展学前教育中的重要作用。例如,重庆实行市级统筹、区县(自治县)负责、分级管理的体制。而江西省萍乡市湘东区"坚持实行区级统筹、乡镇(街)负责、分级管理、有关部门分工合作的学前教育管理体制",不仅强调了区级政府还强调了有乡镇(街)的作用。

在以县为主的基础上,中央以及省级政府也以进一步加强参与学前教育发展的力度,特别是中央财政安排的500亿元投入,起到了分担地方财政负担的积极作用,对于经济欠发达地区的学前教育良性发展起到了保障作用。

第四章
学前教育体制机制改革案例分析

Chapter Four

XUEQIAN JIAOYU TIZHI JIZHI GAI GE ANLI FENXI

民办幼儿园收费问题调查报告

幼儿园收费一直是家长、社会关注的热点,民办幼儿园的收费更是备受争议的焦点,成为家长们声讨乱收费的对象之一。随着《民办教育促进法》的出台,政府对于民办幼儿园的收费管理基本采取"放手"政策,把幼儿园推向市场,民办幼儿园的收费由幼儿园自主决定,然后报请教育局和物价局备案。政府的"放手"无为政策以及办园者的急功近利思想使得民办幼儿园的收费犹如"脱缰"的野马,费用收取随意性很大,处于无序状态,这种混乱状况使家长们叫苦不迭,在社会上引起了强烈反响。2003年6月至2011年12月,研究者对盐城、北京、武汉、广州、深圳、济宁、枣庄、潍坊、南通、苏州等地区的民办幼儿园收费情况进行了走访,并做了家长问卷调查。调查工作进行得非常艰难,园方戒备心理极强,很多幼儿园对于收费问题闪烁其词,甚至避而不谈;有的明确表示不配合做家长的问卷调查;有的虽已答应配合,但当问卷回收时,发现有的家长对幼儿园收费意见很大,便将问卷截留。截至2011年12月31日,共发放问卷620份,回收399份。访谈的艰难、问卷的低回收率、幼儿园的戒备与回避,恰恰说明了民办幼儿园的收费是一个棘手的敏感问题。

一、问题呈现

问卷调查中,有3%的家长认为民办幼儿园收费很合理,61%认为合理,32%认为不合理,只有4%的家长认为很不合理,显示民办幼儿园收费仍广为家长接受。但是,有65%的家长认为民办幼儿园收费过高,只有1%的家长认为收费过低。关于民办幼儿园收费存在的最严重问题一项中,有32%的家长认为是幼儿园收费项目繁杂,31%认为收费过高,22%认为费用使用情况不明,13%认为费用收取随意性大,值得注意的是,虽然只有2%的家长认为民办幼儿园存在的最严重的问题是收费过低,但说明收费过低作为民办幼儿园的非正常收费行为已经引起家长的关注。综合上述问卷结果以及调研资料显示,目前民办幼儿园收费主要存在以下几个方面的问题。

1. 收费项目繁多,重复收费现象严重

目前,民办幼儿园的收费名目繁多,标准不一,主要有赞助费、借读费、管理费、保育费、杂费、住宿费、空调费、暖气费、防疫费、保险费、被褥费等等,个别幼儿园还收取高额的教育储备金。不同的幼儿园收费项目会有所不同,甚至有时候即使是在同一所幼儿园,不同的孩子收费项目也不一样。其中赞助费收取比较普遍,各园均视需求度、知名度、师资水平等自定和收取,标准有逐年攀高的趋势,表现为:一是面广;二是价码高,少则两三千元,多则一两万元,还有的幼儿园收到了三万元;三是随意性大,收不收,收多少,园长一个人说了算;四是失控,有的幼儿园收赞助费不给家长开正式发票,以自愿捐助为搪塞。住宿费的收取类似于宾馆收费,依据住宿条件、设施的差异,呈现出级差。学杂费、管理费、保育费的收取方式也不尽一致,有的幼儿园把正常的教学活动改为各种兴趣班、特长班,另行收取名目繁多的特教费。很多幼儿园把本应由自身承担的费用列为代收费,把举办各种活动需要的费用和实物也转嫁到幼儿家长身上。民办幼儿园分解收费项目,繁杂收费项目,旨在达到重复收费的目的。

2. 收费走高

近年来,幼儿园收费的走高趋势在全国范围内普遍存在,民办幼儿园也出现了"高标准、豪华型、高收费"的办园倾向,追求硬件设施的豪华奢侈,造成资源浪费。高额的硬件投入成为幼儿园收费标准不断攀升的借口,高收费的现象愈演愈烈。还有的幼儿园凭借其垄断地位,利用不正当手段,非法抬高幼儿园收费标准,违规现象严重。调查问卷中,当民办幼儿园的收费上调时,有36%的家长表示接受,60%的家长表示被迫接受,还有4%的家长表示拒绝交纳并给孩子转园。幼儿园的高额收费让家长苦不堪言,很多家庭不堪重负,致使贫困幼儿入园就学困难。初为人父、人母的年轻人,普遍收入不高,积蓄少,子女入园问题解决不好,无形之中平添了后顾之忧,影响了工作和事业。把幼儿教育贵族化、奢侈化,完全脱离了中国目前的实际,"奢侈"教育隐患重重,高额收费令家长叫苦不迭,严重违背了《幼儿园工作规程》规定的幼儿教育"为家长参加工作、学习提供便利条件"的宗旨。

3. 畸低收费难保教育质量

在民办幼儿园收费走高的同时,还存在一个收费畸低的现象,形成了民办幼儿园收费呈"哑铃"形发展的趋势。在经济不发达地区以及城市郊区或农民工集聚地区,民办幼儿园的低收费现象比较普遍。低收费民办幼儿园虽解决了贫困子女入园的问题,但却存在着很多的教育弊病。由于幼儿园布局不合理,设置过于密集,很多民办幼儿园为了生存,互相竞价压价,以低收费抢夺生源,造成低价恶性竞争。很多未经登记注册的"黑园"多以低廉学费吸引家长,更加促使幼儿园竞争走向恶性混乱的怪圈。低收费幼儿园为了维持运转,降低教学设备成本、降低教师工资,甚至克扣幼儿伙食费,尽量减少教育投入,软硬件配备大打折扣,教育质量难以保证,教育隐患重重。调查中,有的家长认为幼儿园收费过低是一种滥价行为,也是一种失控,对入园幼儿不利,无法保证子女的身心健康。

4. 经费使用情况公开程度低

多数幼儿园无经费使用公示制度,费用收取随意性大,并且使用不透明化,实行"暗箱"操作。问卷调查中,有83%的家长表示对民办幼儿园的费用使用情况不清楚,仅有17%的家长表示清楚。民办幼儿园的费用使用原则是专款专用,而现实中民办幼儿园经费使用混乱的现象非常普遍。有的将日常性经费用于扩充设施和各种不动产;有的民办幼儿园内部管理混乱,缺乏规章制度,财务会计不规范,财务账目不清晰,收支科目混乱,连办园者自己及家人的生活日用品都以园所基本建设资金项目支出;还有的幼儿园转移、挪用甚至侵吞园所财产;由于政府及幼儿园对收费监管不善,导致抽逃资金的违法案件时有发生。如曾经轰动一时的武汉"伟民幼稚园"和"汉阳双语幼儿园"在倒闭时,由于资不抵债,出现家长抢砸幼儿园财产的事件,在社会上造成很坏的影响。

二、成因分析

1. 营利动机

美国、英国、我国的香港和台湾地区征收个人和企业所得税的税率均为累进税率。尤其是美国,对私营企业主采用累进税率制,其利润越多,税率越高,迫使企业主若不把所获高额利润投入扩大再生产,就得向公益事业捐赠,因为向公益事业捐赠,企业所得税的免税率为5%,个人所得税的免税率为50%,所以美国私立学校的发展与社会捐赠密不可分。而我国企业所得税是固定税率,为33%。如捐赠公益事业,企业所得税的免税率为3%以内,个人所得税的免税率为30%以内,这样我国的税收法律和政策就不具有鼓励社会捐资办学的导向作用。公民收入与财产状况透明度低以及财务工作中违规、违法现象普遍,也不利于社会捐赠兴办公益事业风气和舆论的形成。所以,目前在我国,单纯靠私人捐资来发展幼儿教育是不现实的,社会捐资举办幼儿园的比重非常小,多为投资办园。许多人看到投资企业风险太大,而投资幼儿园的利益回报比较稳定,便把民办幼儿园当作一本万利的低风险投资热点。"营利动机"使得有的投资者把民办幼儿园当作私营企业、"无烟工厂"(马克思比之为"教育工厂")来经营管理。在访谈中,90%以上的投资办园者明确表示追求经济回报。但其中不少热心教育事业的办园者表示投资教育是对社会的回报,追求微利有利于幼儿园的可持续发展。在问卷调查中,86%的家长认为民办幼儿园从收费中能够赚到钱,11%表示不清楚,只有3%的家长认为民办幼儿园从收费中不能够赚到钱。调查中,多数园所表示无盈利,少数明确表示盈利率控制在7%以内,而有关业内人士透露,有的民办幼儿园的盈利率为13%、24%、35%,有的甚至高达40%以上。虽然这些有关盈利率数据的真实性还有待考证,但是民办幼儿园多为投资办园,办园者追求盈利是不争的事实。我国《教育法》和《民办教育促进法》都明确规定,"任何组织和个人不得以营利为目的举办教育机构"。法理上的非营利性与事实上的营利动机和行为存在着巨大的落差,因此也"孕育"了民办幼儿园的一系列问题,成为民办幼儿园收费问题多多的"源头性"因素。

2. 政府资助少,监管不够

由于教育经费紧张,政府对幼儿教育的投入明显不足,对民办幼儿园的资助极少,对于幼儿园的经营困难和低下阶层家庭的经济负担漠然视之,使得民办幼儿园的经营运作主要依靠收取入园幼儿的费用来维持。法律规定民办幼儿园属于非企业单位,享受税收优惠政策,原则上政府对民办幼儿园可以免于征税,但是《营业税条例的实施细则》中又明确规定,只对从事学历教育的学校免于征税。这样,很多地方政府便以幼儿教育不属于学历教育而向民办幼儿园征收营业税,还有些地方政府以企业所得税、城市建设税等各种名义向当地的民办幼儿园征税,从而加重了民办幼儿园的生存负担,导致"水(税)涨船高"。部分地方政府将公立园卖予私人或由私人承办,这样政府不但甩掉了沉重的"包袱",而且高额的"卖身钱"和承办金又是政府一笔可观的收入。在公立园转为私营园的过程中,幼儿园由"包袱"也转变成了"金娃娃""摇钱树"。有的政府官员认为,民办园价格放开、自主收费,一个愿打一个愿挨,家长既然想让孩子受到更好的教育,就应该舍得花钱。还有的地方政府官员对市场机制抱有幻想,主张民办幼儿园收费完全由市场调节,采取"放手"政策,只要有孩子入园,幼儿园天价收费也不过问。同时,政府对民办幼儿园的财务监管不够,对于资金流向并未实行监控。问卷调查显示,有41%的家长认为政府并没有严格监管民办幼儿园的收费,只有少数(11%)家长认为政府监管严格,可以理解,家长普遍希望政府加强幼儿园收费监管。政策法规的滞后、冲突,政府缺乏资助及监管,是导致民办幼儿园乱收费的"行政性"因素。

3. 公立幼儿园实际收费趋高

教育政策的转变,使得子女入园不再是福利,非义务教育的成本分担原则上得到整个社会的认可。尽管教育经费不足,但是公立幼儿园长期得到政府的资助和扶持,使得公立幼儿园具备了一流的设备和优秀的师资,居于竞争的优势地位。另外,由于传统观念的影响以及一些非法办园的不规范行为,使得民办幼儿园的社会认同度较低。因此,公立幼儿园还是家长为子女入园就学的首选。然而僧多粥少,公立园凭借竞争优势,以手中掌握的优质教育资源为筹码,收取高额的赞助费、借读费,将赞助费作为幼儿入园的敲门砖,不少公立园以赞助费的高低来确定幼儿的入园权,甚至出现以不公开竞价的形式让家长自报赞助费数目。依靠国家拨款发展起来的公立幼儿园收费越来越高,自筹经费的民办幼儿园自然跟升。公立幼儿园与民办幼儿园发生职能倒挂,因而民办幼儿园收费走高和畸低也就顺理成章了。公立园凭借教育资源优势提高收费标准是民办幼儿园收费无序的"促发性"因素。

三、对策建议

1. 落实政府调控

（1）规范收费项目。

问卷调查中，高达98％的家长认为政府应该为民办幼儿园规定具体收费项目。政府应发出清晰指引，界定民办幼儿园收费应包含的具体项目。2005年1月1日起施行的《民办教育收费管理办法》明确规定："民办学校对接受教育者可以收取学费（或培训费），对在校住宿的学生可以收取住宿费。除学费和住宿费外，不得再向学生收取其他任何费用。"对收费项目进行综合和缩减，可以减少家长重复交费的麻烦和担心，同时可以对幼儿园的乱收费进行有效的监督，防止他们自立名目、以各种"特色收费"为名乱收费。

（2）按质论价，分级收费。

20世纪90年代以来，根据国务院颁发的《幼儿园管理条例》和《幼儿园工作规程》，各省、市教育部门会同物价部门制定了幼儿园"分类评估，按质论价"的收费办法。实行"优质优价"的收费政策以后，各地政府对公办园普遍实行按级收费制度，根据园所等级统一规定收费标准。但对民办幼儿园多是采取园所收费放开、价格自定政策。问卷调查中，80％的家长认为政府应该为民办幼儿园的收费规定上限，65％的家长认为政府对民办幼儿园的收费管理不应该放手完全由市场调节，而35％的家长认为应该完全由市场调节。依据民办幼儿园的特性，幼儿园收费不宜完全由市场调节，但应发挥市场机制的作用，引导教育资源的合理配置。政府可以制定民办幼儿园的等级评估标准，以教育质量为主要评价指标，依据园所软、硬件设施，本着公平、公正的原则，对民办幼儿园进行以质分类、评估定级，实行"分等定级，按级收费"的管理机制。各地政府按照国家及省有关政策规定,根据当地经济发展水平、居民生活水平、群众承受能力、办园条件等实行政府指导价,在成本核算的基础上,限定等级收费范围,制定等级上下限,拉开大跨度的收费等级,激励幼儿园不断创优发展,促进充分的良性竞争,使民办幼儿园的收费趋于合理化。在政府宏观调控下,私营园所依据市场调节收费标准,保证民办幼儿园在等级范围内自主决定收费价格,以防止民办幼儿园收费出现走高和畸低现象。

(3) 加强资助。

幼儿教育事业具有教育性和社会公益性,这种公益性既决定了民办幼儿园同私营企业具有根本的区别,又从本质上规定了政府也是幼儿教育的受益者。根据"谁受益,谁负担"的利益获得原则,政府对幼儿教育负有不可推卸的责任,理所当然地应分担民办幼儿园投资的负担。《民办教育促进法》第七章规定了有关对民办教育扶持与奖励的条款:"县级以上各级人民政府可以采取经费资助,出租、转让闲置的国有资产等措施对民办学校予以扶持。""县级以上各级人民政府可以设立专项资金,用于资助民办学校的发展,奖励和表彰有突出贡献的集体和个人。""民办学校享受国家规定的税收优惠政策。""新建、扩建民办学校,人民政府应当按照公益事业用地及建设的有关规定给予优惠。教育用地不得用于其他用途。"各地政府应该借鉴上述地区的资助、扶持策略,尽快制定资助民办幼儿园的具体措施,加大对幼儿教育的投入,尤其是对贫困地区的幼儿园要给予政策倾斜,对有困难的幼儿园应多给予资助、扶持。

2. 园所自律

民办幼儿园收费实行政府指导下的自主收费,为幼儿园做大做强、开展有序竞争创造了宽松的环境,但也对各幼儿园的自律提出了更高的要求。《民办教育促进法》规定:"民办学校在扣除办学成本、预留发展基金以及按照国家有关规定提取其他的必需的费用后,出资人可以从办学结余中取得合理回报。"办园者应端正办园思想,深明大义,加强自律,依法规范自己的办园行为,做到"义利统一",将社会效益放在首位,在为社会做贡献的同时,取得合理回报,自觉地摆正社会效益和经济效益的关系。

3. 实现家长监督

幼儿教育属于非义务教育,家长以为子女付费的方式接受民办幼儿园提供的教育服务。作为教育消费者,有权依法寻求自己的合法权益,应该与其他消费者同样享有"物有所值"的教育服务。政府、幼儿园都有责任和义务做好国家有关幼儿园收费制度的宣传和说明,让家长了解幼儿园收费项目、收费依据以及各项费用使用情况,避免家长因信息不完善而使合法利益受损,让家长明白消费,并接受家长监督。问卷调查中,有关收费纠纷处理一项,多数家长选择了与园方协商解决(66%)和请求上级主管部门协调解决(18%),有16%的家长选择了息事宁人,值得深思的是,没有一个家长(0%)选择诉诸法律。由此可见,家长的法制意识还很淡薄,不知道拿起法律武器,通过司法程序,依法保护自己的合法权益。由于普遍缺乏教育消费权益的保护意识,有关幼儿教育消费的投诉很多,围绕教育消费产生的纠纷也层出不穷,却很少有家长以教育消费纠纷适用《消费者权益保护法》来提起诉讼。这与教育消费本身的特点有关,因为教育消费作为一项软性的消费,其服务质量的优劣很难像普通有形的商品那样去界定。家长作为教育消费者——幼儿的代理人,要有教育消费权益保护意识,比如,在接受民办幼儿园提供的教育服务时,家长要有"索证"意识,对教育消费有关的招生广告、发票等各种凭证认真审视并妥善保存,以作为教育消费权益受损的有效证据。家长应要求园所收费透明化,费用使用公开化,监督民办幼儿园的收费及使用情况,坚决抵制不规范收费行为,对一些高收费、重复收费等乱收费现象及不规范费用使用行为要进行检举、控告,并根据《消费者权益保护法》依法维护自己的教育消费权益。

未注册幼儿教育机构研究

一、问题的提出

2006年4月至2007年4月,研究者参与申报并顺利完成了南京师范大学"挑战杯"大学生课外学术科技作品竞赛哲学社会科学类课题——《苏中某市区3—6岁农民工子女受教育现状分析及对策研究》。通过对该市3区12所注册幼儿园、3所未注册幼儿教育机构及2所农民工小学附设学前班的深入调查,笔者了解到:该市3—6岁农民工子女主要集中在未注册幼儿教育机构和农民工小学附设学前班,而这些机构的硬件和软件设施较差,3—6岁农民工子女接受了低质甚至不合格的教育。接着,研究者通过报刊等媒体了解到,未注册幼儿教育机构在全国多数地区或多或少都有存在,包括北京、上海、福建、浙江、安徽、江苏、新疆、广西、深圳、河南、天津、河北、江西、广州等省、区、市中发达与不发达的城市和乡镇。最后,研究者力求对未注册幼儿教育机构的现状、它们没有登记注册的原因以及如何解决未注册幼儿教育机构的问题进行说明。由于研究问题的敏感性,研究者主要采用了方便抽样的方法,选取了苏南A市某区10所未注册幼儿教育机构进行了调查,此外,研究者还将之与先前于苏中B市收集的资料结合起来进行研究,力求对未注册幼儿教育机构的情况进行深入说明。

二、研究方法

对未注册幼儿教育机构的研究较为复杂。根据生态学的观点，研究应关注对象所处的生态系统，发现系统之间以及系统内各因素之间的关系。因此，研究者关注了未注册幼儿教育机构及与其存在和发展密切相关的幼儿家庭和政府相关部门。研究采用了问卷调查法、访谈法和实地观察法。

问卷调查法：通过向园长发放问卷调查表，了解未注册幼儿教育机构的整体概况，包括未注册幼儿教育机构举办时间、场地大小、班级数量、玩具和图书的数量、教师情况及幼儿人数等情况。

访谈法：研究者对教育行政部门的幼儿教育负责人、未注册幼儿教育机构举办者以及幼儿家长进行访谈。通过对教育行政部门的幼儿教育负责人的访谈，研究者着重了解当地幼儿教育发展的总体状况、民办幼儿园的发展现状以及审批程序、政府对未注册幼儿教育机构的态度、有无采取措施以及采取了哪些措施等；通过对未注册幼儿教育机构举办者的访谈来了解未注册幼儿教育机构没有登记注册的原因以及政府各部门对未注册幼儿教育机构的态度和采取的措施等；通过对未注册幼儿教育机构幼儿家长的访谈来了解幼儿的家庭背景、父母学历、家庭收入、择园标准等。

实地观察法：通过深入未注册幼儿教育机构，研究者主要了解未注册幼儿教育机构的教学、幼儿午睡和饮食等情况。

三、研究结果

1. 未注册幼儿教育机构的现状分析

本文从举办时间、生源情况、硬件、软件、教学及管理情况等方面对所调查的未注册幼儿教育机构的现状进行说明。

(1) 地理位置和规模分析。

从分布地点来看，未注册幼儿教育机构主要分布在城乡接合部和农村，其规模与举办时间的长短有一定的关系。一般而言，举办时间较长的未注册幼儿教育机构,生源也较为充足,一般在 100 名左右,最多达到 152 名,小学附设学前班人数在 50 名左右;未注册幼儿教育机构一般会设立小班、中班和大班,有的还设立托班,而且按照一定的人数编班,若某一年龄班的人数超过一定数量,则开设两个平行班,以苏南 A 市某区的未注册幼儿教育机构为例,如表 4-1 中序号为 10 的未注册幼儿教育机构,因大班人数为 70 人,所以设置 2 个大班;序号为 8 的未注册幼儿教育机构,因中班人数为 60 人而开设了 2 个中班。

表 4-1 苏南 A 市某区 10 所未注册幼儿教育机构的分班及幼儿人数情况统计表

序号	托班	小班	中班	大班	合计
1	—①	15	22	7	44
2	—	25	20	15	60
3	—	25	25	25	75
4	—	30	25	35	90
5	—	28	30	35	93
6	15	25	30	30	100
7	16	30	30	30	106
8	10	15	60	35	120
9	25	42	37	35	139
10	12	30	40	70	152

(2) 生源构成分析。

机构主要接收的是 3—6 岁农民工子女,调查显示:苏南 A 市某区和 B 市的未注册幼儿教育机构中的农民工子女分别占幼儿总数的 80%—90% 和 98.29%,其中,农民工小学附设学前班的幼儿全部为农民工子女。

(3) 职工状况分析。

未注册幼儿教育机构的职工主要包括园长、教师和保育员,其中教师

① "—"表示无。

学历以中专为主（见表4-2），且绝大多数是外地人。这些人员的工资和各种福利较低，流动性较大。在人员配备上，苏南A市某区的未注册幼儿教育机构的教师一般按年龄班每班配备一位，保育员一般是中班和大班合用，小班或托班单独配备保育员。苏南B市的未注册幼儿教育机构，教师一般也是一班配备一位，但保育员相对缺乏，农民工小学附设学前班中无保育员，其他未注册幼儿教育机构则是保育员与厨房工作人员不分工。此外，未注册幼儿教育机构基本不设置门卫，专职保育员和门卫缺乏，可能是其在安全上的重要隐患。

表4-2 苏南A市某区10所未注册幼儿教育机构教师专业及学历情况统计表

	专业		学历				
	学前	非学前	本科	大专	中专	高中	初中
数量	28	7	1	3	29	2	0
比例(%)	80	20	2.86	8.57	82.86	5.71	0

（4）硬件设施条件分析。

一般而言，举办者利用自家住房或者是租用民房、公司或工厂的库房作为教学用房，其中以租房为主。从场地分配来看，在场地有限的情况下，未注册幼儿教育机构一般都首先保证有足够教室，而活动室、保健室尤其是户外活动场地面积有限（见表4-3）。未注册幼儿教育机构的大中小型玩具的类型和数量都相对较少。从幼儿的图书条件来看，机构中幼儿图书主要是教材和教学辅助用书，很少有课外读物。从幼儿的午睡条件来看，苏南A市某区7所未注册幼儿教育机构的睡眠室与教室是同一个，3所机构因场地充足，设有专门的睡眠室，并配有幼儿用床（有的幼儿用床由举办者自己制作）、被褥和枕头；苏中B市未注册幼儿教育机构午睡的设施条件差，幼儿一般两人睡一张小床，有的机构中部分孩子睡在课桌上，被褥由家长提供，枕头数量有限，不能保证每人一个，农民工小学附设学前班，没有床,中午在学校吃饭不回家的孩子,趴在桌子上午睡。在幼儿用水方面,苏中B市的机构限制幼儿饮水的次数和量,洗手和冲厕水不足,小便后不冲厕;农民工小学附设学前班一般不提供饮水设备,由幼儿自带;相比而言,苏南A市的未注册幼儿教育机构多数向孩子提供饮水,不限制幼儿饮水的次数,给幼儿提供水杯,多数机构的水杯混在一起,任幼儿随意使用。在厕所条件上,苏南A市某区未注册幼儿教育机构一般是一个楼层设置一个厕所,有的未注册幼儿教育机构因是家庭用房,一层设有一个坐便器,师幼不分厕,有洗手池,个别机构准备了香皂和洗手液;B市的未注册幼儿教育机构中全体幼儿共用一个卫生间,农民工小学附设学前班的幼儿没有专门的卫生间,幼儿与学校的中小学师生共用厕所。从厨房布局和设备来看,苏南A市某区的9所未注册幼儿教育机构按要求将厨房划分成操作间、熟食间和储藏室等区域,备有冰箱或冰柜、煤气灶等设备,8家未注册幼儿教育机构配备了消毒柜,2家因刚举办,举办者说设备正在添置中;B市的未注册幼儿教育机构厨房基本的操作间不分,设备缺乏,学前班的孩子与小学生伙食一样。

表4-3 苏南A市某区10所未注册幼儿教育机构基本硬件设施情况统计

序号	占地面积(m^2)	园舍建筑面积(m^2)	户外活动场(m^2)	睡眠室(间)	保健室(间)	活动室(间)
1	200	—①	无	2	无	无
2	280	180	100	1	无	无
3	350	320	30	3	1	1
4	350	320	30	1	1	1
5	360	300	60	1	1	1
6	389	300	89	3	1	1

① "—"表示未做统计。

续表

序号	占地面积(m^2)	园舍建筑面积(m^2)	户外活动场(m^2)	睡眠室(间)	保健室(间)	活动室(间)
7	400	380	50	1	1	1
8	590	480	110	4	1	1
9	650	500	150	3	1	1
10	700	600	100	3	无	无

(5) 管理状况分析。

研究者主要从未注册幼儿教育机构的内部管理和政府对未注册幼儿教育机构的管理两方面进行分析。

苏南A市某区未注册幼儿教育机构的内部管理上,最大特点是发现问题及时解决。机构虽在卫生、安全、财务等方面都有成文的规章制度,但多数园长认为那是"应付上级检查用的,幼儿园没有那么多人员和那么大的场地,不需要规定那么详细"。未注册幼儿教育机构实行园长负责制,教师、保育员责任制。园长负责安排课程、幼儿伙食,检查教师的教案以及买菜等事务,教师和保育员主要负责教学和孩子的安全。个别经营状况较好的未注册幼儿教育机构会聘请注册幼儿园的退休园长负责规划各项事务。

政府对未注册幼儿教育机构的管理,主要涉及教育、卫生、公安部门,其中教育部门主要负责教学指导,并提供针对园长和保育员的有偿培训信息。对园长和保育员进行培训是因为园长和保育员主要对整个机构以及孩子的安全负责,教育行政部门认为这些方面对机构的安全最为重要。卫生部门负责机构的卫生保健,主要检查食堂是否隔离为几个区间,有无消毒柜等。公安部门负责消防安全,检查机构是否有足够的安全通道等。各部门管理的显著特点是初期联合行动,经检查几次后认为条件基本可以的则主要由教育行政部门对其继续监管。当地教育部门的负责人表示，经过几年的努力，未注册幼儿教育机构的状况有了明显改善，但仍未达到登记注册标准的要求。访谈中，多数举办者也谈到教育部门对机构的指导促进了机构的发展。相比较而言，对苏中B市未注册幼儿教育机构的管理，不管是内部管理还是政府对机构的管理都比较缺乏，尤其是政府对机构的管理上，有关部门一般是在未注册幼儿教育机构出现问题且影响较大时，才对其进行管理，而且多数措施是取缔。

2. 未注册幼儿教育机构存在的原因分析

未注册幼儿教育机构在全国大量存在的现实说明它有广阔的需求空间，此类机构主要面向农民工家庭、城市低收入家庭和农民家庭。自20世纪90年代以来，大量农村富余劳动力涌入城市，目前农民工家庭出现了举家迁移的状况，一大批儿童随父母进入城市。这些家庭收入低、多数又是暂住户口，其子女很难进入当地注册幼儿园。对城市内部而言，由于城市居民贫富差距增大，并且出现了大量的下岗职工和待业人员，一定比例的城市居民的孩子也进入到未注册幼儿教育机构中。由于农村家庭经济收入有限，且一些地区乡镇中心园布局不合理，而家长又想让孩子尽早接受教育，就只能选择将孩子送到未注册幼儿教育机构。因此，未注册幼儿教育机构的存在与社会、政府、家庭和举办者四方面因素密切相关，具体来讲有以下几个方面的原因。

(1) 注册幼儿园收费较高，分布不合理，且数量有限。

首先，注册幼儿园收费高，超出经济困难家庭的承受能力。以苏南A市来说，该市注册幼儿园的最低收费是每月240元的保教费，远远高于未注册幼儿教育机构的收费标准，因此，即使注册幼儿园距离家庭较近，家长也不会选择将孩子送到注册幼儿园中。其次，注册幼儿园的布局不合理。计划经济条件下，我国形成了以户籍制度为核心的城乡二元的社会结构，这一结构及与之相配套的各种社会制度仍然存在一定的影响。以幼儿园规划布局为例,长期以来城市幼儿园的规划主要以户籍人口为准,这一现状并未因大量农民涌入城市而发生变化。政府对幼儿园进行规划布局时很少考虑农民工聚集区,由此在政府管理的盲区内出现了未注册幼儿教育机构。第三,国家在政策上鼓励并扶持民间企业团体或个人开办幼儿园。理论上来讲,这对国家、对民间应该是利大于弊的好事。据了解,2001年以前,我国的幼儿园类型分为教育部门办园、集体办园、其他部门办园和民办四个类型。2001年以后,民办幼儿园改为社会力量办园,并将教育部门办园和集体办园数量一并统计。教育部门办园的数量在2000年达到最大值,为35,219所,到2003年教育部门和集体办园总数为51,774所,而2003年社会力量办园数量为55,536所,这说明我国民办幼儿教育发展较为迅速的同时,也反映出政府办园的数量在下降。例如,某地一个区人口有11万,常住人口只有5,000余人,流动人口在10万人以上,绝大多数是外来打工者,而目前区内只有3家正规幼儿园,远不能满足幼儿入园的需求。政府没有举办足够数量的幼儿园来满足适龄孩子的需求,使未注册幼儿教育机构在各地出现。

(2) 政府对社会力量办园管理薄弱。

目前,多数地方政府对于民办幼儿园的审批和管理分离。各地教育部门基本上都设有社会力量办学科(处)来负责民办学校(幼儿园)的审批,在审批的过程中基教处幼教室的人员予以配合。由于审批民办幼儿园不是分内之事,基教处对其进行管理的积极性自然也不高,在对待未注册幼儿教育机构的态度上比较尴尬,一般采取"民不举,官不管"的态度,少数教育行政部门迫于社会舆论的压力不得不对未注册幼儿教育机构进行监管,但因缺乏相关的法律依据和执法权而效果甚微。此外,各地区幼教管理人员较为缺乏。据了解:"全国31个省(自治区、直辖市)除北京和天津还保留专门的学前教育管理机构外,其他29个省(自治区、直辖市)陆续在机构改进中撤并了学前教育专门管理机构,只设一名专职或兼职管理干部,市(地)县级幼教管理力量更为薄弱,且绝大多数的管理干部身兼数职,常常无力顾及幼教,难以履行基本的管理职能,即使对幼儿教育有所顾及,也只是对注册幼儿园在收费、安全卫生、教师资格认证以及教学业务上进行监督和指导,对大量存在的非法办园,监管不力,更无法及时面对一些新情况、新问题。"①

(3) 家长收入低,只能选择未注册幼儿教育机构。

学前儿童去学前教育机构接受教育是自愿而非强迫的,家长可根据家庭情况综合考虑是否送孩子入园以及进入哪种类型机构,但事实上这种自由是有限制的。家长经济状况较好的,可以自由选择,而家庭经济条件较差的,这种自由变成了一种制约性因素。"在价格机制的作用下,幼儿教育只能供给那些能够支付费用且有需要的人,市场不能向社会各个阶层供给幼儿教育,如果政府不提供,则社会整体的幼儿教育会出现需求不足,民众尤其是处于社会不利地位的群体会因为无力负担幼儿教育的费用而被排斥在外。"②未注册幼儿教育机构的幼儿家长主要由农民、城市低收入者和农民工组成,这三类群体收入较差,这也就意味着在子女入园的问题上,他们可选择的余地十分有限。未注册幼儿教育机构的收费较低,恰恰能满足这些家长的需求。以苏中B市一所未注册幼儿教育机构为例,其收费项目包括伙食费、兴趣班费、杂费和英语教材费。从表4-4可以看出,家长交费的差别主要取决于孩子是否参加兴趣班,参加了多少兴趣班。

---

① 21世纪教育发展研究院.教育蓝皮书——2006年:中国教育的转型与发展[M].北京:社会科学文献出版社,2007:107.
② 曾晓东.转型期我国幼儿教育发展的体制问题[J].幼儿教育,2005(3).

表 4-4 苏中 B 市未注册幼儿教育机构的收费情况表　（单位：元）

年龄班	教材费	保教育费、伙食费/月	兴趣班/月/门	杂费/学期	英语教材
大班	28.80	200	20	30	39
中班	24.50	200	20	30	39
小班	18.60	200	20	30	39

苏中 B 市 2 所农民工小学附设学前班的收费按照中小学的收费体制进行,即按照学期交费。2 所机构的收费分别为每学期 380 元和 400 元。另外按照自愿的原则,孩子中午可以在校就餐,也可回家。笔者调查的学前班中有 50 名幼儿,38 名在学校吃午饭,每个月每人交 60 元的伙食费。由此可知,学前班家长每月交费主要区别在孩子中午是否在校吃饭,交费金额在 80—136 元之间不等。

（4）未注册幼儿教育机构向家长提供多项特殊服务。

未注册幼儿教育机构免费特殊服务包括早送晚接、一周 6 天工作制（少数 7 天）、周日机构照看幼儿和开设特长班等。未注册幼儿教育机构的部分家长因从事卖菜、卖早点等行业,较早地就把孩子送到机构中,而且晚上下班时间较晚,一般接孩子也比较迟。据多数园长介绍,个别家长早上六点半左右将孩子送入机构,晚上九点左右来接,甚至有时家长上夜班孩子就住在机构中。按规定,周末照顾孩子需收取 8—20 元的费用。但因园长住在园内,而且需要照顾的孩子较少,一般是无偿为家长照看孩子并提供午饭;若需要照顾的孩子较多,园长则另安排教师,并安排伙食,适当收取费用,一般为 5 元/天。若机构不提供此项服务,家长又有需求,则允许教师将孩子带到家中照顾,每天可收取 20 元费用。开设特长班的机构在是否收费上有所区别:若特长班由机构本身的教师任教,一般不收取费用;若外聘教师,会收取一定的费用,上述特殊服务主要是在城市中。

3. 未注册幼儿教育机构没有登记注册的原因分析

客观上,未注册幼儿教育机构因机构的硬件和软件条件不达标而不能登记注册;主观上,举办者对登记注册意义的认识不清,对登记注册之后的检查和收费的增加存有顾虑。

(1) 硬件、软件条件未达到登记注册条例的要求。

有关部门认为未注册幼儿教育机构有场地狭小、师资力量薄弱、饮食搭配不合理和存在安全隐患等问题而不予以登记注册。在场地方面,大多数机构使用的是民房,如安全通道数量少或没有,达不到要求,而且活动场地比较小,在人均户外活动面积等方面要达到要求也很难。在师资方面,未注册幼儿教育机构教师的学历主要以中专为主,一部分教师没有教师资格证,而且教师流动性较强。在伙食方面,机构为幼儿提供一餐一点,没有水果。但在园长看来,未能登记注册的原因主要集中在师资和资金两个方面。首先,园长希望能招到具有教师资格证的教师。条件较好的教师对待遇要求较高,在机构本身盈利有限的情况下,对教师高工资、高福利的要求无法满足,因此,要改善师资状况比较困难。其次,机构缺乏发展资金。政府各部门"关心虽然不断,但是实质性帮助没有",机构也从未得到过社会援助,发展资金完全依靠收费。受家长经济承受能力的影响,机构收费不能提高,在收费不能提高、租金等方面支出上涨的情况下,机构开支较大,发展后劲不足。至于政府认为的机构空间有限、绿化面积有限、孩子的数量较多、人均占地不足、幼儿营养的搭配不能达到要求等问题,园长认为,首先,注册幼儿园的教师也表示过,公办园也不是各方面都达到条例的要求;其次,因为本身场地的建造并不是以举办幼儿园为目的,改造起来也比较困难,寻找新场地也不切实际;最后,若提高收费,生源就会流失,机构就会面临倒闭。

(2) 举办者对登记注册的作用认识不清。

在登记注册是否对机构的发展有用这一问题上,多数园长认为没有什么影响。第一,对生源无影响。家长对机构注册与否不是很关心,更看重机构的收费及距离家庭的远近。第二,机构对幼儿负责,家长比较放心即可。园长认为只要机构对孩子负责,给孩子一个安全的环境,能让孩子吃饱,不出问题就好。第三,未注册幼儿教育机构的前途很可能是倒闭,投资注册的意义不大。部分园长认为,随着城市化步伐的加快,人们对幼儿教育的要求越来越高,单依靠自身能力,机构肯定要面临倒闭,即使有投入,由于资金有限,改善的力度也不会很大,不如顺其自然,自生自灭。目前,机构在满足了一定社会需求的情况下,政府不可能予以取缔。也有个别举办者希望能登记注册:注册意味着可以光明正大地办幼儿园;注册后可以提高收费,随之改善幼儿的伙食,提高教师的待遇,吸引优秀的教师资源;注册后能调动园长投资的积极性。在没登记的情况下,机构时刻面临取缔的危险,园长不能安心地投资,但以目前的条件而言,要想注册十分困难。

(3) 依靠个人力量,登记注册难度较大。

未注册幼儿教育机构多是举办者个人出资。举办者认为机构的收入基本上只够维持正常的开支,所以多数未注册幼儿教育机构都是在维持现状,尤其是农村家庭式的未注册幼儿教育机构更是如此。苏南 A 市某区未注册幼儿教育机构的举办者多数表示,机构"每次都很小心翼翼地按照教育局的精神做事情",下大力度改善机构的硬件条件,如修建与改造厨房,将厨房按要求分隔为几个室:洗菜间、熟食间、烹饪间;添置消毒柜和玩具、翻新桌椅以及修建安全通道等等,但因个人的精力和财力有限,改善力度不是很大。园长也希望能招到素质较好又有工作经验的教师,但是能力毕竟有限,所以有些机构举办了十几年,仍未达到登记注册条例的要求。

(4) 登记注册程序较为烦琐。

首先,研究者了解到登记注册需要办理的证件包括房屋鉴定证、卫生许可证和消防证,此外,还需要提供园长和教师资格证、工作人员健康证等证明,有些地方还要求举办者要有5万元以上的流动资金。其次,办证程序烦琐,时间较长。要办好所需的证件,需要举办者到各个部门去申请,手续较为烦琐。从时间上讲,全部证件审批过程需要至少3个月的时间。第三,园长顾及检查的问题,"机构没有注册的情况下,就有很多部门来检查,园长认为注册了以后,检查的部门会增加",负担会加重。第四,个别农村未注册幼儿教育机构的举办者政策法规意识不强,不懂要先登记注册再办园,而且,政府部门的检查很少覆盖到这里,机构又为家长提供了方便的服务,也不会有家长举报。最后,举办者顾及办证费用较高。幼儿园登记注册需要一笔办证费,有些项目的收费对举办者来说是一笔不小的数目,而且即使是登记注册了以后,检查的部门增多,费用也会增加。

4. 对未注册幼儿教育机构的政策建议

为解决未注册幼儿教育机构的问题,政府应考虑制订对幼儿教育的财政投入政策、对幼儿入园的资助政策、对幼儿教育机构的审批政策以及管理政策。

(1) 加大对幼儿教育的财政投入政策,优化投资结构。

就我国的现实状况而言,政府的教育支出不足和结构不合理是两个主要问题。在教育成本一定的情况下,公共支出不足意味着个人教育成本的增加。从一般意义上分析,未注册幼儿教育机构的幼儿绝大多数来自低收入家庭,依靠流动儿童家庭对儿童进行人力资本投资存在着现实困难。由于家庭收入较低以及人力资本投资收益的滞后性等因素,要保证贫困家庭的孩子接受幼儿教育不能主要依靠当地政府、家庭,也不能依靠市场,最有效的解决措施就是中央政府加大对幼儿教育的投入。① 其实,教育经费投入短缺是一个国际性的普遍问题,这里涉及的因素较为复杂,既有政府和社会对教育投入的"努力程度",也有客观的经济因素和文化传统原因。无论如何,幼儿教育经费的相对增加,仍是制约幼儿教育事业发展的一个关键因素。此外,在加大经费投入的同时,还要优化投资结构。目前我国财政性学前教育经费在幼儿园之间分配的特点是:在市区,财政性学前教育经费一般由区教育局负责分配;在郊区,一般由镇一级的教育主管单位负责分配。这些经费一般只分配给公立幼儿园,而且是对重点幼儿园进行资助,对办学条件质量相对比较落后的幼儿园则进行补偿性投入,对普通幼儿园进行一般性投入。有的学者将这种分配机制称作倾斜性分配体制。倾斜性分配体制造就了一小部分设备先进的幼儿园和一大批相对比较落后的幼儿园并存的局面。② 在民办幼儿园弥补了公共学前教育不足的前提下,政府也应拿出一部分专项资金支持民办幼儿园的发展。

(2) 加大对幼儿入园的资助政策。

目前各国的幼儿教育财政投入机制大致可以分为两类:供方财政投入机制和需方财政投入机制。供方财政投入机制,即政府对专门托幼机构的财政投入;需方财政投入机制,是政府对幼儿及其家庭提供补助。由于我国的幼儿教育经费主要投向公办园,其惠及面在短时间内很难铺开,所以供方财政投入机制在我国实施起来比较困难。因此,需方财政投入机制可能最适合我国目前的实际情况。另外,政府也可以利用自己的领导地位和制定法规的权力调动政府的和非政府的力量,利用一切非财政收入为儿童的发展提供方便和帮助。规制形式的补助,赋予了儿童免费或者以低于市场价的价格享受某项教育服务的权力,政府将每一项措施的开支又转移到

---

① 刘鸿渊.多元利益格局下的城市流动儿童教育问题研究[J].社会科学研究,2007(6).
② 桂磊.关于财政性学前教育经费在幼儿园之间的分配问题[J].学前教育研究,2004(3).

财政和税收系统之外,大大拓宽了政府解决问题的途径,而政府并未为此背上财税负担。在政府财力不足而适龄儿童对补助需求数量巨大的地区和时代,这无疑是一种务实的、潜力巨大的儿童补助形式。我国当前需要开发这类儿童补助政策,并使其得到贯彻落实。当然,规制形式的幼儿入学补助也可能产生多种不利后果,如政府可能推卸自身投资责任,使我国的教育发展变成教育负担大家摊的局面等,这些方面应努力避免。

(3)规范对幼儿教育机构的审批政策。

社会的不断发展变化告诉我们:国家在应对年幼儿童及其家庭的需要方面有必要从根本上重新进行考察,重新考虑数十年前制定的、自那以后只是进行着点滴修正的相关政策的适宜性问题。[①] 从 1989 年《幼儿园管理条例》的制定以及 1996 年实施《幼儿园工作规程》后的十几年中,国家对幼儿园登记注册制度没有做出较大调整,相对于飞速发展的社会而言,登记注册制度存在着滞后性。登记注册是必需的,因为离开了评价标准,就无法确定机构的保教质量如何。但标准的最终目的是为保护儿童,因此需要考虑的关键问题是标准究竟应该定位在哪里。目前我国的幼儿园登记注册管理条例缺乏最低的要求,或者可以认为,条例所规定的内容是人们站在一个理想的角度所做的规定,但是没有反映出现实如何才能达到理想状态,毕竟一步登天是不现实的。目前而言,给一个底线远比考虑如何做到最好对解决问题更具现实意义。因此,研究者认为,我国的幼儿园登记注册管理办法应做出相应的调整甚至是变革,以顺应时代发展的需要。在此需要明确的是调整或变革的方向。研究者认为可以从以下几个方面予以考虑:首先,登记注册条例应对底线做出规定。具备了最低的标准并且规范了审批程序,才是合理的、人性的,才具有较强的可操作性。此

---

① 桂磊.关于财政性学前教育经费在幼儿园之间的分配问题[J].学前教育研究,2004(3).

外,对底线的规定还有助于举办者在参照审批办法的同时,就能判断自己是否有足够的条件来举办幼儿教育机构,将举办者置于主动的位置上,一定程度上将减少非法机构出现的概率,从而有效地拒绝非法机构的出现。此外,登记注册条例应规定重点问题:首先,机构的房屋质检要过关,禁止使用危房;其次,幼儿的饮食一定要卫生,而且要有一定的营养,保证幼儿适量的饮水;第三,课桌椅的大小、教室的光线要适合幼儿,让幼儿有较为舒适的睡眠环境;第四,有一定面积的活动场地。总之,就是在安全、健康上把好关的前提下,对机构的规模和专业上的要求可以适当放低。

(4) 明确对未注册幼儿教育机构的管理政策,采取多样化措施。

首先,对整个幼儿教育的管理不只是教育行政部门的职责,需要有关部门齐抓共管。1987年国务院办公厅转发国家教委等部门《关于明确幼儿教育事业领导管理职责分工请示的通知》以及2003年国务院转发教育部等部门《关于幼儿教育改革与发展指导意见的通知》都明确地指出:办好幼儿教育光依靠教育行政部门的力量是远远不够的,需要各个政府部门齐心协力,共同合作。两个文件还分别对有关部门的职责进行了规定,如其中教育部门的职责有:贯彻中央、国务院有关幼儿教育工作的方针、政策和指示,拟定行政法规和重要的规章制度,拟定幼儿教育事业发展规划并组织实施等。由此可知,发展幼儿教育不仅仅是教育部门的职责,强调以教育部门为主,只能弱化其他部门的职责,而且迫使教育部门不得不做一些力所不及的事情。应该本着谁审批、谁负责、谁管理的原则,使管理落到实效。不同部门对机构的审批侧重的方面也应有所不同,根据我国的实际情况,应允许侧重保育以及保教兼施的机构存在。但即使是以保育为主,也要联合教育部门对机构中教师的基本素质状况进行检查和监督,并对其进行培训,各部门之间也应该建立相互合作、互帮互助的关系。此外,为了保证各部门审批权与管理权的有效执行,应建立完善的监督体制,在这里,特别强调监督体制要独立于各部门之外,以保证监督的客观性。

其次,对未注册幼儿教育机构管理采取多样化措施。对未注册幼儿教育机构的管理,不仅是取缔这样简单。有人在分析政府对待农民工子弟学校的态度时指出,政府取缔机构的做法是计划经济时代政府大一统管理的延续,政府习惯于整齐划一、方便高效的管理模式,对任何形式及规模的新事物和竞争对手都保持着戒心,生怕它们蚕食了自己的威严和权力触角。此外,政府还担心民工子弟学校简陋甚至丑陋,影响了城市的某个"创优"形象工程……①研究者认为,对一些条件十分差劲,严重危害幼儿身心发展的机构,政府应该毫不犹豫将其取缔,而且要采取措施防患其再次出现。但取缔不是唯一的措施。我们应该看到,未注册幼儿教育机构屡禁不止的根源是幼儿的入园问题没有得到解决。因此,政府应想办法满足这部分幼儿的入园需求。政府应该在幼儿教育需求较大的地区,设置平价幼儿园,来满足家长的需求,或者对一些经过改善可以达到要求的未注册幼儿教育机构进行扶持。

当前,各级政府将"办人民满意的教育"放在首位,但让人民满意的教育办起来难度确实很大。对于教育,我们最需要做的,倒不在于把"让人民满意"这句大而无当的漂亮口号喊得震天响,而是要真的像邓小平所说的那样把自己当成"人民的儿子",真的像毛泽东所说的那样"全心全意为人民服务"。若能做到这两点,至少人民对我们的不满意也就会少一些,②解决未注册幼儿教育机构的问题正是需要政府具备这样的心态。

---

① 岳建国.补贴"黑户"民校,政府终于想明白了[N].中国青年报,2007-11-6.
② 吴康宁."人民满意的教育"何处寻[J].教育参考,2007(12).

"再改制"现象与决策理性的唤起

时至今日,幼儿园教育体制改革的潮起潮落已经波荡了近十年时间,十年间的体制变迁究竟给广大幼儿教师的职业生涯和个人生活留下了什么?给幼儿园——这中国学前教育体系中最基层、最核心的组织带去了什么?给我们的幼儿教育历史写下了什么?当某些地区的幼教人为更进一步地"去公有制"身份而焦灼的时候,当那些曾经被变卖的幼儿园被政府陆续收回的时候,当一些地区的政府开始出钱、出力、出制度下力气扶植幼教发展的时候,走进这一历史片断亲历者的世界,翻看他们的生活历史,聆听他们的良多感慨,剖析个中关系,便具有了反思过去、警醒当下、昭示未来的价值。

一、故事的主角:A 园长与 X 幼儿园

为了研究的所谓规范,笔者不止一次地尝试将研究对象聚焦在一个点上——或个案幼儿园或个案园长,但每每失败。因为在这个关乎到 X 幼儿园发展史与 A 园长生活工作史的历史片断中,二者因为命运的相互缠绕已经天然地融合在了一起,而这种融合反而更加典型地体现了幼儿园体制变迁与园长个人发展之间复杂、动态的关系。所以,本文的分析在尽量围绕 A 园长个人展开的同时,会不可避免地有时将 X 幼儿园教师队伍的整体情况作为考量对象。

X幼儿园地处江南一个经济较为发达的小镇,代表着城市化的工业文明与传统农耕文明在这里交汇,一派典型的中国东部村镇的景象。2005年,X幼儿园通过了市一类幼儿园验收。目前,在园幼儿近600名,教职工50人。作为中心园,X幼儿园还承担着对一所村园的管理任务。需要说明的是,为了研究方便,本文中所使用的相关数据仅仅涉及X幼儿园,不包括所辖村园。

1987年,从当地师范学校毕业的A园长被分配到X幼儿园工作,1997年起任园长至今,本科学历,中学高级教师职称,曾获得多种奖励与表彰。在X幼儿园工作的20余年里,她见证了该园公私两种体制交替变换的曲折历程,体味了公办园长和幼儿园主办者之间角色转换的酸甜苦辣。在一定程度上,可以说A园长的工作经历浓缩了十年来中国幼儿园体制改革的足迹——这也是笔者选择她作为研究个案的最主要原因。

以往的相关研究,侧重于分析办园体制变化对教师队伍整体的影响,主要揭示的是幼儿园市场化与教师数量、教师收入、教师素质等指标的单向联系。而本文期望借助A园长与X幼儿园鲜活的历史故事,展现体制变迁中幼儿教师的真实反应,揭示办园体制与幼儿教师间本质的关系,以及后者对前者的一定反向作用。

二、放逐与回归:X幼儿园的两次转制

21世纪之初,在X幼儿园各项工作稳步进行,"原地新建配套活动室的图纸已经出来,拆除旧房子的日期也有了"①的时候,"吹来了一阵幼儿园转制之风……由于当时决策领导人员的观念问题,镇政府完全是为了甩包袱,X幼儿园成了这里第一所'产权全部转让'的私立幼儿园。那时镇政府把主要的财力都投到中学去了,依据该镇的实际经济情况,也不可能来

---

① 文中未做说明的引文均来自对A园长的访谈以及她提供的文字资料,在此深表感谢。

投资改建中心幼儿园了。另外,那时幼儿园收费很低,人头经费镇政府拨款,每年拨款在 10 万元左右,改制以后镇政府就不用每年拨款给幼儿园,相反还得到一笔转让资金"。于是在"公转私"成为"时尚",政府财力有限,同时有利可图的"特定历史阶段",经过反反复复的思考,2000 年 4 月 24 日上午 10 时在中心幼儿园的产权拍卖会上,A 园长"迫不得已、别无选择、含着眼泪与镇政府签订了转制协议",个人购买了 X 幼儿园,她便从"一名原镇中心幼儿园的园长成为一名私立幼儿园的园长,同时也成了一名幼儿园的举办者"。

接下来,流离在公有制外的五年对身为"老板"的 A 园长来说应该是一场噩梦,因为每每谈到这个话题她便热泪盈眶,因为她不止一次地在文字和言语表达中重复着这样一句话:"回首当年,假如生活给我第二次选择的话,我肯定不会再选择走这条充满荆棘的路。"第一次转制后,办园条件急剧下降,保教质量长期得不到提高,从园长教师到幼儿家长再到社区居民都对该园的状况深感不满,而政府也开始对幼儿园体制变化带来的影响进行反思。于是,在历经了五年的身心疲惫后,A 园长争取到镇人大代表的提案支持,于 2004 年 4 月郑重向镇政府提出申请要求政府回收 X 幼儿园,镇政府经多次调研、商量、讨论、研究,最终于 2005 年 4 月 12 日与 A 园长正式签订了回购协议——2005 年 2 月 1 日起镇政府重新接管 X 幼儿园,而 A 园长又"演"回了她阔别五年的单纯的幼儿园园长角色,她说那一刻"觉得堵在心口的石头总算落地了"。

三、"无奈"与"对抗":转制中的教师们

两次转制,三个阶段,带来的是 A 园长与 X 幼儿园其他教师待遇、职业态度、工作状态、同事关系等多方面变化,是处在相对弱势位置的教师面对政府决策的无奈"依附"和本能"对抗"。

表 4-5 是 X 幼儿园不同体制时期三个年份的教师基本情况,可以看

出,私有化后的幼儿园教职工流失严重,特别是在幼儿人数增长的情况下,专任教师大幅度流失;而据 A 园长说,那时"几所'资产全部转让'的幼儿园的公办教师全部到小学和中学里去任教了,一方面幼儿园流失了人才,另一方面公办教师到小学和中学里去很难发挥她们应有的水平,因为毕竟专业不对口。公办教师的流失对幼教事业可以说是一大损失,因为一批公办教师都是幼儿园的骨干教师,有的是园长,有的是副园长,有的是教研组长,是幼教事业的中坚力量"——而 X 幼儿园唯一留下的公办教师是她本人。

表 4-5 X 幼儿园幼儿与教师人数变化表 (单位:人)

年份	在园幼儿	教职工总数	专职教师	公办教师	备注
1999 年	238	29	23	3	2000 年 4 月改私立幼儿园
2002 年	304	23	18	1	2005 年 2 月镇政府重新接管
2007 年	561	50	36	2	

面对充满着政府意志的、强大的改制决定,普通幼儿教师无力也无法提出质询与疑义,除了在迷茫中默默接受之外,出于自身利益考虑的种种其他选择在客观上成了一种无声的抗争——离岗可以被看作最具"对抗"意味的选择。离开幼儿园,选择其他就业单位,逃离这个不再公平、可能永远难以获胜的"游戏"。逃逸意味着逃逸者感到新的规则可能损害或已经损害了他的承受底线——在一名农村幼儿园教师朴素的认识中,所谓公办体制的丢失带来的是收入缺少保障、生活缺失依靠、身份缺乏体制认可。这并非是对计划经济下一切全民所有、政府包揽的依恋,而是残酷的现实表明办园体制改变直接影响了幼儿园工作人员的收入:X 幼儿园所在

市城镇居民人均可支配收入2002年为9,988元①,当年该园某聘任教师收入为7,800元,比居民人均收入低21.9%,而2007年该教师的收入为24,630元,比同年该地区城镇居民收入高了17.86%。在教师们看来,这一低一高、一降一增皆源于幼儿园公有体制上的一出一进,而A幼儿园的收支数据也的确印证了教师们的判断。

从表4-6可以看出,幼儿园用于支付教师薪酬与福利的经费随着因体制变化而或消或长的政府投入呈U形变化,在抽离了政府支持的2002年,该园教职工人均薪酬支出只有8,700元,降到了最低点。② 普通教师收入徘徊不前,而被旁人调侃做"老板"的A园长也因五年间数百万元的支出面临着巨大的经济压力。这种压力源于政府对A园长所提出的一系列超越市场规律的要求。

表4-6　X幼儿园部分收支情况变化表　（单位:万元）

年份	收入		职工薪酬福利支出	
	总收入	政府投入	总数	人均
1999年	82.23	20.14	45.5	1.57
2002年	36.25	0	20.09	0.87
2007年	244.72	62.98	148.52	2.97

3.幼儿园的收费,按上级主管教育、物价等部门规定的项目、标准等要求执行,并做到专款专用。

……

6.拍卖后应按规范另建新账。原中心幼儿园公办教师的人头经费如上级核拨,则仍按原渠道(市财政)拨付,如上级停止拨款,则连同奖金(按

---

① 数据来源于该市统计局。
② 由于该年政府已停发公办教师工资,因此这一年的人均薪酬支出与教师人均收入应比较吻合,而1999年和2007年因政府承担公办教师工资,故教师人均实际收入会更高于支出数。

标准)均由乙方负担,并要随着社会生活水平的提高,逐步提高幼师的报酬、养老保险等待遇。

——摘自《X幼儿园产权拍卖转让协议》,2000年4月

这两条协议给了A园长这样的要求与暗示:幼儿园收费按X幼儿园当时二类标准进行,即每学期可向每位幼儿收取保教杂费等费用650元,但教师待遇不可以降低;公办教师的人头经费也可能要由园方负担。一边是难以增加的收入,一边是持续上升的支出,这显然违背了追求最大利润这一最基本的市场规律,造成了转制幼儿园特有的"生产性—教育性"冲突。① 从商品属性上说,曾被政府货币化为百万元出售的幼儿园已变成了私产,作为普通百姓的A园长没有义务也没有能力不考虑个人利益而持续投资,为了保持收支平衡,幼儿园只能量入为出,"为了节省开支,精减人员,在保证每班两位教师的前提下,减少管理人员",当时的A园长"既是园长,又是总务、会计、教师、门卫、清洁工,身兼多职,整天忙忙碌碌,压力太大了!……那几年都不知道是怎么熬过来的"。

对好学上进的A园长来说在财力、精力有限的情况下减少在职学习成了不得已的选择:"1997年到2000年因为是刚踏上领导岗位,参加培训的机会比较多,培训费用全部由幼儿园负担……2000年我参加了全国成人高考考入N师大本科函授,费用都是个人承担……在2000年到2005年幼儿园转制期间,几乎没有外出培训和参加学术活动的机会,与外界接触很少,所以有种闭门造车的感觉,反正只要幼儿园不出安全事故就好了。而政府回收幼儿园之后不久我就参加了幼儿园园长岗位培训,还在N师大作为访问学者脱产进行了一学期研修。"从X幼儿园账目上可以看出,1999年园方用于教师培训的支出是8,800元,2007年是19,800元,2002

---

① 虞永平.试论政府在幼儿教育发展中的作用[J].学前教育研究,2007(01).

为 0 元。

与经费的捉襟见肘和专业发展的"渐行渐远"相比,让 A 园长更为苦恼的是精神压力与心灵折磨。这种压力与折磨来自幼儿园体制改革自身的尝试性,来自对办园方向的迷茫,[①]不确定往往让人陷入恐惧与无助——"在体制改革的过程中,由于没有现成的路子可走,基本上是走一步看一步,摸着石头过河";来自辛劳付出和收获的巨大反差,好似现实对其工作的否定——"当年为了 29 位教师的吃饭问题,我做出了比恋爱结婚更重大的选择",但"巧妇难为无米之炊,两费的收入根本没办法维持幼儿园的正常运转和必要开支,中心园教师流失,硬件条件得不到改善,保教质量严重下降,本来我们园是这里很不错的幼儿园,但拍卖后的五年里没有提升等级,等 2005 年政府收回的时候比那些没转制的幼儿园落后了一大截";来自政府对自身的贡献不但不肯定反而可能进一步剥夺自身权益的委屈——"我本人是公办教师,在幼教这块园地上默默无闻工作了十五年,没有功劳也有苦劳,对于公办教师工资财政不拨款这一政策,从幼儿园转私这一角度我能理解,可为什么自负盈亏、差额补助、园长承办的幼儿园公办教师的工资照发,而我花了一百多万元本钱,为什么还要丢掉公办教师(的身份)呢? 改革的代价也太沉重了。"

而其他教师的消极状态和微妙的人际关系更让 A 园长深感心力交瘁。

幼儿园第一次转制后,教师没有了安全感,总觉得前途渺茫,对工作缺少了热情,做一天和尚撞一天钟,对自己也放松了要求,不参加大专进修、不申报教师资格、不参加职称评定等。

——摘自 A 园长《两次改制的感悟》

[①] 陈恩伦,陈惠.对幼儿园转制过程中政府责任的几点思考[J].学前教育研究,2008(5).

转制（私有制）那几年，老师和园长的关系发生了变化，原本大家一起都很亲切，因为本来大家感觉都是在给政府做事嘛，但卖园以后一些老师认为园长成了老板，是在给园长做事，就更加计较了，所以（二者）之间的关系变得紧张了，其实大家很佩服她。

——X幼儿园某教师访谈

斯科特曾以自己在马来西亚农村的田野研究为依据，指出公开的、有组织的反抗对底层人来说是危险的，因此他们借助日常形式开展反抗——偷懒、装糊涂、开小差、假装顺从、偷盗、装傻卖呆、诽谤、纵火、怠工等。这些"弱者的武器"(weapons of the weak)使得反抗者们在更为安全的环境下去消解治理策略。① 其实，与那些选择逃逸的教师相比，第一次改制后留下来继续工作的教师在无奈地接受被放逐于体制外的现实的同时，也在以其特有的方式"对抗"着新体制——进行着他们的日常反抗。消极的工作态度、放弃专业发展，甚至制造紧张的同事关系都是在一定程度上发泄对改制的不满，这是一种以降低教育质量、挫伤幼教事业发展为代价的"对抗"，它因具有破坏力而成为迫使第二次改制发生的一个原因。

四、社会贡献力的制度化消解：转制问题的本质

幼儿园改制问题的本质是幼儿园产权所有制性质的变化。要使幼儿园正常发挥功能离不开相应的投入，所以公立、私营的体制变换的核心问题是谁为幼儿园正常运转、为幼儿教育的顺利开展承担主要成本。X幼儿园的故事说明改制后的幼儿园从根本上说是教师在通过个人的劳动换取这部分成本。那么政府将幼儿园抛出体制、以实现让教师"自食其力"的做法合理吗？

---

① James C.Scott. Weapons of the Weak：Everyday Forms of Peasant Resistance[M].New Haven：Yale University Press，1985.

个体的收入来源于经济贡献和社会贡献两个部分。将收入建立在对产出的贡献力上看似合情、合理、合法,但在市场机制中,个体的贡献力取决于其创造的经济价值,因此一个人的收入是和他的经济贡献力相一致的,而那些做出社会贡献的人便得不到相应的收入。[①] 这就使得幼儿教师——因其所从事的职业具有很强的积极外部性[②],他们对社会的贡献无法在市场中直接显示——便无法获得这部分相应的收入,也就是说,第一次转制后的X幼儿园教师们所获得的仅仅是他们的劳动在市场部分的收入,原本由政府予以补偿的社会贡献部分因体制变换被消解。

以A园长和她的同事们为代表的、遭遇了办园体制多次变迁的中国幼儿教师们,为民族的进步和文明的延续编排与照摄着一帧帧细小的历史画面,却无力从根本上改变自己命运轨迹与历史角色之间那仿佛已经被经典化了的起伏跌宕,其社会贡献能否得到认可被决定在几页象征着放逐或回归的协议书中,这是孤立的个案还是教育发展的必经之路?是政府的权宜之举还是我们的行政文化特点?是决策者对教育管理之责的主动承担还是随意用权?这些问题值得我们深思。

[①] 刘天喜,牛舫.论个人与政府之间的平等[J].人文杂志,2002(01).
[②] 蔡迎旗.幼儿教育财政投入与政策[M].北京:教育科学出版社,2007:60.

政府担当,儿童为先

——山东省东营市学前教育行[①]

在山东省教育厅领导与东营市各级教育行政部门的支持和配合下,2008年6月我们对东营市的幼儿教育工作进行了近两天的实地考察,随后又认真分析文本资料及访谈记录,对东营市学前教育发展的状况及拟实施的学前三年免费教育有了初步的了解。下面就东营市的学前教育事业谈以下几点想法。

一、政府高度重视,教育观念科学,事业发展稳健

我们看到,多年来,东营市政府高度重视学前教育,具有科学的学前教育观念,全市教育事业稳健发展。

该市各级政府投资兴办高标准的示范幼儿园;将学前教育经费列入同级财政预算,设立扶持农村幼儿园建设、鼓励争创省十佳幼儿园、进行教师培训等的专项经费;将农村幼儿园的建设纳入各县精神文明工作考核体系中;实施了具有地方特色的"结网互动,优势拉动,整体推动"的幼儿园发展模式,省级示范园带动乡镇中心园,中心园带动村园,通过城乡幼儿园结对子、优质园所教师到基层支教、巡回指导等活动,最大限度地实现教育资源

[①] 该部分内容主要描述的是2008年东营的情况。

共享。这些举措,促进了该市学前教育事业的大踏步发展,全市学前三年入园率达95.25%。

东营市在2008年1月份召开的六届人大一次会议上通过的《政府工作报告》中,明确提出了"今后五年,在巩固完善义务教育的基础上,实现包括学前三年教育在内的12年免费教育"的目标任务。

所有这些已实施的措施和紧锣密鼓中的计划,都离不开政府的核心作用。在东营,我们深深感到各级政府对学前教育事业的关注和投入的力度——从财力和政策两个方面保障了学前教育相关工作的顺利进行和进步。东营市各级政府深刻地认识到了实施学前教育对人发展的重大意义,认识到积极地在人生起步阶段进行科学的保育教育是实现受教育者全面、健康、可持续发展的需要。同时,当地政府还从"促进教育事业科学发展""实现全面建设小康社会目标和民族伟大复兴"的视角看待学前教育,把部分地区视为"轻中之轻"的工作放到具有政治意义的、关系民生的、相对重要的地位,主动扛起一些地方政府推卸的责任,这一点既是东营学前教育事业蓬勃发展的核心原因与经验,更是值得借鉴的一种行政理念与态度。

二、勇于面对挑战,自加压力,学前教育将实现新的超越

当前,我国的学前教育事业面临着各种困难,部分地区出现了政府轻视学前教育、出售或变相出售公办幼儿园、幼儿教师权益无法得到保障等问题。面对这种充满压力的外部环境,东营市紧紧把握住学前教育"实行地方负责,分级管理"的政策方向,大胆提出实施"学前三年免费教育"的决定,开全国之先河,走出一条发展学前教育和社会事业的崭新道路。

学前教育是基础教育的重要组成部分,很多地区将其视为国民教育体系的第一阶段。发展学前教育对于促进幼儿健康成长、个体和谐可持续发展、国民素质整体提升、各级教育均衡发展等有着举足轻重的意义。学前教育作为一项公共福利事业、一种准公共产品,政府分担一定成本是必要

与合理的。

随着经济的发展，社会事业发展必将从以"经济为中心"转向以"制度为中心"，对此，十七大报告指出："必须在经济发展的基础上，更加注重社会建设……"对教育而言就是要从教育为经济发展服务的模式转变为制度、经济为教育服务的模式——其表现之一就是要确保社会制度保障人的受教育权顺利实现，这需要政府在经济上对受教育者提供一定的支持，政府为学前教育"买单"必将是我们追求的目标。

作为一个地区经济在全国并不占绝对领先位置的城市，东营率先提出免费学前教育的做法堪称全国典范。它是顺应发展要求、与时俱进的。它的成功实施必将为我国其他地区发展学前教育起到良好的示范作用，对促进我国学前教育事业健康发展具有不可低估的意义。

三、免费学前教育意义深远，价值重大，造福子孙，惠及地方

实施学前三年免费教育，是关注民生的重大举措。胡锦涛同志在十七大报告中指出："社会建设与人民幸福安康息息相关。必须在经济发展的基础上，更加注重社会建设，着力保障和改善民生，推进社会体制改革，扩大公共服务，完善社会管理，促进社会公平正义，努力使全体人民学有所教、劳有所得、病有所医、老有所养、住有所居，推动建设和谐社会。"对此，他第一点即提出要"优先发展教育，建设人力资源强国"，并特别指出要"重视学前教育"。可见，对于学前教育的重视与投入已成为推进社会建设、保障人民幸福生活的要事之一。重视学前教育必须切实保障幼儿的受教育权利，彰显公平。在保障每个幼儿公平接受教育的权利的同时，国家也应提供教育设施，为公民受教育创造必要的机会和物质条件。"学前三年免费"制度的提出正是对这一精神的贯彻，它能让百姓感受到教育负担的减轻、家庭经济能力的提升，感受到政府对儿童的关爱，从而切实体会到政府关注"民生"绝不仅仅是一句口号。

免费教育的直接受惠者是儿童,他们是未来的国家建设者,肩负着实现中华民族复兴的伟大使命——这需要大力提高我国的生产力水平,而在知识经济时代,生产力的发展关键在于劳动者综合素质的提升,因此,在这个意义上实施免费教育有利于潜在劳动力的全面可持续发展,即"代表了先进生产力的发展要求";免费学前教育在一定程度上可以遏制非法幼儿教育机构,优化师资,从而保障幼儿尽可能地享受到安全健康的保育,及在科学理念引领下的教育,"代表了先进文化的前进方向";免费教育立足解决学前教育供求矛盾,立足于人民的教育需求,以部分承担市民教育支出为手段,以提供优质教育为目的,实现该市幼儿健康、全面、和谐发展为追求,"代表了最广大人民的根本利益"。

胡锦涛同志指出:"科学发展观,第一要义是发展,核心是以人为本,基本要求是全面协调可持续,根本方法是统筹兼顾。"在教育领域贯彻落实科学发展观,实现教育事业的全面协调可持续发展,学前教育阶段是不可逾越的起步环节。只有关注人生最初阶段才能谈得上今后的发展,才是对"人"的整体性认识,体现"以人为本"这一核心。同时,也只有将学前教育实质上地纳入国民教育体系,将其放在整个教育事业中进行统筹,在财政投入、师资配备、管理规划、评估督导等方面着力协调,才能实现它的良性发展,也只有这样,我们的教育事业才是全面和谐的。东营的免费教育计划毫无疑问是地方政府站在整个教育事业发展的高度兼顾学前教育发展的有益尝试。

实施学前三年免费教育,有利于落实公共经费,拉动地方经济发展。免费教育在一定程度上可以减轻百姓的教育支出,解除家长在教育上的经济负担,这就相当于提高了家长的可支配收入,收入的增加意味着其购买力的增加,这对拉动当地消费需求,促进地区经济发展有着不可低估的潜在力量。所以,表面上看实施免费教育增加了财政投入,但其带来的经济效益也是不可估量的。

同时,免费教育的实施也是为市民提供普遍福利、塑造服务性政府的举措。此外,将免费教育与幼儿园标准化建设、评级达标等工作相结合,有助于扶助薄弱园所,促进当地幼儿教育机构的整体发展,提高学前教育质量。

四、学前三年免费教育方案思路清晰,实事求是,措施有力

目前,东营市《免费教育规划草案》(以下简称《草案》)对实施学前三年免费教育的方案已有大致的呈现。《草案》建立在对全市学前教育事业发展现状的调研基础上,目的明确,思路清晰,步骤有序,与多项工程结合,具有一定的可操作性。

我们看到,免费教育计划分阶段进行,试点首先从贫困乡镇开始,进而推进到全市农村,最后才扩展到城市幼儿园。这一思路体现了关注农村、优先弱者的思想,是对公平理念的实践,更是对构建和谐社会精神的贯彻。

方案还提出了不同县区的财政分摊比例——我们注意到这种区别分摊考虑到了县级财政实际困难,一定程度上保障了免费计划实施的可行性。

政府投资为主，家庭合理分担，引导幼儿教育事业走上健康发展之路

——基于张家港市的经验

张家港位于长江下游南岸，江苏省东南部，是沿海和长江两大经济开发带交汇处的新兴港口工业城市。全市总面积998.48平方千米，陆地面积785.55平方千米。至2005年末，总户籍人口87.9万人，外来暂住人口46万人。改革开放以来，张家港人弘扬"团结拼搏、负重奋斗、自加压力、敢于争先"的张家港精神，在经济和社会文化发展方面取得了显著成就。2005年，该市实现地区生产总值705亿元，全市人均生产总值8.07万元，折合9,997美元。全年财政总收入108.38亿元，其中地方一般预算收入48.38亿元，在全省各县级市中名列第二，中国经济最发达县市中列第四位，全国县域经济百强县（市）中列第三位，"2005年度全国中小城市综合实力100强"中列第二位，率先达到了江苏省全面建设小康社会的各项指标要求。这样一个经济发达的地区，其学前教育事业的发展也取得了骄人的成绩，为促进我国幼儿教育事业——特别是经济发达地区的幼儿教育发展——提供了一系列可资借鉴的经验。

一、张家港幼儿教育发展现状概述

目前，张家港学前三年幼儿入园率达99%，学前一年幼儿入园率达100%，0—3岁幼儿入园率达30%。全市共有幼儿园58所，其中政府办园

33所,部门办园2所,村办园20所,民办园3所(见图4-1),逐步形成了以公办园为主体,公办与民办相结合的幼儿园发展格局。在管理体制上,全市共有独立建制的幼儿园46所,占幼儿园总数的74%。

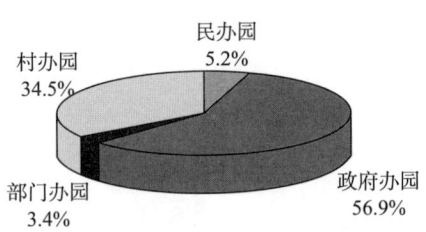

图4-1 张家港各类型幼儿园比例①

经过近年来的设施改善,张家港市镇两级的幼儿园均基本实现了教育设施的现代化。所有幼儿园班配备电视机、适合幼儿身高的配套桌椅、开放式玩具橱、录音机、降温设备及满足幼儿体育活动需要的大型玩具和运动器械,90%的幼儿园班配备钢琴,60%以上的幼儿园班配备电脑,50%以上的幼儿园建有多媒体教室;100%的幼儿园建成了校园网;省、市级示范园达到28所,占镇级以上幼儿园的77%,村级一类、二类园已达14所,占村级幼儿园总数的77%。

据我们调查,该市幼儿园生均占地面积17.11平方米,生均园舍建筑面积7.3平方米,生均户外活动场地6.48平方米,三项数值都是全国平均水平的两倍多。② 这说明相对全国而言,张家港的幼儿有更多的学习和活动的空间。

2006年,该市专任幼儿教师学历合格率已达100%,其中大专毕业教师占70%以上,另有88位园长、教师取得了本科文凭。近三年来,教师的

---

① 文中统计图均源于:罗嘉君.幼儿教育投资分析——以张家港为个案的研究[D].南京:南京师范大学硕士学位论文,2007.
② 全国生均占地面积为7.48平方米,生均园舍建筑面积为3.74平方米,生均户外活动场地3.16平方米。数据来源于《中国教育统计年鉴》,人民教育出版社,2005年版。

专业合格率、学历合格率、教师资格证持有率以及大专以上教师所占比例都在逐年提升(见表4-7)。目前,全市幼儿教师中有苏州市学术带头人1人,苏州市学科带头人3人,苏州市双十佳10人,市级教坛新秀、教学能手、学科带头人122人。2005年,全市共有幼儿教师1,180名,其中公办教师661位;公办教师数与幼儿数的比例为1∶17,教职工数与幼儿数的比例为1∶12。

表4-7 张家港市幼儿教师专业情况表①

学年	专业合格率(%)	学历合格率(%)	教师资格证(%)	大专以上比例(%)
2003—2004	84.6	98.9	56	57
2004—2005	80	96.3	69	61
2005—2006	86	100	81.7	70

二、政府是幼儿教育投资的绝对主体

1. 幼儿教育投资份额分析

经费的投入是幼儿教育事业顺利发展的必要前提。我们分别从建园当年投资份额和幼儿园运营维护投资份额两方面考察了张家港市幼儿教育投资情况,分析表明政府特别是乡镇一级的政府是该市幼儿教育投资的主导力量。

(1) 建园当年投资份额。

根据各类幼儿园比例,我们在该市58所幼儿园中抽取政府办园10所、部门办园1所、村办园6所、民办园1所发放问卷,对他们建园当年的投入来源及数额进行调查。实际回收有效问卷中,政府办园9所、部门办园1所、村办园5所、民办园1所,回收率分别为90%、100%、83%、100%。

调查显示,各园建园当年,共投入了6,459.91万元,其中政府投入

---

① 来源于张家港教育局。

5,178.69万元,包括市县一级投入684.75万元、乡镇投入3,812.36万元、直属部门投入66万元、政府预算外资助615.58万元,个人家庭投入760.22万元,企业单位投入513.5万元,其他投入7.5万元。

建园当年的投资主体主要包括了政府、个人家庭和企业单位,其中政府的投入占到总投入的80.2%,个人家庭的投入占11.8%,而企业单位的投入占7.9%(见图4-2)。这说明在各个幼儿园的建园当年,政府是幼儿教育投入的绝对主体,是最主要的经费来源。

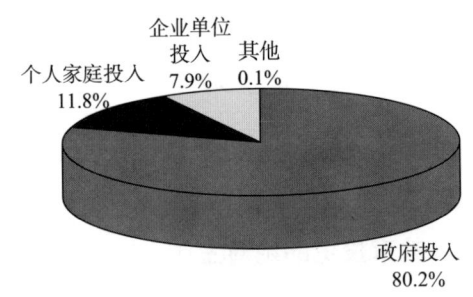

图4-2 张家港市18所幼儿园建园当年投资份额

(2) 幼儿园运营维护投资份额。

如果说新建幼儿园第一笔投资是为幼儿园的启动注入了活力,那么年复一年的持续投入才是幼儿教育事业长期稳定发展的保证。通过抽样的方式,我们对18所幼儿园①2005年投资规模和主体的信息进行了收集,分析其投资的来源和份额结构。可以看出,2005年,这些幼儿园共收到投资3,980.6万元,其中政府投入2,409.57万元,包括市县一级投入394.63万元、乡镇投入1,515.84万元、直属部门投入166万元、政府预算外资助333.10万元;个人家庭投入1,565.03万元;企业单位投入6万元。

由图4-3可以看出,2005年对幼儿园进行投资的主体主要包括了政府和个人家庭,其中政府的投入占到总投入的60.5%,个人家庭的投入占

---

① 均为非2005年建园,其中政府办园10所、部门办园1所、村办园6所、民办园1所。

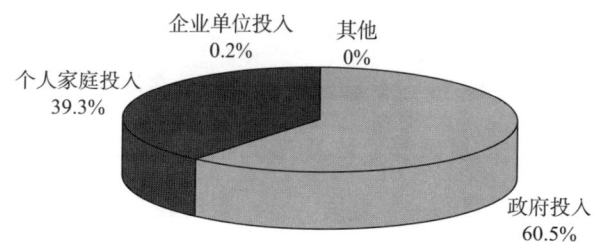

图 4-3　张家港市 18 所幼儿园 2005 年运营维护投资份额

39.3%。这说明在各个幼儿园维护过程中,政府依然是幼儿教育投入的最重要的主体,是最主要的经费来源。但和建园当年的份额相比较,政府所占的比重从 80.2% 下降为 60.5%,个人家庭的投入比重由建园当年的 11.8% 上升到 39.3%,这主要是由于在建园当年基建费占的比例比较多,园舍房屋的投入数额比较大,这些大多是由政府投入的。

那么在投资额最多的政府主体内部,其分担比例又是如何的呢?

由图 4-4 可以看出,从占投资份额最多的政府内部投资来看,其内部投资的比例为,乡镇一级的投资占 62.9%,市县一级的投资占 16.5%,政府预算外的资助占 13.8%,直属部门的投资占 6.8%。在各级政府部门内部,乡镇一级政府才是幼儿教育投资的最主导力量。

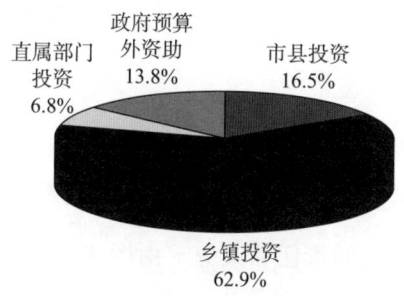

图 4-4　张家港市 18 所幼儿园 2005 年政府内部投资比例

2. 政府在幼儿教育投资中的主导作用

虽然幼儿教育被普遍视为一种介于"私人产品"与"公共产品"之间的"准公共产品",但政府对幼儿教育公共投入的多少,是关系到幼儿教育能否正常、稳定发展的一个最关键的因素。从上文可以看出,张家港政府作为幼儿教育的投资主体,不论是在建园时期还是在幼儿园建成后维护营运发展的阶段,其投资的份额都是最多的,占的比例也是最大的。市镇两级政府成了幼儿教育投资的主要力量(见表4-8)。

表4-8 张家港市镇两级政府年财政投入幼儿教育表①

年份	来源	预算内(万)	预算外(万)	总计(万)	合计(万)
2004年	市财政	395.9	465.5	861.4	5,533.9
	乡镇财政	1,712.0	2,960.5	4,672.5	
2005年	市财政	457.6	515.6	973.2	5,868.2
	乡镇财政	1,974.0	2,921.0	4,895.0	

在政府办园这个层面,尤其以乡镇的投入最为明显,因为在张家港的33所政府办园中,其中有3所是市直属的幼儿园,1所是管理区办园,其余29所均为乡镇办园,各个乡镇成了张家港幼儿教育投资的中间力量。

随着经济区域的调整,张家港也对幼儿园的布局进行了调整,撤并薄弱的小型村级幼儿园(班)220所,各镇、各街道保留1所中心幼儿园和1所规模较大的村级幼儿园作为中心园的分园,由乡镇政府统筹,扩大了乡镇投入的范围和责任。

三、幼儿家庭合理分担教育成本

幼儿教育并不是"纯公共产品",所以在其成本的分担上,个人家庭即幼儿的家长应该有相应的责任和义务。由图4-2和图4-3的数据中可以看出,张家港的幼儿家长在幼儿教育投资比例上占据了一定的份额,在建园当年的投资中占11.8%,在幼儿园运营维护过程中的投资占到了39.3%。

---

① 数据由张家港财政局提供,其中不含当年建园经费。

1. 家长对幼儿教育投资的满意度

为了调查张家港幼儿家长对幼儿教育投资的认识,我们针对全市 302 位在园幼儿的家长发放了调查问卷,其中政府园发放了 120 份、部门办园发放了 33 份、村园发放了 94 份、民办园发放了 47 份,共回收有效问卷 294 份,回收率 97.4%。

从下图(见图 4-5)可以看出,大部分的家长对政府投资幼儿教育的力度是满意的。由于幼儿教育投资的主要分担者是政府和家长,所以这从另一个侧面说明,大部分家长对于自己分担幼儿教育成本的现状和程度是比较满意的。

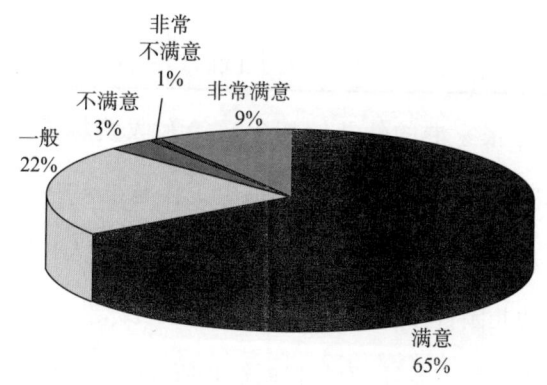

图 4-5 家长对政府投资幼儿教育的满意度

2. 优质优价的收费标准

进一步通过对不同户籍幼儿家长的调查,可以分析幼儿户籍所在地与家长对政府投资力度满意度的相关性。根据幼儿的户籍将幼儿分成三类:第一类是户口在本地且在幼儿园属区的,第二类是户口在本地但不在幼儿园属区内的,第三类是户口在外地的幼儿。将户口作为变量与家长对政府投资满意度进行相关性分析,卡方检验发现显著性水平达 0.971,说明幼儿的户口所在地与家长们对政府投资幼儿教育的满意程度没有相关性。可见,不论幼儿的户口是否在本地或者是否在园属区域,都不影响家长对政府投资的满意度(见表4-9)。也就是说,大部分的外地或者户口不在园属地的家长对政府投资程度也是满意的。

表4-9 张家港市幼儿户口所在地与对政府投资的满意度①

幼儿户籍所在地			对政府投资的满意度					总计
			非常满意	满意	一般	不满意	非常不满意	
	本市园属	频次	14	112	39	7	2	174
		百分比	8.1%	64.4%	22.4%	4.0%	1.1%	100.0%
	本市非园属	频次	4	20	9	1		34
		百分比	11.8%	58.8%	26.5%	2.9%		100.0%
	外地	频次	9	57	17	2	1	86
		百分比	10.4%	66.3%	19.8%	2.3%	1.2%	100.0%

这一结果与张家港的幼儿园招生政策和收费标准规定不无关系。《2006年张家港市幼儿园、小学、初中招生工作意见》中明确提出,幼儿园的招生以就近入园为主,由家长持本地户口簿或外来人口暂住证等证明文件到住址附近幼儿园直接办理入园手续。在收费标准方面,收费不因幼儿的户口所在地不同而有差异,而是根据幼儿所在幼儿园的类别高低分级收费,不以任何形式收取除保教费以外的费用。这种"优质优价"的收费方式,既满足了不同教育需求、经济承担能力的家庭的需要,更保障了最普遍的幼儿受教育权利的实现。

3. 较为合理的家庭教育投资比

衡量家长在幼儿教育投资方面分担是否合理,除了看家长的投资数量占总投资中的比例,还应考察幼儿教育的费用支出在家庭年收入中的比例。

---

① 该表来源于:罗嘉君.幼儿教育投资分析——以张家港为个案的研究[D].南京:南京师范大学硕士学位论文,2007.

从表 4-10 中可以看出,在所有被调查的家长中,家庭年收入在 2 万至 5 万的家长占到整个被调查对象的 49.7%,也就是将近一半,在这些家庭中幼儿学费占家庭年收入的 8.62%。表 4-11 显示,在北欧福利国家挪威,其国内幼儿学费占家庭年收入的 8%—19.5% 之间。这说明张家港的幼儿家长对于现行幼儿教育的学费标准的承担能力,是不低于某些北欧福利国家的。

表 4-10 张家港市家庭收入与幼儿学费对照[1]

家庭年收入(元)	占所调查家庭中的比例(%)	幼儿学费占总收入之比(%)
5,000 - 20,000	19	17.44
20,001 - 50,000	49.7	8.62
50,001 - 100,000	21.4	4.27
100,000 以上	9.9	1.81

表 4-11 挪威家庭收入与幼儿学费对照[2]

家庭年收入(NOK)	幼儿学费支出(NOK)	学费占总收入之比例(%)
100,000	19,530	19.5
250,000	27,168	11
375,000	29,572	8

从以上分析可以看出,在张家港的幼儿教育投资中,家庭所占的份额是相对合理的,这在一定程度上有利于该地区幼儿教育事业的发展,乃至社会结构的稳定与和谐。

四、促进幼儿教育均衡发展的道路

胡锦涛同志在 2007 年的教师节讲话中指出:"要把促进教育公平作为

---

[1] 该表来源于:罗嘉君.幼儿教育投资分析——以张家港为个案的研究[D].南京:南京师范大学硕士学位论文,2007.

[2] OECD data, Early Childhood Education and Care-Report on Norway[R],2004:26.

国家基本教育政策，统筹城乡、区域教育，统筹各级各类教育，统筹教育发展的规模、结构、质量……"而张家港的实践说明，要实现幼儿教育的均衡发展，离不开政府的主导力量。

第一，有力的行政力量保障了教育投资的落实，为教育均衡发展提供了可能。为了落实政府投资的责任，张家港在经费方面确立了"全市统筹规划，教育立项优先"的原则，并明确政府保障建设资金、设备添置、公用经费、教师工资、教师基本社会保障及教师70%的奖金，幼儿园的收入（包括保教费和自筹经费）全部归幼儿园使用，任何政府部门不得以任何理由截留幼儿园的结余资金，同时由市级财政和教育主管部门对其进行非税收管理。这一举措在制度上保证了投入幼儿教育经费的使用。此外，市政府督导室每年还会对各乡镇的公用经费、教师人头经费的落实情况进行综合督导，起到监督的作用。

第二，政府的统筹力量促进了农村与城市幼儿教育事业的均衡发展。除了大量的资金投入，张家港各级政府还通过结对、帮扶等政策措施，让农村幼儿享受到优质的教育资源。其重要经验是乡镇中心园接管村办幼儿园，实行师资统筹，课程统一，资源共享，使乡村的幼儿园也能得到优质教育资源，使最基层的农民群众也能享受改革开放的成果。

第三，政府的统筹规划促进了不同体制、不同质量的幼儿园均衡发展。张家港市政府通过"一大政策、四种模式"，理顺了幼教管理体制，释放了幼教管理活力。"一大政策"是幼儿园独立建制政策，即幼儿园与小学分设的政策，下放办园自主权，拓展幼儿园发展空间。"四种模式"分别是：①名园品牌输出模式，即一个品牌幼儿园下设两个园区或者多个园区；②城（镇）乡姐妹园模式，即市区幼儿园与农村幼儿园、中心幼儿园与普通幼儿园之间建立挂钩帮扶关系，带动薄弱幼儿园的发展；③镇园带村园模式，即将村级幼儿园作为镇级幼儿园的分园，镇级园对村级园负有示范、辅导、管理职能;④名园带民园模式,即让品牌幼儿园与民办幼儿园结对子,发挥品牌幼儿园的示范辐射作用。这种强弱挂钩、大小联合的管理模式,推动了全市幼教事业的快速发展。

第四,合理的收费方式促进本地人口与外来人员子女的均衡发展。如前文所述,张家港大胆地打破了依据户籍地域收费的传统方式,代之以依据园所等级收费。甚至在2006年9月周边县市升级示范园保教费都开始涨价时,张家港的收费标准依然保持不变,没有扩大家长的幼儿教育分担比重。这一制度使得不同经济水平的人口都能够享受到相应的幼儿教育,在最大程度上实现了非本地人口子女的受教育权利。

第五,将幼儿教育列入地区发展计划。张家港市政府每年初与各镇分别签订《目标责任书》,乡镇在制定责任书时,必须将幼儿教育列入计划,对乡镇幼儿教育工作进行整体规划、统筹安排,然后在《目标责任书》中对幼儿教育单独立项。根据《目标责任书》中的幼儿教育立项进行预算,由政府根据预算统一筹措经费,最后由专人负责项目的落实。在年终对乡镇工作考核时,对《目标责任书》中的幼儿教育立项进行考核。对考核不合格的,追究责任人的责任。把幼儿教育工作作为乡镇政府责任的一部分,并以签约的形式约定下来,不仅确保了政府投入职责的切实履行,更有利于政府从地区整体发展的高度筹划幼儿教育,一方面使幼儿教育成为促进地区发展的有效因素,一方面使地区发展能够带动幼儿教育长足发展。

张家港所探索的幼儿教育事业发展经验,不仅有利于保证幼儿教育质量、平抑幼儿教育价格,更有利于实现教育的均衡发展与可持续发展,对消减贫富差距,优化社会结构,构建和谐社会有着特殊的意义。

经济较发达地区农村学前教育发展

——苏州的经验

对于经济较为发达的农村地区,学前教育事业发展有良好的财政基础,但是如何使其优势得以充分发挥,则还需要借助当地政府及教育主管部门采取一系列行之有效的措施。2009年6月,我们对位于苏南经济发达地区的苏州市进行了实地调研,当地在发展农村学前教育事业方面积累了一定的经验和策略,可以为经济较发达地区的农村如何发展学前教育事业提供一些借鉴。

一、苏州农村地区幼儿教育发展的基本状况及特点

苏州位于江苏省东南部,毗邻上海,是华东、南方乃至全国的经济文化中心,2009年苏州全市实现地区生产总值7,740亿元,经济总量仅次于上海、北京、广州和深圳,位居全国第五,农民人均纯收入12,987元。在经济发达的背景之下,苏州地区的幼儿教育也发展迅速,2008年,全市学前三年幼儿入园率达99.6%,其中①张家港、常熟、昆山、吴江、太仓、吴中、相城等地公办园比例均超过60%。②

---

① 苏州市国民经济和社会发展概况(2008年)[OL]. http://www.suzhou.gov.cn/zfgk/tjxxmlmore.asp.
② 苏州市《关于印发〈2009年全市教育工作总结及2010年工作思路〉的通知》[OL]. http://www.szedu.com/dptx.asp? ID=49452.

幼儿教育作为社会公共事业的重要组成部分，需要政府的积极推动和有力支持。通过调研，我们了解到近年来苏州农村地区认真贯彻国务院办公厅《关于幼儿教育改革与发展的指导意见》（国办发〔2003〕13号）、江苏省政府办公厅《关于〈加快幼儿教育改革与发展意见〉的通知》（苏政办发〔2004〕73号）以及苏州市政府《关于进一步加快幼儿教育改革与发展的决定》（苏府〔2003〕141号）文件精神，高度重视农村幼儿教育发展，不断强化政府职能意识，努力让政府责任落实到农村幼儿教育事业中，办人民满意的幼儿教育。同时，当地政府适时调整和治理城市化进程中幼儿教育体制出现的种种问题，开展幼儿教育现代化建设，出台《区域幼儿教育现代化评估标准》，以县市（区）为单位，启动农村合格园建设，逐步缩小了城乡、区域幼儿教育发展差距，推动了幼儿教育均衡协调发展，从而有效地促进了农村地区幼儿教育事业稳步发展，使更多的幼儿享有优质教育资源。苏州农村地区的幼儿教育发展呈现出以下特点：

1. 坚持以政府公办为主，社会力量多元投入为辅的办园体制

坚持以政府公办为主，加强政府在公共事业管理中的职能意识，是农村幼教事业长期稳定发展的重要保障，也是政府义不容辞的重要职责。2009年由苏州市教育局制定的《苏州市区域幼儿教育现代化评估标准》中明确规定公办园比例不低于60%。在苏州城市化进程不断深化和政府惠民政策不断向农村推进的背景下，这充分体现出政府积极履行幼教义务的责任意识和让改革开放成果普惠于农村家长和孩子的执政理念。该标准对于农村地区幼教事业的发展起到了重要的引导作用和辐射作用，对于农村地区进一步深化以政府公办为主、社会力量多元投入为辅的办园体制起到了良好的促进作用。而在以政府办园为主的前提下，苏州市还扶持民办和集体办幼儿园的发展，使各类幼教资源得到了更合理的配置，保障了农村地区幼教资源满足各类家庭的不同需求。

2. 坚持以政府投入为主，家庭和社会合理分担成本的投入机制

幼儿教育作为准公共产品，作为一种社会福利，作为社会大众的最大利益，政府应该承担主要责任。尤其是在农村地区，政府投入应成为幼儿园教育成本的主要来源。苏州农村地区学前教育事业发展形成了以政府投入为主、家庭和社会合理分担成本的投入机制，经过物价部门的参与，通过"幼儿园生均培养成本专项调研"，确立了合理的幼儿园收费标准，在这一标准下，政府负担的生均教育成本比例在60%以上。这一举措减轻了家长的负担，有利于农村幼教事业的稳定和可持续发展，有利于保障儿童的基本利益，有利于推进社会公共事业的福利化、均衡化和公平化，从而避免泛市场化的倾向。

3. 坚持由教育部门、乡镇中心园等分工协作的管理体制

教育部门作为幼儿教育的主管部门，承担着重要的管理责任。苏州农村地区乡镇中心园以上的各类幼儿园，业务管理和师资培训交由教育部门直接管理；而对农村数量多、规模小、布点分散的村园，则由乡镇中心园全面负责管理。这种坚持由教育部门、乡镇中心园等分工协作的管理体制，形成了合理的管理网络，为农村地区幼儿教育管理的有序性和稳定性提供了切实可行的依据和保障，特别是为农村幼儿教育的整体发展以及教育质量的全面提高提供了保证。

二、苏州农村地区学前教育的发展策略

苏州农村地区在幼儿教育发展的政策制定与实施过程中形成了许多较为有效的做法，现就其中较为突出的几点做以下介绍。

1. 以小学附属幼儿园的形式保障政府经费投入

小学附属幼儿园是苏州办园的一种传统常见模式，其模式的合理性、科学性尚待考察。然而，在现有的政策条件下，文件中尚未明确政府对幼儿教育的财政投入体制，幼儿园通过挂靠小学的方式，保证了政府的经费

供给。具体操作是由政府将幼儿园所需经费划拨给小学,实际的使用则是由幼儿园独立支取,这样的举措,有效地保障了政府财政对幼儿教育的投入。同时,幼儿园教师的公办编制也跟随小学保留下来,幼儿园教师采用小学教师的编制,职称评定挂靠小学。从目前的实践看来,在文件缺乏对幼儿园教师编制明确规定的现实情况下,这样举措很好地保证了农村幼儿教师队伍的稳定。

值得强调的是,幼儿园附属于小学的同时做到了自身独立管理。幼儿园与小学只是名义上的隶属关系,幼儿园有独立的办学场所,实际的人、财、物的管理,幼儿园与小学是相互独立的,小学不得干涉幼儿园的教学科研活动。附属的同时做到独立管理,既保证了幼教财政投入的稳定性,又避免了幼儿教育出现"小学化"倾向。

2. 实际使用经费真正做到以政府财政投入为主

苏州在发展农村幼教的过程中,真正做到了以政府财政投入为主。幼儿园所需费用通过年初预算,由政府财政一次拨付,在实际使用中,费用支出若超出预算,通过向上级主管部门提出申请,经同意后可追加预算,幼儿园几乎不存在经费使用上的压力。另外,苏州市乡镇幼儿园的公办教师比例总体来说比较高,以相城区及常熟市为例,公办教师比例超过了60%,甚至在调研的几所乡镇中心园中,公办教师比例几乎都超过了70%。因此,幼儿园日常开支中的人员经费主要由政府财政承担,收取的保教费主要用来负担少拨的代课教师及保育员的工资。这样实际使用的经费真正做到了大部分以政府财政投入为主,幼儿园不以收取保育费来维持生存,极大地减轻了办园压力。

3. 持续增加教师编制,多种方式解决幼儿园教师编制问题,公办教师比例大

由于公办教师所需的人事经费需要由政府财政负担,因此幼儿园公办教师的比例在一定意义上体现的是政府对于幼儿教育的重视程度。苏州市农村幼儿教师在编比例比较高,在65%左右。这主要得益于各级政府采取的多种措施。一方面,通过幼儿园附属于小学的形式,使乡镇幼儿园采用小学教师的编制,保证了幼儿园教师的公办教师身份;另一方面,通过考试进编的形式,在规定时间内只要学历水平达到要求,并且通过了教育局的考核,就可以进入公办编制。另外,各县市还采取了多种方式解决教师编制问题,例如,有些乡镇幼儿园教师除了公办编制外,还可以进入当地事业编制的"市合同"以及经过市人事局统一招聘的"人事代理",这两种类别的编制与公办编制所享受的工资待遇基本一致。近几年来,人事部门每年还会给幼儿园教师一些编制指标,以吸引优秀毕业生加入幼儿园教师队伍。

4. 提高教师待遇,实行城乡一体化,稳定农村幼儿教师队伍

教师待遇的好坏直接关系到农村幼儿教师队伍的稳定。苏州市不断努力提高农村幼儿园教师待遇。以常熟市为例,实行教师待遇城乡一体化后,乡镇幼儿园公办教师的待遇与城区教师的待遇相差无几,通过市镇两级财政负担,年工资约在5万元,不仅保证了农村教师队伍的稳定,还吸引了幼教专业的毕业生加入到农村幼儿园。对于非公办教师,虽然其待遇不及公办教师,但也在逐年改善,年待遇在2万元以上,而且政府也积极为非公办教师参保城镇职工社会保险。

5. 积极出台政策,规范办园标准,努力提高苏州农村幼教的整体水平

2009年,苏州市政府将"农村公办(集体办)幼儿园及办学点标准化建设100%达标"的要求列入实事工程项目指标,并于同年5月,由苏州市教育局根据省教育厅印发的《江苏省农村合格幼儿园办学条件基本要求(试行)的通知》(苏教基〔2008〕37号)、《苏州市幼儿园评估考核标准》(苏教基

〔2003〕20号)和《苏州市幼儿园评级定类考核标准的通知》(苏教基〔2007〕53号),结合苏州市农村幼儿教育发展实际,制定了《苏州市农村合格幼儿园办园标准(试行)》。该标准以百分制记分,共有30项指标,经全面考核汇总后,依据所得总分来评定幼儿园是否达标。同时,该标准规定有下列情形之一者,实行一票否决:①课程小学化倾向严重;②有体罚和变相体罚现象;③有安全卫生等重大责任事故。同时,政府积极组织力量,对农村各级各类托幼机构逐一进行调查摸底,坚决取缔没有登记注册或不具备举办幼儿园、托儿所基本条件的单位。

苏州市政府积极响应江苏省教育厅的文件精神,办园标准的制定对农村幼儿园发展起到了有力的规范作用,依法办园,科学管理,全面实施素质教育,有效提高了农村幼儿园的办园质量,切实保障了农村幼儿的人身安全,有力推动了农村幼教事业的科学发展。

此外,苏州农村幼儿教育的具体实践中还有许多行之有效的措施,包括合理调整布局,撤并条件薄弱的村园,建立乡镇中心园,有效推进教育均衡化发展等。这些举措均有效解决了当前农村幼儿教育体制出现的种种问题,体现出政府积极履行幼儿教育义务的责任意识和让改革开放成果普惠于农村家长和幼儿的执政理念,推动了幼儿教育事业的健康和谐发展。

三、苏州农村地区幼儿教育的发展方向

苏州农村地区幼儿教育发展取得了一定的成绩,但是仍然存在着一些需要不断完善的地方。例如,师资培训的投入还不是很充足,教师专业化发展受到一定的限制;幼教专职行政干部及教研员配备不足;外来务工人口子女入园难以保证;部分地区的村办园缺乏稳定的经费来源及专业的师资,难以发展;仍有大量代课教师存在,教师队伍结构亟待调整;等等。这些问题不仅仅是苏州农村地区幼儿教育发展的个例,在其他经济较为发达的农村地区,也面临着类似的困境,我们可以从以下几个方面,探索幼儿教

育改革发展的方向,进一步促进经济较发达地区农村幼儿教育的健康发展。

1. 投入重点从硬件转向软件,关注农村幼儿教育的质量和水平

幼儿教育的发展不仅仅是量的增长,还要注重质的提高。在苏州这样的经济较发达地区,农村幼儿教育在量的发展上,已经取得了一定的成绩,现有条件下,应该及时调整政府的投入意识,统筹规划,把发展的重点从过去注重规模、房舍等硬件设备的数量转到提高质量、办优质幼儿教育上来,从外延发展转到内涵发展上来。影响幼儿教育质量和品质的重要因素包括教师的专业素养、人均享有的教育资源、课程建设的水平等等。管理部门不应满足于为儿童提供基本的生活环境和受教育机会,更要着眼于提高教师的专业水平,在经费预算中预留教师培养资金,建立幼儿教师培训专用经费;调整教育资源的评价方式,以人均享有的教育资源作为衡量标准,关注师生比和人均占有的空间、设备、操作材料、图书等;加大课程建设的经费投入,规范、优化幼儿园课程建设,杜绝教学倾向小学化;等等。事实上,提供优质的幼儿教育,为儿童一生的成长奠定良好的基础是夯实基础教育、促进社会和谐发展的必然要求,也是农村地区幼儿教育自身发展的客观需要。我国要发展优质的幼儿教育,尤其是优质的农村幼儿教育还需要走很长的路,需要幼教工作者和各职能部门进一步努力和探索。

2. 合理规划,科学发展,逐步构建 0—6 岁托幼一体化体系

0—3 岁的教育与 3—6 岁的教育作为幼儿生命成长中的两个有机联系、相互关联的发展阶段,应该同等地纳入到公众的视野和国家的教育体系中。在普及学龄前三年教育的基础上,经济较为发达的地区可以开展 0—3 岁早期教育的探索,构建 0—6 岁托幼一体化体系。这一体系的形成与构建依靠的是政府积极发挥职能意识,有目的地引导幼儿教育向全面、科学的方向发展。苏州农村地区在进一步推进 3—6 岁幼儿教育稳步发展的同时,也可以尝试逐步构建0—6岁托幼一体化体系。

需要强调的是,托幼一体化并不是一味提倡机构教育。政府应合理规划,以不同年龄阶段儿童的特殊需要为基础,探索多元化的教育形式,鼓励一切有利于0—3岁幼儿发展的教育形式和制度。例如,家庭教育、社区亲子教育、机构亲子教育、半日制的机构教育(最好两岁后),以及在特殊需要下的全日制教育。此外,不定期的邻里游戏小组活动、邻里走访、社区活动、社会志愿者进入家庭的活动等,都是促进0—3岁儿童发展的重要活动形式。

3. 将农村幼儿教育纳入政府总体规划

农村幼儿教育是整个幼儿教育事业的重要组成部分,是各级各类教育的奠基工程。要想推进农村幼儿教育事业的发展,必须提高地方人民政府对发展幼儿教育的认识,加强对幼儿教育工作的领导,将农村幼儿教育纳入政府的总体规划中,真正从农村幼教的长远利益出发,以满足儿童的基本需要和根本利益为出发点和落脚点,进一步重视幼儿教育的基础地位,巩固政府的职能意识。将农村幼儿教育纳入政府总体规划,尽早避免农村幼儿教育发展的不稳定因素,降低教育资源的浪费和流失;及时解决农村幼儿教育改革发展中存在的各种矛盾和问题,实现城乡一体化的教育资源配置;提高农村幼儿教育的整体水平,稳定教师队伍,促进政府职责的有效落实,从根本上推进苏州农村幼儿教育长效、均衡、优质和协调发展。

一 南京农村幼儿教育发展"扶持计划"的启示与思考

1948年,《世界人权宣言》将教育确立为一项基本人权,指出人人有接受教育的权利,这一宣言的颁布为受教育平等权的确立提供了国际法的依据。1989年通过的《儿童权利公约》指出,儿童有接受教育的权利,各个缔约国应确保其管辖范围内的每一个儿童均享受此种权利。我国是《儿童权利公约》的签约国,理应遵照公约的指示,保证每位儿童的受教育权。受教育权是指个人依据各个层次的法律所享有的并由国家或地方政府予以保障实现的且与特定社会经济状况相适应的接受教育的权利,包括受教育机会权、受教育条件权、公正评价权三个方面。从1989年《儿童权利公约》签署到现在,我国儿童受教育权得到极大改善,但仍然有一部分儿童的利益诉求得不到满足,处于幼儿教育阶段的孩子尤为明显。

2004年9月19日,中国共产党第十六届中央委员会第四次全体会议正式提出了"构建社会主义和谐社会"的理念。和谐的基石就是公平,罗尔斯认为,公平是社会的基本结构问题之一,是包容差异的,最利于那些处于社会最不利地位的人。教育公平是社会公平的一个层面,是实现和谐社会的重要途径。尽管我国一直强调"效率优先,兼顾公平",但现实中教育资源配置大量地向城市倾斜,这使得教育重心落在发达地区,轻视落后地区;重视落后地区的义务教育,忽略其幼儿教育。有研究证明(蔡迎旗,2005),

我国城市与农村幼儿教育差距较为显著,政府把更多的资金投入城市幼儿教育,对薄弱地区的幼儿教育投入明显不足,导致优质的教育资源分配给了优势人群,差距日益拉大。

以南京市为例,随着其经济的发展和教育改革的不断深入,幼儿教育事业有了长足进步,但是由于城乡二元结构的影响,农村幼儿教育一直存在规模小、条件差、质量低、安全隐患多等现象,这些不利因素严重制约南京市幼儿教育事业整体的发展。据2000年南京市统计局统计,南京市农村幼儿为63,709人,城镇幼儿为100,613人,农村幼儿占全市3—6岁幼儿的比例为38.7%,①意味着南京市可能有一部分幼儿仍然无法平等享有优质的学前教育。鉴于这种不利情况,南京市出台了相应的政策以加快农村幼儿教育的发展,更快更好地创设教育强市,促进和谐社会的建构。

一、南京市幼教"扶持计划"的经验

2005年5月31日,南京市教育局出台《实施农村幼儿教育发展"扶持计划"的通知》,拟定在今后3—5年,学前三年幼儿入园率达到90%以上;每个县(区)建立1所省级示范性实验幼儿园,2—5所市级示范性实验幼儿园,85%的乡镇中心园达到市级优质园标准,95%的村级园(班)达到市农村村级幼儿园(班)基本标准;农村幼儿园教师学历达标率达到90%以上。该计划以农村乡镇(街道)为单位实施,突出乡镇(街道)办好农村幼儿教育的政府责任,并设立了农村幼儿教育发展"扶持计划"专项奖励资金,每年投入450万—600万元,奖励在幼儿园建设和发展中达到政府标准的15—20个乡镇,考察范围涉及乡村的办学点。奖励标准为:5万人口以上的乡镇(街道)为30万元,4万—5万人口的乡镇(街道)为25万元,4万人口以下的乡镇(街道)为20万元。为了保障农村幼儿教育能够持续发

---

① 南京市统计局网站,http://www.njtj.gov.cn/2000%2Drp/,2010年4月23日访问。

展,加快建设步伐,南京市于2005年12月出台《关于加快南京市农村幼儿教育发展的意见》,提出要结合本辖区经济和幼儿教育发展水平的实际,制定切实可行的达标方案,指导乡镇(街道)政府制订具体的达标计划,并采取切实有效的措施,保证到2010年基本普及学前三年教育,农村幼儿教师的达标率为90％,主动向0—3岁幼儿教育延伸。

在贯彻农村幼教"扶持计划"中,南京市江宁区效果尤为显著。2005年,全区有幼儿园50所,办园点201个,班级共555个,在园幼儿总数15,811人,3—5周岁幼儿入园率为94.3％。麒麟镇、陶吴镇启动农村幼儿教育发展"扶持计划"试点工作,麒麟镇实施小学与幼儿园剥离,江宁镇对中心园园长进行竞聘考核,东善桥、秣陵、谷里、上坊、开发园区筹备新建幼儿园。2006年,江宁区的秣陵街道、东山街道、东善街道、淳化街道、谷里镇、江宁镇、汤山镇、上峰镇、横溪镇9个镇(街道)顺利达标。江宁区教育局、托幼办设立农村幼儿教育发展"扶持工程"专项奖励资金,整体达标的镇(街道)奖励标准为:5万人口以上的镇(街道)奖励10万元,4万—5万人口的镇(街道)奖励8万元,4万人口以下的镇(街道)奖励6万元。南京市教育局用以奖代补的方式使政府财政进乡村,让薄弱地区的幼儿也沐浴到了"阳光",享受到了质量更好的学前教育。

二、南京市幼教"扶持计划"的启示

1. 政府颁布相应政策,力保弱势群体的利益

蔡迎旗指出,我国幼儿教育事业处于低级阶段,对政府的依赖性较强。因此,学前教育公平的实现不可能依靠社会、市场来解决,必须借助政府的力量。政府是社会的主导和管理部门,具有规范和管理幼儿教育的责任,更是教育公平和社会正义的"第一责任人",推进教育公平是政府最基本的职责和最核心的教育职能。"让更多的孩子上幼儿园","让农村的孩子也接受一些幼儿教育"一直是我国制定幼教政策的根本出发点。时至今日,

我们不仅要让农村的孩子也接受一些幼儿教育，更要为农村幼儿提供优质的学前教育。南京市政府积极响应中央 13 号文件精神，出台供给"公平"的政策，专门扶持农村地区的幼儿教育，把惠民的观念转化为切切实实的行动，让优质的学前教育惠及弱势群体，这是平衡教育资源、教育机会的必要手段之一。对弱势群体给予更多的政策扶助和照顾，使其享受到应有的权利，这不仅凸显了政府的"应有之义"，更为学前教育公平提供了刚性的政策保障，大力维护弱势群体的教育机会平等、教育条件平等，从而推进城市幼儿教育与农村幼儿教育的协调发展。

2. 设立专项幼教资金，实现资金来源的多层次化，力保农村幼教的资金投入

幼儿教育是一项投资民生、投资未来的重大事业。幼儿教育投资也是一种最省钱、回报率最大、效益最大的公共投资，每 1 美元的早期教育投入，都有大约 10 美元的社会回报，它包括：拥有更高的毕业和就业率、更高的薪酬、更少的犯罪、更少使用公共福利体系并拥有更好的健康状况。[①]有了教育机会的均等，有了教育过程的公平，有了教育资源的共享，社会困难群体才有与其他群体处在同一起跑线上起跑的可能，才有通过知识改善生存、改变命运的机会；社会各阶层才有正常流动、公平竞争的平台，才可能使全社会既充满活力又安定有序。[②] 因此，政府必须不仅成为促进幼儿教育公平的倡导者，还理应作为幼儿教育的重要投资人。[③] 我国幼儿教育总投入仅占全国教育总投入的 1.28%，幼教预算内拨款仅占全国财政支出的

[①] 周红霞.构建美国全面而有竞争力的教育体系——奥巴马在拉美裔商会上关于全面教育改革计划的讲话摘编[J].全球教育展望，2009(4).
[②] 涂艳国.促进教育公平 建设和谐社会——新世纪中国教育政策的重要转向[J].教育研究与实验，2008(4).
[③] 曾晓东.转型期我国幼儿教育发展的体制问题[J].幼儿教育，2005(3).

0.17%,① 由此看出,我国的幼儿教育投入明显不足,与发达国家教育投入水平占 GDP 总值的比例差距较大。南京市政府深刻意识到农村幼儿教育投入不足的问题,设立专项资金,补充必要的资金,加大财政投入,实乃惠民之举。

《幼儿教育改革与发展指导意见》第二十二条指出:地方各级人民政府要积极采取措施,加大对幼儿教育的投入,做到逐年增长。县级以上政府安排的财政性幼儿教育经费要保障公办幼儿园正常运转,保证教职工工资按时足额发放,保证示范性幼儿园建设和师资培训等业务活动正常进行,扶持和发展农村及老少边穷地区的幼儿教育事业。由此可见,我国的幼儿教育是由地方负责、分级管理,国家教育和财政部门设立幼儿教育专项资金,该资金可向省、地、县和乡镇级财政与教育部门直接流动,各级地方政府依照中央文件的指示精神,设立幼儿教育财政经费,专款专用。以南京为例,南京市政府用政策条文的形式规定了不同人口达标城镇的奖励金额,并设立了市、县两级教育和财政部门相互贯通的财政投资体制,根据各个幼儿园的达标标准给予不同数额的资金支持和奖励,力争为农村幼儿教育雪中送炭,而不仅仅是为优质幼儿园锦上添花,初步实现财政资金使用效率的最大化、最大范围地确保最大程度的幼儿教育投入公平。

3. 用以奖代补的方式,激发薄弱地区建设优质幼儿园的积极性

每年 11 月初,南京各县(区)教育局(托幼办)组织有关人员对申报幼教"扶持计划"的乡镇进行幼儿园检查和评估,并把有关结果报市教育局(托幼办)。市教育局(托幼办)经核查、认定后,于次年元月对达到"扶持计划"要求的乡镇(街道)进行表彰,表彰的奖金数目与乡镇(街道)的人口数成正比。南京市政府用以奖代补的方式激励农村地区幼儿教育的发展。

---

① 蔡迎旗.幼儿教育财政投入与政策[M].北京:教育科学出版社,2007:93.

这种方式不是简单地"给予"乡镇发展资金,而是"奖励"各个乡镇为农村幼儿教育所做的贡献,"奖励"使得乡镇政府将探寻优质幼儿教育的出路更自然地转化为自身的动力,更广泛地激发其发展的积极性。

4. 允许不同幼儿园分层次逐步达标,确保农村幼儿教育的逐步升级

南京市教育局规定中心园、等级园创建验收每年安排两次,分别在6月和11月上旬,村级幼儿园(班)验收安排在11月初,条件成熟的镇(街道)可以一次达标,有困难的镇可以采取中心园与村级班分步创建方式进行。中心园已达市优质园且村办幼儿园(班)已统筹规划的镇(街道),要争取第一批达标;中心园还未达市优质园,但条件已基本成熟的镇(街道),可以上半年积极创优质园,同时,加快村办幼儿园(班)布局调整,争取早日达标。计划还指出,一次达标有困难的乡镇,可以分两步实施:第一步村级园达标,第二步中心园达标。南京市政府、教育局对不同层次幼儿园的"等待",实质是激励幼儿园内在的发展潜力,允许不同级别的教育局给予发展缓慢的幼儿园更多的指导与支持。这种化被动为主动的方式,极大地激发了幼儿园园长、教师、职工求生存和求发展的内在动力。

5. 大力发展多形式的农村幼儿教育,助推公办与民办幼儿园在原有基础上得到一定的发展

《关于加快南京市农村幼儿教育发展的意见》规定,市区县及乡镇各部门要多形式发展幼儿教育,形成以公办幼儿园为骨干和示范、以社会力量兴办幼儿园为主体、公办与民办相结合的发展格局。2008年8月,南京市发布了关于《对家庭经济困难的在园幼儿实行"助学券"制度(试行)》的通知,9月份正式发放幼儿助学券,发放对象为"在南京市幼儿园(含民办)就读的家庭经济困难幼儿",包括在农村民办幼儿园就读的幼儿。这表明,南京市不仅仅把农村公办园纳入提升之列,还把民办园也列入扶持、帮助之列,并大力鼓励社会力量举办不同形式的幼儿园。这在一定意义上,极大地增强了农村社会力量办优质幼儿园的积极性,激励其追求卓越的动力。

三、对南京市幼教"扶持计划"的反思

1. 保证农村幼儿园教师的编制,提供教师专业成长的平台,提升农村幼教师资质量

幼儿园教师是维系幼儿与课程的重要载体,是影响幼儿教育质量的关键因素,一支稳定的教师队伍是农村幼儿教育追求卓越的必备条件。如何建设一支稳定、上进、求真、求实的教师队伍,笔者认为,首先要确保农村幼儿园教师的编制不缩水,在此基础上提高全体农村幼儿园教师的福利、待遇,保障其生活。同时,各级教育局可多提供教师专业成长的平台,这是打造优秀教师团队,进而推进农村幼儿教育优质发展的充分条件。当教师拥有科学、坚定的教育信念,扩充科学、前沿的教育教学知识,保持教学的热情,走进幼儿的心灵,探寻课程的适宜性与有效性时,我们追寻优质的农村幼儿教育的目标将会实现。

2. 力推各个乡镇持续投入农村幼儿教育,促进农村幼教可持续发展

南京市教育局对农村幼儿教育发展的"扶持计划"中,明确指出扶持的时间是从2005年开始,以3—5年为时段。这是市教育局对各级乡镇政府投入农村幼儿教育的激励时期。笔者认为,为避免出现农村幼儿教育一时"轰轰烈烈",过后"冷清惨淡"的局面,同时,也为保证农村幼儿教育在前期发展的基础上更卓有动力地可持续发展,南京市教育局发布的"扶持计划"可以在"十三五"期间继续推行,切实将农村幼儿教育的质量同城市幼儿教育的整体水平协调起来,以推进整个教育的可持续发展。

3. 鼓励各个乡镇将早期教育向下延伸至0—3岁,逐步实现托幼一体

随着脑科学、发展心理学的发展,人们越来越清晰生命的初始几年也是重要的接受教育的阶段,而且,这个时期的教育将会对人毕生的发展有重大的影响,于是托幼一体成为当今教育界关注的新视点。托幼一体是逐

渐将0—3岁的教育与3—6岁的教育纳入国家的教育体系，关注两个阶段的经验联系，促使0—6岁的儿童得到最大程度的发展。农村幼儿园需要在保证3—6岁幼儿能享有优质教育的同时，积极尝试惠及0—3岁幼儿，为其提供科学、有效的教育，奠定其一生发展的根基。

南京市幼教"扶持计划"至今已经深入贯彻了5年，南京市通过政策保障，资金支持，将教育资源合理地向弱势群体倾斜，促进了南京市幼儿教育区域间、城乡间的均衡发展，并在很大程度上满足了薄弱地区幼儿享受优质教育资源的渴求，将南京市幼儿教育整体助推到一个更高的水平，也为南京市被评为"中国最具教育力强市"奠定了深厚的基础。在建构社会主义和谐社会的年代，这不仅仅是为培养南京未来高素质的市民，为了南京的安定、繁荣而投资的举措之一，更是广大民众的诉求，是一个国家繁荣昌盛的民生大计。

深圳的幼教改革透视

2006年7月5日，深圳市政府决定将学前教育划归为准公益类事业单位，并对市属22家公办幼儿园实行转企改革。此外，市政府还将原财政对公办幼儿园每年5,000万元的拨款保留，改为学前教育发展专项资金，由教育部门统筹管理，用于对全市学前教育的支持。对于公办幼儿园的转企，市政府提出三方面理由：①幼儿教育属于非义务教育范畴，不属于政府必须提供的公共服务。②深圳形成了以市场配置资源、以社会力量办学为主的学前教育体系，目前深圳幼教市场发育比较成熟。③公办幼儿园享受公共财政支持，市财政对幼儿学前教育的全部投资，仅仅用于占幼儿园数量5.6%的市属22家公办幼儿园，公办幼儿园提供的服务仅仅惠及于某些特殊群体，这样既不公平，也不利于公办幼儿园转换机制、加强管理、节约成本、提高服务，更不利于教育主管部门加强学前教育的全行业管理。

研究者本人曾于2007年、2008年两次赴深圳实地调研，访谈了从政府部门工作人员到幼儿园小朋友等各方人士，本文将从两次调研收集到的资料出发，以时间为轴，透视转企改制的背景、过程和结果，深度解剖深圳的幼教改革。

一、深圳幼教改革的背景透视

作为中国第一个经济特区，深圳是中国改革开放的窗口和试验田，是中国现代化建设的缩影。在深圳,"改革"一词既充满了日常化又有宗教崇拜的色彩。所谓日常,意即在深圳,改革就像家常便饭,它已经深深融化进政府部门工作人员的血液里,变成其自觉的需要,即"改革是特区的生命线"。所谓宗教崇拜,意即在深圳,人们对改革有一种近乎敬畏的思想,仿佛不改革不行,不改革就会被斥之为落后、保守。在这样的环境中,改革首先成了官员的意识形态,接着又慢慢演变成一种大众意识形态。

1. 焦点一:"特区"护身符与区域性的合法化知识

作为特区,深圳的"特"不只是表现在经济上,而且也表现在社会生活的方方面面。这种"特"造就了一种特殊的地方性文化与合法性知识体系。如对于备受非议的"转企"一说,改革办认为他们是不得已而用之,因为目前中国的现有体制下找不到一个合适的名称,在访谈中有领导这样无奈地表示:"我不知道除了说转企还能说什么,出发点在于管办分离。我们一开始想以'公办非企'的方式来注册,但编办说没有这种说法,后来又想到工商局、民政局等机构注册的问题。"[1]

从深圳公办园后来的发展来看,转企中的"企"不只是一个暂时的说法,它其实沿用了人们传统思想中对"企业"的期待,即要发挥其营利性,这种暗含的期待可以从两个方面反映出来:一方面,深圳市政府将转企后的公办园移交给国资委,并且由原来负责企业党务的人来总体负责,这表明政府希望用企业运作的方式来经营幼儿园;另一方面,改革办的人反复提到的要将所有的幼儿园调整到同一个体制、同一个起点实现公平竞争,这完全是一种企业化的思维方式。

在深圳以外的其他地方,"企业"一词是有明确的含义的,它与营利、非公益相结合,而在深圳,"企业"一词则被赋予了新的内涵。这种新内涵从某种

---

[1] 根据2007-03-29上午10:00-11:10对改革局领导的录音进行整理.

程度上改变了企业的根本属性,即营利性,因为对于转企后的幼儿园,政府的解释是非营利的。这样,"非营利性企业"便成为深圳特色的合法性地方知识。而很显然,这种在深圳成为合法性的知识在其他地方就完全不合法。在特区的护身符下,深圳市政府对公办幼儿园进行了具有创新意义的改革。

2. 焦点二:高流动性的陌生人社会和改革开放熏陶下的进取文化

与国内其他城市不同,深圳是一个人口流动性极高的城市,其户籍人口只占常住人口比重的24.7%。对于大部分人来说,深圳是一个今天来明天就要走的陌生人社会。深圳人大多缺少一种扎根意识,也缺少一种错综复杂的裙带关系。作为一个平均年龄只有28岁的年轻城市,深圳崇尚个人奋斗,追求一种进取型文化,地方社会的联结性与共融性不强,共同体精神比较淡漠,人与人之间的关系比较疏远。

作为改革开放的窗口,深圳各届政府已将改革、创新作为自己的生命线与座右铭。从政府官员的个人背景来看,大多不是土生土长的深圳人,他们的个人背景往往与中央政府所预设的改革精神相契合,特别能改革、特别能创新、特别能开放的新特区精神已成为政府官员挂在嘴边的新语录。

从22所公办幼儿园的教师来看,在编的大多是1998年前从内地来深圳寻求发展的优秀幼儿教师,他们在深圳这块土地上生活的时间最长不超过20年,从访谈来看,他们虽身处深圳,但内心总有一种淡淡的疏离,一种难以完全融入的隔离感。这种家园缺失的感觉不仅在幼儿园教师身上存在,在其他人群身上也存在着,它甚至构成了深圳人的一种文化生存方式,即每个人都成为深圳日常生活中"熟悉的陌生人"。

然而,作为中国改革开放的象征,深圳是最早接受改革开放精神洗礼的地方,也是"大胆地闯,不争论"的改革文化的忠实践行者与创造者,深圳历届政府都以此为骄傲。相比内地而言,在深圳,各项改革的成本都较低,改革开放以来的一系列成功使这种进取型的改革文化逐渐成为人们自觉的行动选择。

3. 焦点三：特殊的政治文化和公共治理模式

与一般的市级政府不同，深圳在中国的政权格局中拥有特殊的政治地位和经济地位。从经济地位来看，深圳的财政预算在国家计划中实行单列，拥有着较多的优惠政策。从政治地位来看，深圳是副省级市，拥有着制定地方法律和法规的权力，而且，与经济效率直接相关的政绩考核也使深圳与中央谈判的筹码逐年增高，政治地位不断改善，中央政府将人事制度改革的试点放在深圳就是一个明显的暗示。

改革开放以来，深圳不仅在经济发展方面有较大的跨越，在公共治理模式方面也有一些新的举措，当下的深圳政府选择的便是一种"小政府，大社会"的治理模式。这种治理模式意味着深圳市政府要将更多的原来由政府包揽的事情推向社会。在公办园的转企上，大抵遵循的便是这种思路。然而，在将哪些转移给市场、哪些保留给政府的问题上，深圳市政府的衡量标准是以市场的发育程度和资源配置能力作为前提的，而不是以公共性、公益性作为前提。在公办幼儿园转企上，严格来说，深圳市的社会力量办学并不成熟，722家民办幼儿园中，优质优价的幼儿园屈指可数。从深圳市教育局和卫生局2006年年底对全市幼教普查的结果来看，民办幼儿园存在着太多的问题。如果这样一种状态也能称为市场发育成熟，那将是政府极不负责任的行为。

"小政府，大社会"的政治选择并不是要把政府该管的交给市场，从世界范围来看，没有哪个市场是能够完成公益任务，满足公共需求的。逐利性是市场的根本属性，要想市场能提供公共服务，只有通过政府政策限定和经费资助的方式来进行，如内地很多地区采取的通过资助民办幼儿园来端正其办学方向的举措等。"小政府，大社会"并不必然意味着政府将 22

家公办园推向市场,使其与民办园站在同一体制的起点上,相反,它意味着政府更多的责任。

4. 焦点四:"财政分权"与"中央地方博弈"

从深圳这次改革的整个进程来看,中央与深圳的关系比较微妙。对于2006年启动的三大改革,中央并没有一个明确的设计,而是由三地政府先行设计改革方案,最后采用中央政府批准的方式。从中央的设想来看,无论是综合配套改革还是人事制度改革都是硬骨头,会遭遇各种各样的难题,中央政府既希望地方政府能把改革进行下去,又不希望激起太多的民愤。从国务院派驻调查组来看,中央对学前教育研究会反映的呼声是关注的,反应是迅速的。然而调查后迟迟未给一个明确的答复,其态度的暧昧与模糊也是不言而喻的,这种含混与不明一方面真实地反映了改革的艰难,另一方面也在某种程度上助长了深圳市政府的后续行为。

研究者2008年3月再次去深圳调研时,改革办的领导不耐烦地说:"这次改革国务院不是来调查组了么,我们不是也汇报了么? 可是,到目前为止,国务院、教育部并没有说你们的改革是错误的! 教育部、中央编办为什么没来制止这就很说明问题。"①在访谈教育局的领导时,其也提及:"幼儿园的波动是肯定的,政府政策的悬而不决是有影响的。国务院的调查也是不明朗的,现在还没有下结论。"②

作为一个特区与试验田,深圳与中央政府的关系是微妙而特殊的。总体而言,1994年后,中央与地方之间有了明确的财政分权格局,地方政府发展经济的积极性得到空前释放,"诸侯经济"很快成为中国经济发展中的特殊现象。然而,与其他省份的"诸侯经济"身份不同,深圳的"诸侯"身份是特别的,既是经济诸侯,又是政治诸侯。

---

① 根据 2008-02-07 上午 9:35-10:30 对改革办领导的访谈整理。
② 根据 2007-03-29 上午 10:00-11:10 对教育局领导的录音进行整理。

毫无疑问,地方分权一定程度上调动了地方积极性,但同时又减弱了中央调控地方经济和社会发展的能力,中央政府的"放权"不得不演变为某种意义上的"弃责"。从历史来看,在1980年以前,中国经历过几轮集权和分权的循环。目前,中国是全世界财政分权最彻底的国家,不仅中央和各省分权,省和市、市和县、县和乡、乡和村,都是分权的,分权到了极致。深圳就是在分权的思想下发展起来的。财政分权使得中央的宏观调控政策经常性失灵,使中央在"中央地方博弈"中不再处于绝对支配的地位,"诸侯经济"正是对当前宏观调控中,地方跟中央"上有政策下有对策"博弈的形象化比喻。对于深圳而言,改革开放的巨大成功极大地强化了其与中央政府讨价还价式的谈判地位①,使中央在直面深圳改革所暴露出来的问题时面临两难境地,中央调查组最后意见的迟迟未下达,在某种程度上正是这种"中央地方博弈"两难困境的反映。

二、深圳幼教改革的过程透视

回望深圳公办园转企的历程,在局外人看来,也许整个进程就是那么几件大事,然而,在局内人看来,从2006年到2008年,他们是一天一天地承受过来的。在这个过程中,政府、公办园、幼儿教师和家长纷纷诉求了不同的利益,表达了不同的立场。与全国其他地方的幼教改革相比,深圳的改革方式、改革进程富有特色,堪称深圳现象。本文不揣浅陋,将就改革过程中呈现出来的几个重要问题做一分析。

1. 焦点一:以"改革"的名义行"去教育性"之实

22家公办园转企改制是放置在事业单位人事制度改革的大框架下的,也许,政府在改革设计时并没有想取消学前教育的教育性与公益性,它只是将学前教育界定为"准公益性",但转企所造成的事实是,22家公办园

---

① 姚洋.当代中国问题的复杂性[OL].http://old.ccer.edu.cn/cn/ReadNews.asp?NewsID=5420.

在转企后迅速分化,除极个别幼儿园还遵循教育性的办学原则外,绝大部分幼儿园都通过各种方式,如增加班额、扩大班级规模、节约培训开支、增加黄金课程班等来开源节流。学前教育中以幼儿的身心发展为中心、为幼儿提供适宜的课程的观念在改制园中已严重错位。

在访谈中,有园长提到,"教育的尊严、信心、前景、自豪都受到打击。现在我们已经严重超额,因为我增加了几个班级。我们没有了科学发现室、美术室、图书室,幼儿园所有能利用的空间都改成了班级。主管部门现在也是睁一只眼闭一只眼"①。一机关幼儿园的园长在应对转制时提到:"现在,作为园长要尽量去积蓄一些金钱。我们引进了一个黄金课程班,这是要另外收费的。如果不改革我也不会引进,现在我要想我们怎么生存。"②

很明显,维持生存成为转企后幼儿园考虑最多的问题,幼儿园无法完全以幼儿为中心来开展适宜的教育活动。各转企幼儿园优秀教师流失现象都比较明显,某机关园每年有5个人的流失,还有一个幼儿园十多人提前退休、辞职。而当教师不够时,幼儿园只好继续招人,但一园长说:"按照正常的做法,我们都会招教师,现在只有招临工。"

公办园转企后,不仅教师在短时间内无法获得心理上的平衡,无法安心工作,园长们也是"各显神通",从各种途径入手来提高市场竞争力,原本还能坚守的一些教育原则在生存的压力下变得苍白无力。从转企改革所带来的后果来看,这种公办园转企的改革不仅不能促进公平,还把花费很长时间才建立起来的优质幼儿教育毁于一旦。但令人费解的是,即便公办园的发展已经遭遇重创,改革办的领导仍认为:"我觉得在短期内会对公办园带来一定冲击,教育水平可能会有一些下降。但话又说回来,即使这22

---

① 根据2007-03-28上午10:50—11:30对某幼儿园园长的访谈整理。
② 根据2007-03-28下午16:45—17:30对某机关幼儿园园长的访谈整理。

家公办园质量下降了,对大局也没有影响。"①在这样一种"无碍大局"的判断下,改革者对公办园的态度是显而易见的,即公办园的影响根本就是可以忽略不计的。

2. 焦点二:以"市场逻辑"代替"教育逻辑"

在深圳公办园转企改革中,改革办领导反复说的一句话便是:"我们当时想先调整公办园体制,使其和现有的大多数民办园处于同一个起点上,让所有的幼儿园处于同一个水平,同一个体制,再建立一种新的政府对学前教育的资助方式和资助模式。"②这种思想和功利主义学派的代表人物约翰·穆勒有较大的相似性,可见深圳市政府部门工作人员在很大程度上受到功利主义思潮的影响。在穆勒看来,"每个成年男子或妇女都能自由使用和发挥其体力和脑力,生产手段——土地和工具在他们之间公平地分配,这样,就外界条件而言,任何人都处于同一起跑线上"③。深圳市政府认为公办园转企正是打破差异,建立新的、同一起跑线的公平诉求的结果。

有学者认为,我们的时代已被经济学及经济学的思维方式笼罩太久,必须尽快改变关于改革的经济学的思维模式④。经济学思维过于依赖市场,不承认市场仅仅是人类生活的一个维度,也不承认市场具有压迫性的一面。经济学的思维妄图使公私立幼儿园站在同一个起点上,这种起点均等化思想实际上是一种抹平差异、寻求均质的取向。

在当下的社会生存中,"公平"是一个被多数人尊重与敬畏的原则,深圳市政府充分利用了这一掳获民意、民心的原则。然而,很显然,深圳市政府所推行的学前教育公平中充满陷阱,它以市场逻辑为前提,以起点均质

---

① 根据 2007-03-30 上午 11:30—12:30 对某改革办领导的访谈整理。
② 根据 2007-03-30 上午 11:30—12:30 对某改革办领导的访谈整理。
③ [英]约翰·穆勒.政治经济学原理(上卷)[M].北京:商务印书馆,1991:229.
④ 秋风.效率优先、兼顾公平的改革理论成为陷阱[OL].http://qiufeng.blogchina.com/.

化为目的,用充满合法性的"公平的名义"摧毁了它要拯救的学前教育本身。在摧毁与拯救的交叠过程中,政府利用了民意、挟持了民意,实现了他们由来已久的幼教市场化的目的。从客观的角度来看,一个政府如果要靠唤起"民意"来为自己的改革助威,那么它是在用一种强制的市场逻辑来代替社会逻辑、教育逻辑,这是需要加以警惕的。

3. 焦点三:政府意志与"公共领域"的缺失

深圳市政府出台的《深圳经济特区改革创新促进条例》①第五条的内容为:改革创新应当坚持公开、公平、公正、科学民主的原则,广泛吸收和鼓励公众参与,兼顾各方面的利益,保障人民群众分享改革创新成果。第二十四条:涉及公众利益的重大改革创新,有关单位应当举行听证会,听证会上的主要意见应当作为决策的重要依据。第二十五条:市、区政府确定的重大改革创新项目,应当征求相关行业协会等社会组织的意见。

从深圳 22 家公办园转企进程来看,这三条原则几乎没有得到遵循,尽管在改制前市政府也向各改制单位下发了征求意见书,也进行了参观调研、专家意见咨询,但一切似乎只是形式,调研、改制单位的反馈意见、上级主管部门的强烈反对都无济于事,在人事制度试点改革的超级护身符下,一切都按照市政府的设定意图走,政府意志决定了一切,公共领域严重缺失。

自古以来,中国社会就是一个非常分散的社会,除了基层组织,就是皇权、中央政府,政府权力常常直达百姓与民间,鲜有中间过渡机构,如行业协会、公议机构与陪审制度等,这样的组织架构与行政特征使得民众缺少可以申诉的组织途径。在公办园转企过程中,由于缺少一个类似幼儿教师协会这样的中间组织,22 家公办园的教师不得不临时组织起来与政府展

---

① 深圳经济特区改革创新促进条例[OL].http://www.sznews.com/zhuanti/content/2006-03/31/content_72100.htm.

开对话与协商,这种临时性的利益群体常常会在利益分化时迅速瓦解,很少能承担起维权与对话的社会期待。

真的透明产生于多次有效互动,在幼儿教师与市政府、改革办、国资委、国务院调查组的多轮对话中,双方的观点、立场与诉求越来越清晰,政府意志的武断性、随意性也越来越明朗。幼儿教师们发现,在关于改制的后续问题上,改革办、市政府、国资委的解释常常是不一致的,政府对幼儿园如何注册的主张更是朝令夕改,这使得广大教师对改革的严肃性、公正性越来越怀疑。政府的武断行为使得改革合法性的社会基础逐渐丧失。如果说改革初期,政府拥有着"为了学前教育的公平"和"促进管办分离"的合法性理由,而改革过程中反复出现的限时注册、限时转制,则带有很大的强制性与强迫性,"改你没商量","谁敢破坏改革"成为强权政治下的威慑手段。这时的改革不仅不具有卢梭意义上的"公意",甚至也不是领导者集体的"众意",各种分歧与矛盾被暂时掩盖在"为了改革"的大口号下。可见,在任何改革中,政府意志的过于强大以及民众申诉途径的有意堵塞都是一对孪生兄弟。

4. 焦点四:从"深圳事件"到"公共事件"

当下的社会是一个网络社会,人与人之间不再依赖于面对面的互动,网络使超越时空的互动成为可能,也使深圳的公办幼儿园转企改制很快从地方性事件变成全国关注的公共性事件,从幼教从业者的集体性参与到教育、新闻工作者的部分性参与,不断从领域内渗透到领域间,成为当时的一个热门话题。

2006年7月5日,深圳市政府宣布将下属的22家公办幼儿园转企,并要求在8月初实现交接,同时要求幼儿园不得放假,园长、教师不得离开深圳。随后,深圳论坛上出现了一篇《话说深圳幼儿教育改革》①的帖子,从不同的方面剖析了深圳公办园改制为什么得不到幼教人士支持的原因,列举了公办园转企违反的相关政策、法规。帖子出来后,跟帖异常火爆,有70多页1,420多条回复,引发市民热议。

除了利用深圳论坛进行网络讨论外,幼儿教师还纷纷寻求外援,向学前教育专业人士、教育部、新闻媒体、国务院等反映深圳改制情况,希望得到更多的援助。7月13日,中国学前教育研究会首先做出反应,以全国部分学前教育工作者的名义向时任国务院总理温家宝提交了一封信,表明幼教工作者对深圳改制的态度,寻求政府的关注与协调。全国各地的学前教育工作者也以各种方式声援并支持深圳幼儿教师的维权行为。8月30日,广东省人民政府教育督导室发出了《关于对国务院办公厅转发的关于幼儿教育改革与发展指导意见执行情况进行督导检查的通知》,要求深圳市政府停止公办园转企行为。随后不久,国务院调查组赶赴深圳,调查幼儿园改制情况。2006年11月,《幼儿教育》杂志社组织了深圳改制专题,发表了4篇相关理论工作者的研究性文章。11月,深圳举办了第14届中国园长发展论坛(改制与发展专题),讨论改制对幼儿教育的冲击与应对。2007年1月,《学前教育研究》杂志社也组织了一次专题,探讨政府在发展学前教育中的作用。

应该说,深圳的公办园转企引起了全国范围内的大讨论,无论是一线幼儿园教师、理论工作者还是幼教行政部门人员都对深圳改制给予了高度的关注。很明显,一种事件从地方性事件变成全国性事件不只是因为网络的发达与信息传播的便捷,更重要的在于这一事件对人们生活的影响程度。中国的学前教育虽然是地方负责制,但绝不是地方性事业。

---

① 话说深圳幼儿教育改革[OL].http://szbbs.sznews.com/forum.php? mod=viewthread & tid=1801977.

5. 焦点五:"临时联盟"的形成与瓦解

总体而言,当下的社会是一个分化的社会,许多总体性概念已不复存在,或者即使存在也已不再具有原来的内涵。"幼儿园""幼儿教师"严格说来都是一个总体性概念,然而,在深圳公办园转企过程中,这些原本相对统一的总体性概念都已经不再具有统一的内涵。在转企事件中,"幼儿园"已分化成"公办园"与"民办园","公办园"又分化成"市属公办园"与"区属公办园",哪一方的利益都不完全一致。"幼儿教师"也是一样,更多地分化为"在编幼儿教师"与"在聘幼儿教师"、"市属幼儿教师"与"区属幼儿教师"。这种社会力量的分化状态导致了园所之间、教师之间在进行相互联合时常常不得不面临着各自利益诉求的矛盾。

在22家公办园转企过程中,不同的利益主体被迫面对共同利益,分歧与矛盾被暂时忘却。公办园与民办园、市属公办园与区属公办园、幼儿教师与园长、22家公办园之间结成了临时联盟。然而,由于临时联盟中的主体利益并不完全一致,甚至完全对抗,临时联盟并没有维持多久,且很快在某一方利益的获得中瓦解。在临时联盟中,最中坚的力量是22家公办园本身,其次是区属园、民办园。从转制进程来看,民办园是临时联盟中的拆解性力量,它们以公办园的瓦解为诉求,而区属园是临时联盟中的观望性力量,它们期待改制的风险不要伤及自身。面对强大的政府意志与政府力量,处于弱势的幼儿教育工作者不仅不相互包容形成一个强有力的联盟,还你争我夺进一步强化弱者联盟的碎片化,致使强弱悬殊有别,抗争胜负早定。

6. 焦点六:"软硬兼施"的改制策略

与西方的政治文化不同,中国人有独特的政治智慧,即所谓两手抓,一手要硬,一手要软。"软"表现为一种高姿态的亲民、爱民,有时甚至是一种"蒙"与"骗"。"硬"表现为强权、暴力与威吓。在深圳22家公办园转企过程中,政府采取了典型的两手抓策略,一面采取强硬手段全面推进公办园改制,一面采取软的补救措施来化解改制中出现的矛盾与对峙。

从硬措施方面来说,主要包括行政威胁、电话跟踪、空间限制和言论限制。行政威胁是中国科层制行政管理体制中最有效的手段,也最具威慑力。在改制过程中,有文件称,园长不执行就撤园长的职,教师不执行就撤教师的职。① 在2006年9月1日,即上访的第二天,警察在所有园所门前值班,不仅包括市属公办园,也包括区属公办园。由于8月31日上访的消息走漏,原本幼儿教育工作者要去静坐的深圳大剧院被操练的警察占据。有园长反映,静坐前一天晚上,甚至凌晨1点多钟都有领导的电话警告。

除了行政威胁外,硬措施还表现为电话跟踪。国资委一开始要求每个幼儿园将三位园长助理号码上报,并要求24小时开机,后来又要求园长上报了所有教师的联系方式。据教师反映,他们的电话经常被屏蔽掉,打不出去,响两声就断。他们不得不采取各种可能的方式保证彼此之间的联系,有的同时使用两部或三部手机,有的不断地更换SIM卡。在与笔者交谈的过程中,有的干脆卸掉了电板,或把手机密封在茶叶罐里。教师的正常通信自由遭到了极大的限制。

不仅如此,市政府还采取空间限制的方式,首先不允许幼儿园放假,其次不允许教师出深圳。有园长抱怨,幼儿园三次维权行为使其行动严重受阻,两次没能出国,一次没能去参加母亲的生日会。有幼儿园甚至不得不强行规定,教师请假要提前一周,开病假条必须是一级甲等医院。2008年罢课期间,园长甚至不得不每晚去敲教师的门,以及时传达各种文件精神,因为大部分教师都关机以逃避安全局的监控与跟踪。

在2006年改制初期,深圳论坛一度非常活跃,成为幼儿教师发表意见

---

① 雪橇.幼儿园改革真相,慌什么?[OL]. http://szbbs.sznews.com/forum.php? mod = viewthread & tid=1801977.

的平台,可后来,深圳论坛上有关幼儿教育的帖子悉数被删,"南国百合"8月31日发了帖子,还被安全局敲门警告。有媒体记者反映,由于2006年改制期间一些本地专家遭软禁,所以他们甚至找不到本地专家进行相关采访报道,原本拟定好的一份采访报道也在付印前一小时被撤下。幼教工作者的言论自由与信息沟通的平台被政府硬生生地掐断,许多活动不得不转移到地下悄悄进行。

从软措施方面来说,主要包括文字障眼法、亲民姿态法、金钱收买法与信息封锁法,其中文字障眼法与亲民姿态法是政府常用的软措施。在深圳市的政府工作报告中提到了加大对学前教育的投入、召开学前教育会议,但在人大代表进行审议时却发现财政预算里根本没有加大对学前教育投入的部分,政府的语言表达与政策文本自相矛盾。所谓加大投入只是一种暂时的说法,是一个务虚的政策。政府后来提到的学前教育发展资金也是一个务虚的说法,根本没有在财政预算中出现。2006年就承诺要召开的学前教育大会,直到2008年11月还没有召开,所谓的政策落实几乎是一种文字障眼法,是一种透迤敷衍行为。

除了文字障眼法外,深圳市政府在回应教师的各种意见上采取了及时而又高姿态的亲民策略。2008年3月5日晚,深圳市政府工作人员、园长、国资委和各大媒体参加了座谈会。李意珍副书记表现出了一种与民亲近的高姿态,以出乎园长们意料之外的方式安排了座谈的座位,并当场代表市委市政府宣布22家公办园回到深圳市编办去注册,以二类事业法人单位形式注册。同时,李意珍还说,感谢大家一直以来所做的工作,22所公办园的领头羊的作用不变,教师的身份不变。教师发不了的工资会补发下去,改革不完善给大家带来不便,相信园长的出发点是好的,希望以后有事直接找她。

除此之外,在改制之前及改制过程中,政府还采用封锁消息的方法来化解教师对改制的心理戒备。许多教师反映,在改制前他们几乎毫无准备,虽然在此之前下发过征求意见稿,但由于大家一致反对,且教育局一再承诺政府不会改而渐渐放松警备。而 2008 年 2 月 27 日召开新学期 22 家公办园园长的园务会议时,国资委公布了市 25 号文件的会议纪要,要将 22 家转企园以民办幼儿园的名称来注册,并且要求 22 位园长不准与教师说明,提醒其要悄悄注册,暂时不要让教师知道。深圳市政府不明白,当社会已进入利益时代时,最基本的行政原则就是对多元主体利益的尊重,试图通过简单的"蒙"与"堵"是一种太过简单化的思维。

三、深圳幼教改革的结果透视

"改革"不仅是当下社会的关键词,也是这个时代政治上最正确的话语,"为了改革"可以成为最冠冕堂皇的理由,也可以成为不问责的最佳借口。从根本的意义上来看,改革的目的是为了使被改革对象向好的方向发展,解决目前面临的困境与问题。如果缺乏改革的合法性基础,缺少民众的高度认同,这种改革本身就是要受到质疑的。从深圳 22 家公办园转企两年来的结果看,虽不能说教育质量有大幅度下降,深圳学前教育事业遭受重创,但师资流失、班级超额、培训减少是显而易见的。反思深圳公办园转企改制的过程,我们发现深圳的转企改制持有的基本上还是"摸着石头过河"的原始改革路径,缺乏对学前教育负责任的长远规划与设计,改革的出发点依然带有"剥夺"式色彩,转企所导致的斜坡效应也影响深远。为此,改革的伦理效度、改革的合法性根基需要重新进行问询。

1. 焦点一:"摸着石头过河"与"整体设计"

深圳市政府对事业单位分类改革是做了调研与整体设计的,但对其中的 22 家公办园转企事宜并没有一个长远规划,改革办的规划只限于 3 年内的投入比例和教师退休后的福利保障。至于 3 年后转企幼儿园如何发展,并不在改革设计者的考虑范围内,改制进程中在转企园注册一事上的反反复复便充分说明了这一点。

改制两年来,22所公办园先试图工商注册,后又尝试"公办非营利""民办非企",最后选择"二类事业法人单位"。可以看出,在改制的一系列细节上,设计者们缺少周密的考虑,往往是出了问题才去疏导与补偿。这种"变脸式"的改革使改革严肃性大受质疑。

可以理解的是,深圳的改革印刻着中国改革的固有传统。有研究者认为,中国的改革一直就没有一个一成不变的目标模式,东欧明确提出要"回到欧洲去",俄国提出要建立一个私有制的自由市场经济的目标,而中国的改革目标是不断调整与变化着的。从官方宣布的改革目标来看,经历了一个从"计划经济为主、市场调节为辅"到"计划经济与市场经济相结合",直到"社会主义市场经济"的变化过程。这里的目标调整实际上是"社会博弈"与"公共选择"的结果。

应该说,中国的改革一开始就具有"试错"的特点,所谓"摸着石头过河"①。在改革初期,摸着石头过河不仅有利于在实践中探索改革的路径,而且有利于化解改革的难题,以避开意识形态的障碍。②但在改革不断深入的今天,继续"摸着石头过河"已经开始导致种种弊端,如政策多变、体制复归、新生利益集团出现等。公办园转企的消极后果充分提醒改革者不能再局限于"半步策略",而要关注长远设计。

2. 焦点二:"剥夺式改革"与"共享式改革"

从公开的改制动机来看,深圳的目的在于推进公办园与民办园之间的公平竞争,使所有幼儿园公平地享有政府的财政补助。为了达成这一目的,深圳市政府采取的基本是一种削峰式的改革思路,通过剥夺公办园的既得优势来获得公办园、民办园之间的均衡态势。总体而言,改革是一场

---

① 樊纲,等.走向市场:中国经济分析(1978—1993)[M].上海:上海人民出版社,1994:5.
② 孙立平.改革:反思基础上的再出发[OL].http://sun-liping.blog.sohu.com/.

利益再分配，通过改革对既存的利益格局进行重构。然而，改革并不必然是零和游戏，它还存在着正和的可能性，"剥夺式改革"只是20世纪80年代的取向，是社会资源严重缺乏时所采取的无奈选择，而当社会资源已经相对丰富，政府有了更多选择时，"共享式改革"应该成为自然的选择。

在公办园转企上，深圳市政府采取的并不是一种共享取向，而是剥夺22家公办园的既得利益，使其以平民的身份与民办园在市场经济的平台上同台竞争，这是一种削峰填谷的行为，是与深圳作为经济发达城市和改革开放窗口的形象严重相悖的，它使公办园多年积累下来的优质教育资源毁于一旦，而且，很显然的是，公办园的转企并不能促进民办园生存环境的改善与教育质量的提高，相反会使社会竞争更加激烈，老百姓的入园负担越加沉重，这是一种使公办园和民办园双方利益受损的改革，与政府原来预期的公平"南辕北辙"。

3. 焦点三："斜坡效应"与"效仿心理"

中国有句俗语，即"好事不出门，坏事传千里"。在地方政府的政治文化中也有一种类似的行为效应，即"斜坡"效应。通俗点说，所谓"斜坡"效应，就是人人都往下比，每个政府都不去关注其他政府的积极举措，因此人人都往下滑。这种"斜坡"效应不仅出现在幼教领域，在社会生活的方方面面都存在着。2000年宿迁市的卖园风在使宿迁幼教整体遭挫的同时，也使周边的其他地区深受其害。紧随着宿迁的卖园改制，江苏的邗江、宜兴等地也纷纷效仿，卖园改制成为一种风潮，致使2001年我国幼儿园数量大规模骤降，江苏省的幼教发展严重受挫。与政府卖园改制遥相呼应的是，大量的企业、机关也纷纷将原来的幼儿园进行拍卖、改制。在这股卖园风潮中，各地方政府看中的不是学前教育对未来人才储备的奠基作用，而是政府可以甩包袱和从中渔利。

深圳是中国改革开放的窗口，一直以创新为精神追求，其公办园改制不是沿袭其他地方的股份化、私有化、合股化,而是创造性地使用了"公办非营利企业幼儿园"这一说法。作为人事制度改革的试点,深圳的这次改革承载着中央的厚望,具有广泛的示范与辐射效应,而且,作为中国各地方政府的传统习惯,地方官员特别喜欢外出参观学习,取经送宝。在这样的跨地区交流中,一些原本地方化的改革举措便很快成为各地政府效仿与学习的对象与模式。就深圳的公办园转企改制而言,虽没有其他地方政府完全模仿,但据一些地方的幼教干部反映,有些地方政府在拟定其教育政策时会有意识地以深圳为参照,调整其原有的投资方案与改革路径。

正如威廉·康诺利所指出的那样,"任何一种人类社会的复杂形态都面临一个合法性的问题,即该秩序'是否'和'为什么'应该获得其成员的忠诚的问题"[①]。在当下的中国,公众对政府改善民生的要求是第一位的,参与的要求是第二位的。如果一项改革不仅没有促进民生,反而使民生受到了巨大破坏的话,那么改革的社会基础就会彻底丧失,政府行为的合理性也会不断弱化。

---

① 何增科,舒耕德.中国地方治理改革、政治参与和政治合法性初探[J].经济社会体制比较(双月刊),2007(4).

参考文献

一、著作

[1] [美]米尔顿·弗里德曼.资本主义与自由[M].张瑞玉,译.北京:商务印书馆,1986.

[2] 国际统计年鉴2001[M].北京:中国统计出版社,2001.

[3] 卢美贵,谢美慧.幼儿教育券——理论与实践[M].台北:师大书苑有限公司,2002.

[4] 温辉.受教育权的入宪研究[M].北京:北京师范大学出版社,2003.

[5] 孙雪兵.受教育权法理学——一种历史哲学的范式[M].北京:教育科学出版社,2003.

[6] [美]罗斯科·庞德.法理学(第一卷)[M].邓正来,译.北京:中国政法大学出版社,2004.

[7] [英]约瑟夫·拉兹.法律体系的概念[M].吴玉章,译.北京:中国法制出版社,2004.

[8] [英]彼得·斯坦,[英]约翰·香德.西方社会的法律价值[M].王献平,译.北京:中国法制出版社,2004.

[9] [美]弥尔顿·弗里德曼,罗斯·弗里德曼.自由选择:个人声明[M].北

京:中国计量出版社,2004.

[10] 龚向和. 受教育权论[M]. 北京:中国人民公安大学出版社,2004.

[11] 杨成铭.受教育权的促进和保护[M].北京:中国法制出版社,2004.

[12] 劳凯声. 变革社会中的教育权与受教育权:教育法学基本问题研究[M].北京:教育科学出版社,2005.

[13] 简楚英. 幼儿教育与保育的行政与政策——欧美澳篇[M]. 上海:华东师范大学出版社,2005.

[14] 王雪梅. 儿童权利论——一个初步的比较研究[M]. 北京:社会科学文献出版社,2005.

[15] 刘复兴.教育政策的价值分析[M].北京:北京教育科学出版社,2006.

[16] [美]保罗.A.萨巴蒂尔.政策过程理论[M].彭宗超,钟开斌,等译.北京:生活·读书·新知三联书店,2006.

[17] 劳凯声.变革社会中的教育权与受教育权:教育法学基本问题研究[M].北京:教育科学出版社,2007.

[18] 张振斌.教育券制度的理论研究与实践探索[M].北京:中国戏剧出版社,2007.

[19] 蔡迎旗.幼儿教育财政投入与政策[M].北京:教育科学出版社,2007.

[20] 朱家雄.中国视野下的学前教育[M]. 上海:华东师范大学出版社,2007.

[21] 储朝晖. 中国幼儿教育的忧思与行动[M]. 南京:南京师范大学出版社,2008.

[22] 孙葆森,刘惠容,王悦群.幼儿教育法规与政策概论[M].北京:北京师范大学出版社,2008.

[23] 朱力宇,张曙光.立法学[M].北京:中国人民大学出版社,2009.

[24] 陈庆云.公共政策分析[M].北京:北京大学出版社,2009.

[25]张文显.法理学[M].北京:法律出版社,2009.

[26]柳华文.儿童权利与法律保护[M].上海:上海人民出版社,2009.

二、期刊

[1]萧芳华.幼儿教育券政策分析之研究[J].台湾行政评论,1999(1).

[2]卢美贵,施宏彦.台湾幼儿教育券政策实施可行性之研究[J].台北市立师范学院学报,2000(2).

[3]赵康伶,郑瑞菁.台湾实施幼儿教育券之研究——以高屏两县为例[J].屏东师院学报,2001(4).

[4]卢美贵,谢美慧.台北市幼儿教育券政策实施成效分析[J].台北市立师范学院学报,2001(4).

[5]徐美贞.教育券制度对我国基础教育改革的启示[J].现代教育论丛,2004(5).

[6]张家港市教育局.强化责任激活机制,促进幼儿教育健康和谐发展[J].学前教育研究,2007(1).

[7]蔡迎旗、冯晓霞.政府财政投资幼儿教育的合理性——来自国外的教育经济学分析[J].比较教育研究,2007(4).

[8]陈怡如.从政策网络理论看我国幼儿教育券政策执行[J].儿童及少年福利期刊,2007(12).

[9]VickyLee,Elyssa Wong. Education Voucher System[J].Research and Library Services Division Legislative Council Secretariat,2002(4).

三、学位论文

[1]林丽珍.台南县市幼儿教育券相关问题之研究[D].台南:台南师范学院教育研究所硕士论文,2001.

[2] 谢美慧.教育政策评估理论之研究——以北高两市幼儿教育券政策为例[D].台北:台湾师范大学教育系博士论文,2002.

[3] 万巫森.幼儿教育券政策实施情形之调查研究——以彰化县为例[D].台中:静宜大学青少年儿童福利学系硕士论文,2002.

[4] 曾玉慧.台湾幼稚教育券之社会运动研究——以"一〇一八为幼儿教育而走"为例[D].嘉义:嘉义大学幼儿教育研究所硕士论文,2002.

[5] 郝艳青.全球视野下的教育券比较研究[D].上海:华东师范大学硕士论文,2004.

[6] 吴金盛.台北市幼儿教育券政策实施情况之研究[D].台北:台北师范学院教育研究所士论文,2004.

[7] 黄建军.基于教育券制度的基础教育投入政策研究[D].北京:国防科学技术大学硕士论文,2005.

[8] 谢巍.教育券制度的经济学分析[D].沈阳:东北师范大学硕士论文,2006.

[9] 方钧君.基于教育券思想的政府投资幼儿教育政策研究[D].上海:华东师范大学博士论文,2007.

[10] 李海生.教育券政策分析[D].上海:华东师范大学博士论文,2007.

[11] 肖顺菊.美国基础教育中的教育券研究[D].重庆:西南大学硕士论文,2007.

四、会议论文

[1] 苏秀花.幼儿教育券不是幼教改革的万灵丹——台北市幼儿教育券规划沿革与实施现况[C].新世纪幼儿教育研讨会论文集,1999.

[2] 陈丽霞.幼儿教育券、幼稚园公办民营真的能为幼教注入新希望?[C].新世纪的幼儿教育研讨会论文集,1999.

[3] 陈丽珠.教育制度在台湾可行性之研究:以高级中等教育为例[C].台湾科学委员会专题研究计划成果报告,2000.

[4] Gordon Cleveland,Michael Krashinsky. Financing ECEC Services in OECD Countries[C].Toronto:University of Toronto,2003.

后　记

《现象·立场·视角——学前教育体制机制现状研究》是学前教育体制机制改革研究丛书之一,该分册内容为当前学前教育体制机制的现状研究,主要呈现的是当前学前教育体制机制改革中存在的现象和问题,从学前教育的基本定位与立场谈起,借用多学科视角分析,并对现有政策和各地改革案例进行解读,描摹出当前学前教育体制机制改革的概貌。

全书共分为四个部分。第一章从多角度对幼儿和幼儿教育进行了再定位,突出了幼儿教育在国家战略中的地位;第二章着重从法学、管理学、经济学、社会学等多学科角度对学前教育体制机制改革进行学理分析,为体制机制改革提供理论支撑;第三章立足热点现象,对当前发展学前教育的相关政策进行了分析,尝试为学前教育体制机制改革提供政策建议;第四章则总结了不同地区学前教育体制机制改革的实践经验,力图为其他地区提供可借鉴的改革思路。

本册书是"学前教育体制与机制改革研究"课题组成员共同合作的结果,是集体智慧的结晶,在研究和写作过程中,课题组成员进行了多次讨论、修改与调整。参与本册研究和写作的主要成员:第一章是虞永平、张斌、原晋霞、蒋雅俊、何媛,第二章是江夏、王玲艳、王海英、何锋、郑影,第三章是虞永平、王海英、刘明远、何锋、姚根静、郝晓川，第四章是张斌、王海英、王玲艳、陶金玲、江夏、杜丽静、沈文嫣、罗嘉君。全书由虞永平、江夏和张斌统稿。

2015 年 10 月

图书在版编目(CIP)数据

现象·立场·视角:学前教育体制机制现状研究/虞永平等著.—南京:南京师范大学出版社,2015.11
(学前教育体制机制改革研究丛书/虞永平主编)
ISBN 978-7-5651-1498-4

Ⅰ.①现… Ⅱ.①虞… Ⅲ.①学前教育—教育制度—研究—中国 Ⅳ.①G619.22

中国版本图书馆 CIP 数据核字(2013)第 174563 号

书　　名	现象·立场·视角:学前教育体制机制现状研究
丛 书 名	学前教育体制机制改革研究丛书
丛书主编	虞永平
作　　者	虞永平　江　夏　王海英等
责任编辑	万　斌
出版发行	南京师范大学出版社
地　　址	江苏省南京市宁海路 122 号(邮编:210097)
电　　话	(025)83598919(总编办)　83598412(营销部)　83598297(邮购部)
网　　址	http://www.njnup.com
电子信箱	nspzbb@163.com
照　　排	南京凯建图文制作有限公司
印　　刷	江阴金马印刷有限公司
开　　本	710 毫米×1000 毫米　1/16
印　　张	18.5
字　　数	229 千
版　　次	2015 年 11 月第 1 版　2015 年 11 月第 1 次印刷
书　　号	ISBN 978-7-5651-1498-4
定　　价	58.00 元
出 版 人	彭志斌

南京师大版图书若有印装问题请与销售商调换
版权所有　侵犯必究